高技能人才技术更新·技能研修丛书

高技能人才通用职业能力

本书编委会　组织编写

中国劳动社会保障出版社

图书在版编目(CIP)数据

高技能人才通用职业能力/本书编委会组织编写. -- 北京：中国劳动社会保障出版社，2023

（高技能人才技术更新·技能研修丛书）

ISBN 978-7-5167-5937-0

Ⅰ.①高… Ⅱ.①本… Ⅲ.①高技术-技术人才-人才培养-研究 Ⅳ.①C961

中国国家版本馆 CIP 数据核字(2023)第 172846 号

中国劳动社会保障出版社出版发行

（北京市惠新东街 1 号 邮政编码：100029）

*

北京市艺辉印刷有限公司印刷装订 新华书店经销
787 毫米×1092 毫米 16 开本 17.5 印张 313 千字
2023 年 9 月第 1 版 2023 年 9 月第 1 次印刷
定价：46.00 元

营销中心电话：400-606-6496
出版社网址：http://www.class.com.cn

版权专有 侵权必究

如有印装差错，请与本社联系调换：(010) 81211666
我社将与版权执法机关配合，大力打击盗印、销售和使用盗版图书活动，敬请广大读者协助举报，经查实将给予举报者奖励。
举报电话：(010) 64954652

本书编委会

主　　任　仇朝东　葛　玮
副主任　顾卫东　赵　欢
委　　员　张承英　吴福民　何亚飞　谢小菲
　　　　　虞春鸣　黄海庆　瞿伟洁　徐建琴

本书编审人员

主　　编　吴福民
编　　者　孔利明　王　军　金国平　陈　涛
　　　　　毛　俊　宋　俊　卢江海　吴福民
　　　　　韩在春
主　　审　谢晓红　沈倪勇

审定委员会

徐小平　中华技能大奖获得者、全国劳动模范、全国技术能手、享受国务院特殊津贴专家

梁　兵　中华技能大奖获得者、全国劳动模范、全国技术能手、享受国务院特殊津贴专家、国家技能人才培育突出贡献个人

郭晋龙　中华技能大奖获得者、全国劳动模范、全国技术能手

栗生锐　中华技能大奖获得者、全国技术能手、全国五一劳动奖章获得者、享受国务院特殊津贴专家

谢晓红　全国优秀教师，国家技能人才培育突出贡献个人，第43、44、45届世界技能大赛综合机械与自动化项目中国技术专家组组长

沈倪勇　第45届世界技能大赛工业控制项目中国技术指导专家

周晓峰　第四届黄炎培职业教育奖杰出教师奖获得者

屠　立　第七届国家高等教育教学成果奖二等奖、2014年国家职业教育教学成果奖一等奖获得者

宋春杨　第46届世界技能大赛全国总决赛北京市参赛工作先进个人、北京青年岗位能手

曹　静　宝钢优秀教师

内 容 简 介

本书是"高技能人才技术更新·技能研修丛书"中的一本,面向各行业所有三级/高级工及以上级别高技能人才。全书共分八章,主要包括数字化转型与数字化技能应用、岗位创新、团队建设与管理、技师工作室管理与运作、实践总结与专业技术论文撰写、知识产权与专利基础知识、企业教练技术与带徒传技、职业技能竞赛简介等。

本书通过相关概念、知识叙述,以及实际案例分析,帮助高技能人才了解和掌握必要的通用知识与技能,为高技能人才夯实基础、拓宽和延伸专业技能提供可持续发展动力。全书文风朴实、通俗易懂、操作性强,是高技能人才参加技术更新、技能研修活动的必备教材。

前　言

党和国家对高技能人才队伍建设高度重视,二十大报告对高技能人才赋予了更高定位,强调要加快建设国家战略人才力量,努力培养造就更多高技能人才。为贯彻二十大精神,推动落实《"十四五"职业技能培训规划》《关于加强新时代高技能人才队伍建设的意见》中"加强先进制造业、战略性新兴产业、现代服务业、建筑业以及现代农业等产业高技能人才培养""加大技师、高级技师、特级技师研修培训""对企业关键岗位的高技能人才,开展新知识、新技术、新工艺等方面培训""建立技能人才继续教育制度,定期组织开展研修交流活动,促进技能人才知识更新与技术创新、工艺改造、产业优化升级要求相适应"等要求,推动高技能人才技术更新和技能研修工作,进一步提升高技能人才自身技能水平和职业素养,提高其专业知识水平、解决实际问题能力和创新创造能力,更好地发挥高技能人才在企业中的核心骨干作用,为大力实施人才强国和创新驱动发展战略,建设制造强国、质量强国、技能中国提供坚实的技能人才保障,在人力资源社会保障部教材办公室指导下,我们组织有关专家编写了"高技能人才技术更新·技能研修丛书",配合人社系统高技能人才技术更新、技能提升、研修交流项目的实施。

丛书由《高技能人才通用职业能力》和若干种介绍产业、行业新技术应用的教材组成。《高技能人才通用职业能力》面向各行业所有三级及以上技能人员。教材通过培养高技能人才数字化技能应用、技能人才团队建设与管理、知识产权保护、技术总结和专业技术论文撰写等能力,提升高技能人才职业技能竞赛组织与命题、技师工作室管理与运作、担任企业技能教练并进行高师带徒的技能水平,推动高技能人才岗位创新和价值创造。产业和行业新技术应用教材注重我国经济社会发展急需高技能人才掌握的四新技术,反映了高技能人才技术更新、技能提升、研修交流的内在要求,体现了较好的适用性和先进性。

本书由全国劳动模范、全国五一劳动奖章获得者、中国当代发明家孔利明,中华技能大奖获得者、全国劳动模范、中国当代发明家王军,中华技能大奖获得者、全国劳动模范金国平，中国宝武特级技师陈涛，宝武工匠、宝钢股份运输部机械高级点检毛俊，全国技术能手宋俊，上海市十大工人发明家、上海初慧知识产权服务中心负责人卢江海，以及世界技能大赛专家、上海市技能人才培育突出贡献个人、宝武集团人才开发院首席培训师韩在春编写，由国家技能人才培育突出贡献个人、宝武钢铁技师协会秘书长、宝武集团人才开发院技能培训专家吴福民担任主编。

  本书在编写过程中得到上海市技师协会、中国宝武钢铁集团有限公司、百联集团有限公司、上海第二工业大学等单位，以及大金空调（上海）有限公司陆忠明、上海飞机制造有限公司戴渊、上海锅炉厂有限公司金德华、上海地铁维护保障有限公司通号分公司徐建军、中国铁路上海局集团有限公司上海动车段张华、上海锦江汤臣洲际大酒店翁建和、上海电气李斌技师学院姚菁、上海申通地铁集团有限公司轨道交通培训中心叶华平、上海华联商厦有限公司张崇禧等专家的大力支持与协助，在此一并表示衷心感谢。

  由于编写时间有限，不足之处在所难免，欢迎各使用单位及个人对本书提出宝贵意见和建议，以便修订时补充更正。

本书编委会
2023 年 9 月

目　录

第 1 章　数字化转型与数字化技能应用 ⋯⋯⋯⋯⋯⋯⋯⋯⋯⋯⋯⋯⋯⋯⋯ 001
　第 1 节　数字制造技术与发展 ⋯⋯⋯⋯⋯⋯⋯⋯⋯⋯⋯⋯⋯⋯⋯⋯⋯⋯ 001
　第 2 节　新时代高技能人才与数字化 ⋯⋯⋯⋯⋯⋯⋯⋯⋯⋯⋯⋯⋯⋯⋯ 006
　第 3 节　高技能人才数字化应用技能 ⋯⋯⋯⋯⋯⋯⋯⋯⋯⋯⋯⋯⋯⋯⋯ 013
　第 4 节　大数据分析及应用 ⋯⋯⋯⋯⋯⋯⋯⋯⋯⋯⋯⋯⋯⋯⋯⋯⋯⋯⋯ 022

第 2 章　岗位创新 ⋯⋯⋯⋯⋯⋯⋯⋯⋯⋯⋯⋯⋯⋯⋯⋯⋯⋯⋯⋯⋯⋯⋯ 029
　第 1 节　岗位创新概述 ⋯⋯⋯⋯⋯⋯⋯⋯⋯⋯⋯⋯⋯⋯⋯⋯⋯⋯⋯⋯⋯ 029
　第 2 节　岗位创新的思维与方法 ⋯⋯⋯⋯⋯⋯⋯⋯⋯⋯⋯⋯⋯⋯⋯⋯⋯ 035
　第 3 节　岗位创新三协同 ⋯⋯⋯⋯⋯⋯⋯⋯⋯⋯⋯⋯⋯⋯⋯⋯⋯⋯⋯⋯ 047
　第 4 节　岗位创新六要诀 ⋯⋯⋯⋯⋯⋯⋯⋯⋯⋯⋯⋯⋯⋯⋯⋯⋯⋯⋯⋯ 052
　第 5 节　岗位创新成果维护与推广 ⋯⋯⋯⋯⋯⋯⋯⋯⋯⋯⋯⋯⋯⋯⋯⋯ 057

第 3 章　团队建设与管理 ⋯⋯⋯⋯⋯⋯⋯⋯⋯⋯⋯⋯⋯⋯⋯⋯⋯⋯⋯⋯ 063
　第 1 节　团队概述 ⋯⋯⋯⋯⋯⋯⋯⋯⋯⋯⋯⋯⋯⋯⋯⋯⋯⋯⋯⋯⋯⋯⋯ 063
　第 2 节　团队的组建 ⋯⋯⋯⋯⋯⋯⋯⋯⋯⋯⋯⋯⋯⋯⋯⋯⋯⋯⋯⋯⋯⋯ 069
　第 3 节　团队的工作管理 ⋯⋯⋯⋯⋯⋯⋯⋯⋯⋯⋯⋯⋯⋯⋯⋯⋯⋯⋯⋯ 081

第 4 章　技师工作室管理与运作 ⋯⋯⋯⋯⋯⋯⋯⋯⋯⋯⋯⋯⋯⋯⋯⋯⋯ 087
　第 1 节　技师工作室概述 ⋯⋯⋯⋯⋯⋯⋯⋯⋯⋯⋯⋯⋯⋯⋯⋯⋯⋯⋯⋯ 087
　第 2 节　技师工作室的创建 ⋯⋯⋯⋯⋯⋯⋯⋯⋯⋯⋯⋯⋯⋯⋯⋯⋯⋯⋯ 092
　第 3 节　技师工作室的运作 ⋯⋯⋯⋯⋯⋯⋯⋯⋯⋯⋯⋯⋯⋯⋯⋯⋯⋯⋯ 099

第 5 章　实践总结与专业技术论文撰写 ⋯⋯⋯⋯⋯⋯⋯⋯⋯⋯⋯⋯⋯⋯ 119
　第 1 节　实践总结的撰写 ⋯⋯⋯⋯⋯⋯⋯⋯⋯⋯⋯⋯⋯⋯⋯⋯⋯⋯⋯⋯ 119

  第 2 节 专业技术论文概述 …………………………………… 129
  第 3 节 专业技术论文的选题 ………………………………… 133
  第 4 节 专业技术论文的架构 ………………………………… 139
  第 5 节 专业技术论文的撰写 ………………………………… 142
  第 6 节 专业技术论文的答辩 ………………………………… 158
  第 7 节 专业技术论文与技能实践 …………………………… 162

第 6 章 知识产权与专利基础知识 ………………………………… 167
  第 1 节 知识产权与专利制度 ………………………………… 167
  第 2 节 专利检索 ……………………………………………… 178
  第 3 节 技术交底书的撰写 …………………………………… 182
  第 4 节 申请文件的撰写 ……………………………………… 190
  第 5 节 专利审查答复 ………………………………………… 196
  第 6 节 专利无效宣告 ………………………………………… 198

第 7 章 企业教练技术与带徒传技 ………………………………… 201
  第 1 节 教练与教练应具备的能力 …………………………… 201
  第 2 节 教练带徒与带教方法 ………………………………… 205
  第 3 节 教练技术的四个关键 ………………………………… 208
  第 4 节 七步教练法 …………………………………………… 214
  第 5 节 教练培训授课六要诀 ………………………………… 219
  第 6 节 企业教练的自身修炼 ………………………………… 228

第 8 章 职业技能竞赛简介 ……………………………………………… 233
  第 1 节 职业技能竞赛分类 …………………………………… 233
  第 2 节 职业技能竞赛技术准备 ……………………………… 236
  第 3 节 职业技能竞赛命题 …………………………………… 243

附录一 国家级技能大师工作室建设项目实施管理办法（试行） …… 251
附录二 技师工作室管理样表 …………………………………………… 255
附录三 世界技能大赛项目简介 ………………………………………… 261

第 1 章
数字化转型与数字化技能应用

自 2015 年我国提出"国家大数据战略"以来，我国数字经济快速发展。"十四五"规划及 2035 年远景目标纲要建议强调加快发展数字经济，推动数字产业化和产业数字化，推动数字经济和实体经济深度融合，打造具有国际竞争力的数字产业集群。

数字经济在经济增长中扮演着越来越重要的角色，数字人才是数字经济发展的重要支撑，人才资源已成为我国数字化转型升级的核心竞争力。截至 2021 年底，全国技能劳动者总量超过 2 亿人，占 7.5 亿就业人员的 26%；高技能人才超过 6 000 万人，占技能劳动者的 30%，其中高级工 4 700 万人、技师 1 000 万人、高级技师 300 万人，我国已初步形成一支规模日益壮大的技能人才队伍。然而，伴随着数字化转型的深入推进，新型数字消费、数字生产、数字化资源配置在快速发展，专业数字技能人才的需求正在急剧增长，数字技能人才的短缺将对企业的数字化转型产生很大制约，中国数字经济发展正在面临来自人才短缺的巨大挑战，加快建设培育素质高、结构优的数字技能人才队伍刻不容缓。

第 1 节 数字制造技术与发展

一、工业革命与数字化制造

人类社会的进步，其本质是源于技术的进步，尤其是材料、能源、信息三大技术的迭代，会对社会造成深远影响，甚至直接颠覆原有的社会组织架构。例如：从石器时代到青铜器时代，标志着人类从原始社会进化到奴隶社会；从蒸汽动力到电能的普及，则直接开启了第二次工业革命。近代历史中，技术的进步为产业与社会带来了一次又一次影响深远的变革，跨越式地重构了人类社会的商业模式、经济结构、文化生活以及政治格局。

1. 历次工业革命

第一次工业革命始于18世纪60年代，英国棉纺织工哈格里夫斯发明了"珍妮纺纱机"（见图1-1），揭开机械生产代替手工劳动的时代序幕。同时，苏格兰发明家瓦特成功改良的蒸汽发动机，迅速在采矿、冶金、机器制造和运输等行业被广泛应用，大大提高了劳动生产率，加速农业社会向工业社会的转型。

图1-1 珍妮纺纱机

19世纪90年代，人类迎来第二次工业革命，从"蒸汽时代"迈进"电气时代"。其间，出现一系列有关电力、内燃机、化学和钢铁等新技术创新，如西门子制造了第一台工业用发电机，爱迪生建立了第一个火力发电站，本茨制造出内燃机驱动的汽车，贝尔发明了有线电话，格拉姆发明了电动机，马可尼发明了无线电报等（图1-2为交流电发明人尼古拉·特斯拉）。基础科学与工业经济的突破使部分国家经济社会得到迅速发展，同时也导致了激烈的资源争夺和战争。

第三次工业革命发生在20世纪60年代，半导体、电子集成电路和计算机的发展加速了信息时代的来临。

图1-2 交流电发明人尼古拉·特斯拉

图 1-3 所示为世界首台计算机及其发明人。这一时期,网络通信、自动化系统以及互联网得到了大规模普及,进一步拉近了消费者和生产者以及信息提供者的距离。同时航天技术也得到重大发展,苏联和美国首次发射了人造地球卫星。

图 1-3　计算机发明人冯·诺依曼和世界首台计算机

当下,全球正在经历的第四次工业革命是指以人工智能、物联网、区块链、生命科学、量子物理、新能源、新材料、虚拟现实等一系列创新技术引领的变革。这场革命正将数字技术、物理技术、生物技术三者有机融合,而相比前三次工业革命,它的发展速度将更快,影响范围将更广,程度将更深。

无可置疑,新兴技术带来了效率提升和社会进步,并为一些重大的社会问题带来了新的解决方案,主要如下。

无人机——取代人工运输,更有效地将重要物资投放到偏远地区;通过精准灌溉提高农作物收成;辅助高风险的灾区救援工作。

区块链——辅助食品和药物防伪与全程供应链溯源,提高产品安全。

无人驾驶——降低人为失误的概率,减少如货车司机疲劳驾驶的风险。

人工智能——推荐算法能有效地为不同的人群提供个性化产品和服务,降低信息不对称的问题;计算机视觉技术能助力国家安防系统快速抓捕罪犯,也能帮助企业进行大规模高精度的质量检查。

物联网和 5G 技术——使城市基础建设与汽车、楼宇和道路互联,赋予城市"智慧"。

但是,科技创新的同时也会带来各种各样的社会矛盾与挑战,使人们重新思考科技与社会的关系,主要如下。

就业——机器人和自动化系统会否导致大规模失业?下一代劳动者需要学习哪些

技能？

伦理——如基因编辑会否导致出现定制婴儿现象？人工智能算法的歧义如何解决？

安全——无人驾驶的安全标准该如何制定？机器人是否会失控？

数据治理——平台数据的隐私拥有权和使用权该如何定义？如何打通不同行业、平台和企业的数据壁垒？如何安全有效地共享公共数据，促进公私合作？

包容性——如何确保技术发展不会扩大数字鸿沟，确保老幼弱小都能享受科技发展的红利？

过去十年，科技飞速发展，大部分企业首先考虑的是"如何活下去"和"如何做强做大"，而大部分的监管者和学者看重的是如何加快推动科技发展。以上问题往往被忽略，沦为企业社会责任的边缘讨论，或者仅仅是科幻电视剧如《黑镜》（*Black Mirror*）以及《西部世界》（*West World*）的创作题材。

2. 数字化智能化制造

在整个制造型企业中，生产车间处于非常重要的位置。企业的价值会表现在产品与服务上，而生产车间是企业中将各种图样和资料转变为产品与服务的主要场所，是决定企业生产效率、质量和成本的重要环节，车间也是企业中员工数量最多的组织。因此，在很大程度上，车间强则企业强，车间智则企业智。《中国制造2025》中也明确指出："推进制造过程智能化。在重点领域试点建设智能工厂/数字化车间。"

数字化车间基于生产设备、生产设施等硬件设施，以降本提质增效、快速响应市场为目的，在对工艺设计、生产组织、过程控制等环节优化管理的基础上，通过数字化、网络化、智能化等手段，在计算机虚拟环境中，对人、机、料、法、环、测等生产资源与生产过程进行设计、管理、仿真、优化与可视化等工作，以信息数字化及数据流动为主要特征，对生产资源、生产设备、生产设施以及生产过程进行精细、精准、敏捷、高效地管理与控制。

数字化车间制造过程的数字化涵盖了生产领域中车间、生产线、单元等不同层次上设备、过程的自动化、数字化和智能化。数字化车间建设是智能制造的重要一环，是制造企业实施智能制造的主战场，是制造企业走向智能制造的起点。

所谓智能制造，就是面向产品全生命周期，实现泛在感知条件下的信息化制造。智能制造技术是在现代传感技术、网络技术、自动化技术、拟人化智能技术等先进技术的基础上，通过智能化的感知、人机交互、决策和执行技术，实现设计过程、制造过程和制造装备智能化，是信息技术、智能技术与装备制造技术的深度融合与集成。智能制造是信息化与工业化深度融合的大趋势。

二、企业数字化转型现状与发展趋势

1. 企业数字化转型现状

人工智能、区块链、云计算、大数据、机器人等技术的发展日新月异。数字化、智能化技术发展已构成创新的支柱。

许多世界一流公司的数字化转型已经深入业务模式的重组、组织管理的变革等层面。以全球知名零售商沃尔玛为例,在战略、供应链、商品销售、商店系统、电子商务、财务和人力资源职能方面的数字化转型已经创造了更高的效率、速度和适应性。沃尔玛还利用虚拟现实技术培训店员,辅助高价商品的销售;通过移动技术为店内员工提供数据和分析,帮助他们更好地服务客户;部署了自己的云网络,以改善实体店的库存、销售、定价和安全功能。即使在较为传统的电力行业,一些国际领先的电力企业为了差异化竞争,也已经利用数字化技术分析和赋能,深入了解用户需求,精准营销,提高销售效率;或在商业模式上创新,在工业园区、电动汽车、智能家居等数字化应用新场景中实现产品与增值服务捆绑。

中国企业数字化转型的动力,一方面来自新技术迅速重塑行业、市场和规则的时代,全球竞争的外部压力;另一方面也来自中国新的经济发展阶段,企业自身转型创新的内在需求。中国经济正处于从高速增长到高质量发展的转型升级关键时期,数据和信息已经成为土地、劳动力、资本和技术等传统经济增长要素外新的推动经济增长和产业变革的核心要素,成为企业竞争力的标志之一。2020年年初,突如其来的一场新型冠状病毒肺炎疫情,给转型中的中国经济增添压力。但是,疫情发生以来,以大数据、人工智能、云计算、移动互联网为代表的数字化技术在疫情防控中发挥了重要作用,越来越多的企业开始"云办公""线上经营""智能化制造""无接触生产""互联网+",数字经济的新模式、新业态快速发展。这既是疫情倒逼加快数字化、智能化转型的结果,也代表了未来新的生产力和新的发展方向,必将成为我国深化供给侧结构性改革,以创新推进经济高质量发展的重要引擎,成为国家治理体系和治理能力现代化的重要途径。

中国目前不同行业的数字化转型进度并不均衡。互联网、电信和媒体资讯行业数字化水平较高,而汽车、电力、机械、油气、化工等国企集中的传统行业仍处于数字化转型的起始阶段。近年来,国企积极参与网络强国、数字中国、智慧社会建设,已经有一批国企的数字化转型取得了阶段性成果,但更多国企尚处于数字化转型的起步期。

2. 企业数字化转型发展趋势

根据知名咨询机构德勤 2022 年提供的《国企数字化转型　全面提质增效》行业调研报告，在受访的 145 家企业中，超六成受访企业已经启动数字化转型，77%的受访企业表示新型冠状病毒肺炎疫情正加速自身数字化转型。

虽然不同所有制、不同行业企业有所差异，但总体来看，超四成企业自评数字化水平低于全球平均水平，三成认为处于全球平均水平，显示了很强的改善提高的愿望和空间。企业主导数字化转型的部门，已经逐渐由业务和职能部门主导和深度参与，IT（信息技术）部门单独主导是少见的情形，这表明中国企业的数字化转型已经走到了和业务与管理深度结合的阶段。七成受访企业目前的数字化转型工作集中在利用数字技术提高内部管理效率、降低成本方面；而数字化转型中整体的中长期战略、网络安全和数据隐私保护、合规与风控、组织与人才的数字化转型等长期来看极其重要的工作，尚不足一半企业开展。

受访企业认为数字化转型面临的三大挑战是：原有多个信息化系统的整合利用，数据质量和可用性，缺乏统一的数字化转型愿景和目标。这表明需要先夯实继往开来的基础，同时做好长远的整体转型规划，让数字化转型具有前瞻性、整体性、可操作性。

人工智能、区块链、云计算、大数据、机器学习、物联网等数字化技术不断发展演进，重塑着各个行业的格局和前景，改变了人们的生活和工作方式。不论主观意愿如何，企业领导者都应该顺应趋势，把握机遇，主动学习理解数字化技术，积极迎接技术带来的变革，以数字化转型带动业务模式和内部管理的变革，提升效率和质量，支持创新，走高质量发展之路。

第 2 节　新时代高技能人才与数字化

一、高技能人才及其特征

根据国家职业分类大典，高技能人才可以被描述为：在生产、运输和服务等领域岗位一线，熟练掌握专门知识和技术，具备精湛的操作技能，并在工作实践中能够解决关键技术和工艺操作性难题的人员。

高技能人才是中国人才队伍的重要组成部分，是各行各业产业大军的优秀代表，是技术工人队伍的核心骨干。在大力倡导提升企业自主创新能力、建设创新型国家的时代背景之下，更多更快地培养高技能人才，被视为提升国家核心竞争力的战略举措。

高技能人才的特征有群体特征和个体特征之分，群体特征通过个体特征体现出来，个体特征又包含在群体特征之中。高技能人才应具有高超的动手能力、突出的创造能力和极强的适应能力。

1. 高超的动手能力

动手能力是所有技能人才共有的特征。但是，只有高技能人才才能戴"技艺超群"这一桂冠，这也是高技能人才最显著的职业形象特征。高超的动手能力不再只是传统的"手艺"和某些"绝活"，而是通过技能教育和培训获得更多的现代化理论知识，成为"手脑联盟"的技能劳动者。这种"手脑联盟"将是知识经济社会高技能人才的时代特征。

2. 突出的创造能力

创造性是一切人才的共同特征。高技能人才的创造性主要表现为在相关技术领域中的创新能力，如工艺革新、技术改良、流程改革及发明创造。心理学研究表明，人是有创造能力的，但不同的人创造能级不同。一般来说，初、中级技能人才主要是掌握熟练技术，从事的是熟练劳动，熟练劳动主要是动作技能的重复。高技能人才则较多地掌握了精密技术，从事的是较复杂的劳动，其心智技能化的程度较高。

3. 极强的适应能力

高技能人才有适应工作岗位变动的能力。这种适应能力不仅表现在对同专业（工种）工作岗位的流动方面，也表现在对邻近专业（工种）工作岗位的流动方面。相比之下，初、中级技能人才的岗位适应性远不及高技能人才。

二、高技能人才知能结构的新变革

当前，全球兴起新一轮的数字化制造浪潮，处于以信息技术为主导的科技革命和产业革命中。无论是发达国家还是发展中国家，都意识到信息技术对制造业所带来的重大影响，各国纷纷积极应对新一轮科技革命。

西方发达国家意识到制造业是国民经济稳定增长的基石。美国推行的"再工业化"战略，依靠高智能化科学技术，完成了高智能化的信息科学技术产业、传统产业高新技术改造等新一轮转型，重塑制造业产业链竞争优势，重点突破科技含量和产业附加值高的制造业尖端领域，以出口和投资拉动制造业复苏，借以提升产业整体竞争力和经济增长速度。美国制造业总体竞争力较强，尤其是以信息技术为特征的高智能产业结构形式趋好、趋于先进。德国提出"工业4.0"战略，通过利用信息物理系统（CPS），实现集约型控制向分散式控制的模式转变，建立个性化定制和数字化生产模式，推行制造业由"制"向"智"转型，强化国家竞争优势。

发达国家的成功转型，加之其他发展中国家为迎接产业和资本承接转移所进行的谋划和布局，致使我国制造业在中低端领域的竞争优势不再明显。为应对发达国家和其他发展中国家的"前后夹击"，中国制造业转型升级显得尤为迫切，人才资源战略也愈加凸显。

19世纪和20世纪是大批工人操作机器的时代，而21世纪是高科技专业人才设计、监控智能技术系统的时代。在现代制造业中，信息技术与传统制造业高度融合，大量高新技术产品不断涌现，高技术含量的设备不断被应用于生产生活过程中。新的生产方式的出现，工作岗位从简单的劳动密集型逐渐向知识密集型转变，传统的知识技能结构难以满足现实工作的要求。这对处于生产一线劳动者的技能与知识结构提出更高层次的要求，突出体现在劳动者与其所使用的生产机器设备以及产品的生产过程的关系上。传统制造过程中，劳动者直接操作机器，拥有"手艺""绝活"即具备了从事一线普工岗位的能力。而由制造技术、计算机技术、网络技术与管理科学完美交叉、融合、发展下的数字化制造，将复杂多变的信息转变为可度量的数字、数据呈现给劳动者，人工智能化特征凸显。以化工产业和钢铁产业为例，在以连续生产为主要特征的现代制造业中，劳动者不再从事面对原材料的简单体力劳动，而是需要操作人员具备高超的动手能力，这种动手能力不是传统的"手艺""绝活"，而是利用心智技能，通过计算机电子显示屏、电子仪器仪表，确定一系列参数并及时准确地做出反应。

不同的生产方式要求不同素质的员工与之相匹配。信息化和工业化深度融合下的"数控一代"和"智能一代"机械产品的出现，对制造业技术技能型人才的知能结构产生了变革的需求，迫切需要劳动者从体力型向知识技能型转变，跨出适应高新技术产业飞速发展的第一步。这种变革主要包括三方面。

1. 工作内容的改变

生产设备从"自动化"向"智能化"跨越，同时生产过程的整体性要求一线技术工人对于产品的研发及其生产的全过程都应有所了解，传统的直接参与原材料加工者减少，取而代之的是故障检修和咨询服务部分增多。

2. 工作知识的改变

传统的单一的经验技术技能被弱化，重点将汇聚于前沿信息、生物科技、生态学、系统理论以及各种职业技能等，借助于传统计算机辅助设备检测技能的要求增加，一线技术工人需要通过特定的数字符号对所监测到的数据进行合乎理性的分析。这都意味着"机器换人"不再是空谈，扁平化的制造业发展迫切需要技能人才具备全产业链的生产知识及其对核心技术的掌握，提高对生产过程的应变能力。

3. 工作要求的改变

智能制造将最终实现"以人为中心"的生产制造技术，岗位分工不再拘泥于传统劳动内容的固化，而是被灵活的、以解决问题为导向的"综合任务"所代替。这就要求劳动者在拥有适应岗位职业技能的同时，也必须具备始终贯穿制造全过程的，不与专业直接相关的，在融合式工作过程中解决问题的能力，也就是常说的"关键能力""核心能力""软能力""可迁移能力"等，具体包括人机沟通、人际沟通、团队合作等，时刻做到"应知"与"应会"，在"干中学"和"用中学"中提升知能。

技能人才尤其是适应制造业智能转变步伐的高技能人才，是制造业管理改善的主力军。人工智能生产方式是今后制造业由"制"向"智"转型的不可逆转之路，生产一线的从业者由简单劳动向知识技能型劳动的转变，加大对"手脑并用"从业者的培育，重视人本价值的回归，攻克高技能人才缺乏壁垒，是实现中国制造数字化转型的必经之路。

三、数字化时代需要的高技能人才

制造业转型升级将导致全球价值链环境下所带来的产业集群化。全球价值链理论来源于价值链理论，企业为其投资者、员工、客户以及社会创造价值的活动总和构成了企业的"价值链"。全球化的生产网络实质上是各国以不同优势，在产品价值链上进行分工合作所形成的生产网络。可以根据"微笑曲线"，深入剖析产品的各个生产工序及其附加值情况。

在产品价值链中，产品的生产业务工序共分为：试制品的开发，零部件的生产，模块零部件生产、组装、销售以及售后服务。就产品附加值而言，在产品生产的不同阶段中，企业所获得的产品附加值也不尽相同，在"微笑曲线"的两端，试制品开发设计和售后服务的附加值最高，而处于中间位置的生产制造附加值明显较低，长期从事这一生产阶段的企业必将面临收益低、生存压力大的桎梏。在竞争力以及附加值方面，处于价值链两端的企业比中间的企业占有更加有利的地位。微笑曲线理论的形成，源于国际分工模式由产品分工向要素分工的转变。

自改革开放以来，我国制造业已取得耀人的成绩，形成了门类齐全的产业体系。从内部因素来看，已由高速经济增长向中高速经济增长阶段迈进，但仍不能忽视我国大部分制造业企业仍处于"微笑曲线"中间位置的现实，以从事加工、组装为主的企业在制造业转型升级路途上存在较大的劣势。长期以来，我国制造业受国外知名企业的夹击，过度依赖于投资拉动和产能扩张，过度依赖物质资源和低成本生产要素的投入，过度依赖外贸出口和国际市场的粗放型发展，这种发展模式已越来越难以为继。利润空间小、产品耗能大、长期处于价值链中低端的尴尬处境极大制约了我国制造业竞争力的提高。为此，必须实现以结构调整和转型升级促发展，实现依靠消费、投资、出口协调拉动转变，实现由主要依靠传统行业带动向依靠传统行业提升与高新技术产业、新兴产业发展共同带动转变，实现由主要依靠能源消耗带动向依靠科技进步、劳动者素质提高带动转变，真正把产业建立在"两化融合"之基础上，改善质量和效益，充分利用和开发人类资源优势，推动中国制造走内涵式和集约式发展道路，由"粗放型"向"精细化"转变，由"中国制造"向"中国智造"转变。

21世纪，走精益化、个性化、差异化制造路线，制造业由"产品导向"向"客户导向"转变，企业的生产方式发生了重大改变，建立在泰罗科学管理原则基础之上的、以增加物质财富为最终目的的大批量生产方式，正在被"精益生产"和"敏捷制造"为代表的适应性强、个性化的柔性生产方式所取代。这就要求高技能人才适应现有产业的结构调整，贴近消费者和消费市场。

工作范围的拓宽迫使从业者需要具备灵活的洞察力和以客户为导向的工作技能，并能及时了解和响应客户需求。在生产性制造业向服务性制造业转变的过程中，制造业不再是单一产品的简单加工，而是贯穿研发、设计、供应、销售和售后的全过程，企业及其员工都要时刻按照市场以及用户的变化和需求工作。产业的集群化特征明显，生产过程和生产方式更加注重技能型人才在各个环节的协同合作能力。

未来的社会将是生态和谐、绿色低碳的社会。粗放型的增长方式能源消耗巨大，污染问题突出，难以使我国制造业持续发展。如何提高能源效率，摆脱粗放型的经济增长方式，打破制造业的传统内涵和外延，实现我国制造业的"绿色转型"，也考验着未来的高技能从业人员的绿色生态观。此外，我国制造业主要集中在中低端的产品制造环节，产品上下游厂商之间的配套不紧密，使企业生产成本增加，不利于产业集群竞争力的提高。

中国制造要实现转型，必须实现由单一代理产品的生产到品牌的塑造，打造真正属于中国的优质品牌。根据"消费者利益至上"的原则，对产品最有发言权的是消费者。消费者对员工的从业技能结构提出了新的要求，员工除了具备相应的工作硬技能之外，还应具备良好的工作态度、职业意识以及职业精神等软技能。职业教育培训在培育高技能人才时不应仅仅关注于知识、技能的提高，更要强调对人才软实力的培育，培养其社会情绪能力，以及加强对精益求精的工匠精神的培养与塑造，让过去无形的职业道德教育依附于有形的工匠形象和职业行为之上。高技能人才应"先做人，再做事"，认同职业规范，养成职业习惯，增加使命感和责任感，实现现代社会多元复杂性的内在价值需求，促进综合素质的全面提高。

综上所述，社会技术发展对技能人才的职业能力需求将发生重大变化，智能生产的高度数字化、网络化和机器自组织化，要求人才必须具有综合职业能力、多专业融合能力、创新创意能力和终身学习能力，高技能人才的能力转型迫在眉睫。

1. 从简单工作任务处理能力向综合职业能力转变

随着工业机器人、数字化制造等高新技术的深入运用，智能机器将取代大部分重复性的、程序化、标准化的岗位工作，产线工、配药师、翻译员、速录师等逐渐减少。在机器和人之间的新分工中，人指挥机器工作，行使创新、决策和设计的权力，从简单执行的服务者、操作者转变为复杂的控制者、协调者、评估者、设计者。借助开放、虚拟化的工作平台，人与机器之间进行着人机之间的交互和对话，包括技术维护、咨询、管理和服务；全新的数字化系统覆盖了整个工业流程和产品的生命周期，从产品的设计到研发，再到生产；产品制造的各个环节密切关联，劳动者的岗位工作任务已不再确定，工作角色界限逐渐模糊，一线技术工人必须了解和掌握丰富的产品全知识（产品的设计、生产实施、销售维修、节能环保等），并能身兼智能系统的分析师、工程师、程序员和问题解决者等多重角色，这就要求高技能人才除了具备专业技术能力之外，还应具备市场营销、沟通协调、统计决策、处理复杂工作任务等综合职业能力。

2. 由单一的专业能力向多学科融合能力转变

科技革命和产业变革正在打破传统行业之间的界限，互联网企业与工业企业，生产企业与服务企业的边界日益模糊，行业产业间逐步转向跨界融合，产业链面临分工重组，职业之间合作与联系越来越紧密，同时也会创造大量跨职业的新岗位，跨岗位、跨职业、跨行业现象将日趋增多。以工业 4.0 为引领的智能制造业增加了对电子工程、信息技术、艺术设计、机械专业等多专业复合型人才的需求，其工作岗位需要多学科的知识背景，对人才的专业知识广度提出了更高的要求。例如服务机器人行业，是人工智能+互联网+机器人硬件等多领域的交集，它需要把不同行业结合发展、衍生创新，既要了解 3D 打印、信息技术、物联网、互联网等新兴技术，又要了解智能制造、工程管理、推广销售等整个系统运营过程。它要求高技能人才除了具有专业的技术技能水平，懂得相关技术原理（如机械技术、生产工艺、数据程序）以及熟练应用技能外，还要具有宽泛的多学科知识，以适应新技术、新模式、新业态、新分工下的职业与岗位变动发展需要。

3. 由规模化生产操作能力向创新创意能力转变

数字化时代，新一代信息技术在制造业的集成应用，个性化、定制化生产趋势成为必然，企业再造、流程重组、柔性生产将是未来企业的工作重心。用户的需求与期待、体验与反馈直接影响着产品生产各个流程，产品的设计、技术、工艺和服务需要全方位创新。消费群体的年轻化、需求的多元化，新型的、独特的设计定制服务模式成为必然，消费者更加注重产品的设计是否美观、实用、有创意。因此，要符合其独占性的心理满足感，就要求专业设计团队在设计、构想、制作到成品的每一个定制过程，都要与客户直接的互动交流，真正为客户提供与众不同的个性化产品。生产者需要更多的精力集中在创新和增值业务上。数字化技术和智能机器使资本不再是稀缺资源，而那些具有强烈创新意识，能够创造出新产品、新技术、新模式和新服务的人才将是新工业革命的稀缺资源和中坚力量。艺术化表达、柔性化思考和创新概念设计的能力是未来高技能人才的必备能力。

4. 由维持性学习能力向持续终身学习能力转变

经济社会的任何变动都会相应对人才的职业能力产生新需求，并将重构人们社会生活及工作模式。工业 4.0 时代，"互联网+"、大数据、云计算、物联网、VR（虚拟现实）等新事物层出不穷，科技不断发展进步，人们很难准确预测未来几十年的社会经济发展和科技变化，也难以准确预测生产方式转变、产业结构调整等对于未来人才需求变化。学校教育、企业培训在知识和技能传授的时效性和质量上都存在着一定的局限，往往会滞后于社会环境变动。如何能在变化的环境中适应社会发展、职业领域动态变迁，高效快速地学习、获取职业发展所需的知识和技能是高技能人才必须具备的生存能力。这就要求高技能人才持续不间断地接受教育和学习，更新知识，善于分享、跨界整合。只有善于学习、终身学习才能自主选择、快速深入不同领域，才能适应社会趋势和实现个体发展的需要。

【案例】

"上海工匠"、达观数据有限公司陈运文带领团队致力于开发智能办公机器人系统,以数据挖掘技术为行业降本增效,在一步一个脚印坚定前行中,逐渐获得了不同行业客户的认可与信赖。

陈运文是一名80后热血青年,在日复一日的工作积累中,他越发感受到自动化办公的重要性,希望将人从日常烦琐的文字工作中解放出来,去做更有意义、更有价值的工作。出于对文本智能处理技术探索的坚守和执念,他毅然创立了达观数据有限公司。多年打拼,他带领团队先后斩获中国人工智能领域最高奖"吴文俊人工智能科学技术奖"、ACM CIKM算法竞赛全球冠军、EMI Hackathon数据竞赛全球冠军等荣誉。他本人也在人工智能领域拥有丰富的研究成果,如在国际顶级学术期刊会议上发表数十篇科研论文,申报70多项发明专利。

2020年,新型冠状病毒肺炎疫情给快速发展中的团队带来了各种各样的考验和挑战。积极寻求突破的同时,陈运文带领团队紧急研发了多款智能化办公机器人,如防疫问卷机器人、材料预审机器人、数据填报机器人等,自动化实现社区、医疗机构、企业等人员每日健康信息的采集、汇总、记录与报送,运用人工智能技术为社会服务。

未来,他坦言,将立足上海,面向全国,把"工匠精神"融在产品研发和创新中,继续一路前行,以大数据挖掘技术教会更多计算机聪明地"舞文弄墨"。

第3节 高技能人才数字化应用技能

在数字化时代,各个行业的市场环境、商业环境与职场环境都在发生着快速变化,大量企业的内部组织架构也在这一时期经历了前所未有的激烈变革。企业拥有具备良好数字思维及数字工具使用能力的技术团队,才能够针对自身不同业务场景及需求,对业务战略进行解码,进而利用创新技术对业务进行赋能或重构,快速提升业务效率与业务价值,在激烈的市场竞争中抢占先机,建立并巩固自身的优势地位。数字化转型的浪潮在驱动整个世界轰鸣前行的同时,也给相关行业的技术从业者带来了深远的影响。伴随着各大企业数字化与智能化进程的不断深入,企业对数字化技能人才的能力要求及数量需求也在不断提升。了解、掌握、应用数字化技术已成为高技能人才发展的主方向。

一、典型数字化技术

1. 人工智能技术

人工智能（artificial intelligence，AI）是研究、开发用于模拟、延伸和扩展人的智能的理论、方法、技术及应用系统的一门新的技术科学。

人工智能是研究使计算机来模拟人的某些思维过程和智能行为（如学习、推理、思考、规划等）的学科，涉及计算机科学、心理学、哲学和语言学等学科。人工智能从诞生以来，理论和技术日益成熟，应用领域也不断扩大，可以设想，未来人工智能带来的科技产品，将会是人类智慧的"容器"。人工智能可以对人的意识、思维的过程进行模拟。人工智能不是人的智能，但能像人那样思考，也可能超过人的智能。

当前，人工智能可谓是科技领域炙手可热的课题，很多公司正在完善人工智能技术，研发人工智能产品。从无人驾驶到人工智能机器人，人工智能正在一步步改变人们的生活方式。人工智能已经逐渐发展成一门庞大的技术体系，在人工智能领域，它普遍包含了机器学习、深度学习、人机交互、自然语言、机器视觉等多个领域的技术。

2. 机器学习技术

机器学习（machine learning，ML）是一门多领域交叉学科，涉及概率论、统计学、逼近论、凸分析、算法复杂度理论等多门学科。机器学习专门研究计算机怎样模拟或实现人类的学习行为，以获取新的知识或技能，重新组织已有的知识结构使之不断改善自身的性能，它是人工智能核心，是使计算机具有智能的根本途径。

机器学习介于多门理论学科之间，对于数学、统计学、概率论、计算机科学等学科均有较高要求。要想对机器学习的相关算法以及工作原理有深入理解，则需要对以上学科融会贯通，这也是机器学习的难点之一。

机器学习成长过程已经经历了几十年，大体可以分为三个阶段。第一阶段是20世纪40年代至60年代的萌芽期，这一时期产生了人工神经网络、赫布学习规则、图灵测试等一系列标志性事件，也标志着机器学习这一概念的诞生。第二阶段是20世纪60年代至80年代的探索期，这一时期机器学习的理论研究相对超前，产生了KNN最邻近算法、决策树算法、BP和MLP神经网络算法等。但相比理论研究，计算机硬件的发展则相对缓慢，不能很好地将理论研究转化为实际应用，在一定程度上限制了机器学习的发展。第三阶段是20世纪90年代至今的高速发展期，随着计算机硬件性能的飞速发展，计算机运算速度在集成电路不断发展的助推下有了质的飞跃。互联网产业的崛起则为机器学习插上了新的翅膀，大量的数据为机器学习的分析研究提供了理论基础。这一时期，涌现了 Boosting 算法、SVM 向量机算法、随机森林算法等，而深蓝人机国际象棋大赛和 AlphaGo 人机围棋大战的出现，使人们对机器学习有了更加清晰的认识，机器学习自此走出了瓶颈期，迈上了新的发展阶段。

目前，主流的机器学习算法可以归类为监督学习、无监督学习和强化学习三种。

(1) 监督学习（有导师学习）。输入数据中有导师信号，以概率函数、代数函数或人工神经网络为基函数模型，采用迭代计算方法。监督学习主要包括分类和回归，它的目标是使用相似性函数从样本中学习，这个函数可以度量两个对象之间的相似度或关联度。它在排名、推荐系统、视觉识别跟踪、人脸识别等方面有很好的应用场景。

(2) 无监督学习（无导师学习）。输入数据中无导师信号，采用聚类方法，学习结果为类别。无监督学习中给定的数据和监督学习中给定的数据是不一样的，数据点没有相关的标签。相反，无监督学习算法的目标是以某种方式组织数据，然后找出数据中存在的内在结构。这包括将数据进行聚类，或者找到更简单的方式处理复杂数据，使复杂数据看起来更简单。

(3) 强化学习（增强学习）。强化学习是以环境反馈（奖/惩信号）作为输入，以统计和动态规划技术为指导的一种学习方法。强化学习的主要特点是通过试错来发现最优行为策略，将没有带标签的数据作为训练数据，但这并不意味着根本没有监督信息。系统根据强化学习程序运行，在获得所需结果时给出称为奖励的信号。例如，在围棋的比赛程序中，赢或输的结果就是奖励（失败时的奖励是负值，也称为惩罚）。

3. 人机交互技术

人机交互最重要的方面是研究人和计算机之间的信息交换，主要包括人到计算机和计算机到人的两部分信息交换，是人工智能领域的重要的外围技术。人机交互是与认知心理学、人机工程学、多媒体技术、虚拟现实技术等密切相关的综合学科。传统的人与计算机之间的信息交换主要依靠交互设备进行，主要包括键盘、鼠标、操纵杆、数据服装、眼动跟踪器、位置跟踪器、数据手套、压力笔等输入设备，以及打印机、绘图仪、显示器、头盔式显示器、音箱等输出设备。在机器设备的发展中，它们不断实现了与人类的交互，人们可以看到显示器显示的内容，可以用触控板对便携式计算机的内容进行反馈，可以用播放器听歌等。人机交互技术除了传统的基本交互和图形交互外，还包括语音交互、情感交互、体感交互及脑机交互等技术。

【案例】人机交互技术的发展与应用

在最初键盘和鼠标诞生时，人们可以通过敲击键盘告诉计算机应该操作的内容，而图形界面的产生使人们可以通过鼠标的点击和选择将自己的想法反馈给计算机，这些技术沿用至今。在各项识别技术、人工智能计算机图形等发展起来之后，人和机的交互会渐渐回归到人和自然物理世界惯有的交流方式来，而不再受限于器材本身。

人类的感觉包括视觉、听觉、触觉、嗅觉和味觉，也就是说，人是通过眼睛、语音、手势来与外界进行交流的，现代人机交互设备的发展基本也是基于这三项而来，嗅觉和味觉交互设备并不多见。

从视觉来说，虚拟现实（VR）/增强现实（AR）技术会给人们带来很大的影响，它不仅展现了真实世界的信息，而且将虚拟的信息同时显示出来，两种信息相互补充、叠加。在视觉化的增强现实中，用户利用头盔显示器，把真实世界与计算机图形多重合成在一起，便可以看到真实的世界围绕着他。如今 Retina Display（视网膜屏幕）技术也逐渐在智能手机和平板电脑上应用开来，它利用人的视觉暂留原理，让激光快速地按指定顺序在水平和垂直两个方向上循环扫描，撞击视网膜的一小块区域使其产生光感，人们就能感觉到图像的存在。实际上，人们正在追求从二维到三维的视感变化，视觉是人类最丰富的信息来源，无论是输入输出，其数据量都远非其他方式可比。3D 眼镜、360 度幻影成像使人们的视觉变得三维化，让人们在观看泰坦尼克号 3D 电影时身临其境，在美国 Billboard 音乐盛典再现迈克尔杰克逊舞台的风采。当然，由于人与计算机的交互一直受到输入/输出之间信息不平衡的制约，使用户到计算机的输入带宽不足，在此基础上催生了诸如视线追踪、语音输入等许多新的输入技术。

人们经常可以见到苹果语音助手 Siri、微软小冰、微软小娜等一系列的智能聊天机器人。单从微软小冰来看，它集合了中国近 7 亿网民多年来积累的、全部公开的文献记录，凭借微软在大数据、自然语义分析、机器学习和深度神经网络方面的技术积累，精炼为几千万条真实而有趣的语料库，通过理解对话的语境与语义，不断更新添加的催眠功能、图像识别功能、天气播报功能和语音识别聊天功能等，让人几乎感觉不出是和机器在交谈，实现了超越简单人机问答的自然交互。此外，语音识别功能也逐渐应用于各品牌的手机平台和各大银行的预约服务机器人等方面。

在手势输入方面，多点触控技术已经广泛应用到了人们生活的方方面面，银行的提款机具有触控技术，医院、银行大厅的自助服务终端机也支持触控，但是这些其实都是原始的单点触控。如今人们所使用的多点触控技术，可以通过滑动、放大缩小、旋转等在智能手机、平板电脑上实现更便捷的操作，微软也开发了Win8、Win10等操作系统来兼容和支持日渐盛行的多点触控技术和设备。当然，手势输入也娱乐了人们的生活，PS4、Wii U、XBOX ONE等游戏机逐渐兴起，对人动作的识别已经从手势扩展到了整个身体，体感游戏机依靠了高科技的视频动作捕捉技术，令人的身体动作能即时反映到游戏系统中，通过感应人体运动来推动游戏的进行。

当然，贯穿在人们生活中的并不止以上这些，当人们去餐厅点餐付账时，用指纹识别解锁了自己的手机，然后点开微信支付、支付宝；当人们跑步锻炼时，用运动手环记录自己的步速，检测心率是否正常；当人们去影院时，可能想着体验一下新奇的喷水摇椅子的4D电影；生物特征识别、NFC（近场通信）等技术也已不知不觉地渗透到了人们的生活中，它们让人机交互变得便捷、自然。

新兴的谷歌眼镜综合了语音指令识别、眼动识别和触控技术，通过一个眼镜便可以上网、看视频、获取定位等，虽然成本高、售价高，并不被大众所广泛使用，但是人们相信这是一个必然的趋势。再如脑电波控制轮椅的出现，让使用这种轮椅的残疾人无须动用肌肉力量或是发出声音指令，即可让轮椅载着自己行动自如，这并不需要刻意的操作或意识。人机交互未来的发展会让人和机的界限越发模糊，人类越发依赖计算机。

4. 机器视觉技术

机器视觉是一门研究如何让计算机像人类那样"看"的学科，它是利用摄像机和计算机代替人眼使得计算机拥有类似于人类的那种对目标进行分割、分类、识别、跟踪、判别决策的功能。

机器视觉是使用计算机及相关设备对生物视觉的一种模拟，是人工智能领域的一个重要部分，它的研究目标是使计算机具有通过二维图像认知三维环境信息的能力。机器视觉是以图像处理技术、信号处理技术、概率统计分析、计算几何、神经网络、机器学习理论和计算机信息处理技术等为基础，通过计算机分析与处理视觉信息的技术。

通常来说，机器视觉定义应当包含以下三个方面。

（1）对图像中的客观对象构建明确而有意义的描述。

（2）从一个或多个数字图像中计算三维世界的特性。

（3）基于感知图像做出对客观对象和场景有用的决策。

机器视觉与人工智能有密切联系，但也有本质不同。人工智能的目的是让计算机去看、去听和去读。图像、语音和文字的理解,这三大部分基本构成了现在的人工智能。而在人工智能的这些领域中,视觉又是核心。视觉占人类所有感官输入的80%,也是最困难的一部分感知。如果说人工智能是一场革命,那么它将发轫于机器视觉。

机器视觉和人工智能的关系如下。

——机器视觉是人工智能需要解决的很重要的一个问题。

——机器视觉是目前人工智能的很强的驱动力。因为机器视觉有很多应用,很多技术是从机器视觉诞生出来以后,再运用到 AI 领域中去的。

——机器视觉拥有大量的量子 AI 的应用基础。

5. 语音识别技术

语音识别技术就是让机器通过识别和理解过程把语音信号转变为相应的文本或命令的技术。语音识别以语音为研究对象,它是语音信号处理的一个重要研究方向,涉及生理学、心理学、语言学、计算机科学以及信号处理等诸多领域。语音识别技术主要包括特征提取技术、模式匹配准则及模型训练技术三个方面,还涉及人的体态语言(如人在说话时的表情、手势等行为动作可帮助对方理解),其最终目标是实现人与机器进行自然语言通信。

语音识别的研究工作大约开始于 20 世纪 50 年代,当时 AT&T Bell 实验室实现了第一个可识别十个英文数字的语音识别系统——Audry 系统。

我国语音识别研究工作一直紧跟国际水平,国家也很重视,并把大词汇量语音识别的研究列入"863"计划,由中科院声学所、自动化所及北京大学等单位研究开发。鉴于中国庞大的市场,国外也非常重视汉语语音识别的研究。美国、新加坡等地学者的研究已达到相当高的水平。因此,国内除了要加强理论研究外,更要加快从实验室演示系统到商品的转化。

语音识别的应用领域非常广泛,常见的应用系统有:语音输入系统,相对于键盘输入方法,它更符合人的日常习惯,也更自然、更高效;语音控制系统,即用语音来控制设备的运行,相对于手动控制来说更加快捷、方便,可以用在诸如工业控制、语音拨号系统、智能家电、声控智能玩具等许多领域;智能对话查询系统,根据客户的语音进行操作,为用户提供自然、友好的数据库检索服务,例如家庭服务、宾馆服务、旅行社服务系统、订票系统、医疗服务、银行服务、股票查询服务等。

6. 量子信息科学与量子技术

量子信息科学是量子力学与信息科学等学科相结合而产生的新兴领域,重点发展方向包括量子通信、量子测量和量子计算 3 个领域,分别面向保密通信、超强计算、精密探测，均突破了信息科学的经典极限。虽然，目前大部分技术还处在实验、试点示范的阶段，但未来，量子技术或将成为智能经济时代的"新基建"。

量子计算机是以云计算的方式供用户使用的。随着移动通信网速的提升，量子计算机将主要在数据中心为各种智能化的应用提供算力服务。从这个角度来看，当前的数据中心建设模式还将持续，但是未来的计算将从大型、超大型数据中心向边缘计算回归。类似人工智能的发展还将经历专用人工智能、通用人工智能、自主创新人工智能3个阶段一样，量子计算也将经历专用量子计算（又称退火量子计算）、通用量子计算、超级量子计算3个阶段。

7. 深度学习

从2006年Hinton在*Science*杂志发表的深度学习文章开始，人工智能领域就掀起了深度学习的浪潮，潮到之处，所向披靡。

浪潮的第一个指向是语音识别领域。从2009年开始，基于深度学习的识别器将大词汇连续语音识别系统的识别率提高10个百分点以上，彻底代替统治这一领域20多年的基于隐含马尔可夫模型（Hidden Markov Models）和高斯混合模型（Gaussian Mixture Models）的系统。这直接促使语音识别应用的落地生根，也催生了一大批如科大讯飞、思必驰等人工语音科技巨头。近年来语音识别已经在地图导航、智能翻译等场景中获得广泛的应用。

浪潮的第二个指向是图像识别领域，从2012年以来，基于深度学习的识别器在各种图像识别比赛中获得超越前人的优异成绩。深度学习被逐渐应用到人脸识别领域，国内外一些大公司，如谷歌、IBM、百度、阿里巴巴等，也纷纷推波助澜。2021年，市面上主流的人脸识别公司在引用国内外知名的人脸图像数据库进行测试时，其人脸识别的精准性一般都可以达到95%以上，而且进行精准人脸识别的速度也非常快。与国外相比而言，我国的人脸识别技术尽管研究起步较晚，但是发展十分迅速，国内知名的人脸识别公司几乎都是近些年成立并高速发展起来的，其人脸识别技术也已经在安全防护、金融等领域有了较为成熟的商业化应用。目前人脸识别技术已经初步发展成熟，未来将在人脸图像质量提升、3D人脸图像应用、基于深度学习的人脸识别技术应用以及更具多样性和通用性的人脸图像数据库搭建等方面获得进一步的发展。

二、数字技术在制造领域中的应用场景探究

目前，围绕智能制造范畴，常见的技术包括人们所熟知的通信技术（communication technology，CT）、信息技术（information technology，IT）、操作技术（operation technology，OT）、数据技术（data technology，DT）、物联网（internet of things，IoT）、人工智能物联网（AI+IoT，AIoT）等，这些技术都是高技能人才所亟须了解、掌握并熟练使用的。但是，不管是什么技术，其本质上只是一种工具，比技术更重要的是找到与之匹配的应用场景，才能让技术为产业赋能，创造价值。具体来说，现代化数字制造的基础架构是：以智能工厂为载体，以关键制造环节智能化为核心，以端到端数据流为基础，以网络互联为支撑等。实际上，智能制造的定义是比较全面的。美国工业互联网的定义偏向于产业协同和互联网改造，德国的智能制造偏向于企业间的互联，而中国从企业内的智能化到企业间的互联互通，政策目标更加全面和广泛。图 1-4 所示为智能制造和工业互联网行业图谱，自下而上分成 4 个层级：终端层、网络层、平台层和应用层。

对于企业的智能化应用场景布局，有三个关键点将是大势所趋，而且这个趋势不可逆转。

1. 无线替有线

随着通信技术的不断升级提升，制造业对于"柔性连接"的需求也越来越强，很多离散设备的控制都需要用诸如 5G 之类的技术来实现，如用无线的方式实现无人矿车、生产机器人、安防监控等。

2. 机器代替人

高强度的、高危险性的工作由机器来做，在未来的企业中，人们更多的是投入智力劳动，做机器或机器人的主人。

3. 连接未连接

智能制造技术的一大特点就是要实现"万物互联"，因为数据才是实现智能制造的血液。目前的很多物联网技术也是基于这一点认知而蓬勃发展，如蓝牙、ZigBee、LoRa 等，这些新技术的涌现能够实现大部分离散数据的采集，在这个基础上才能去做数据治理和数据挖掘。

图 1-5 以智能钢厂为例，列举了一些典型的数字技术应用场景。

对于软件和应用类的需求，可以分为三个场景。

一是设备资产管理。

二是业务运营优化，细分出 4 个部分，分别是设计仿真、生产优化、运营管理和能耗优化。

三是产业协同创新。划分维度是基于数据，实际上不管是智能制造还是工业互联

第1章 数字化转型与数字化技能应用

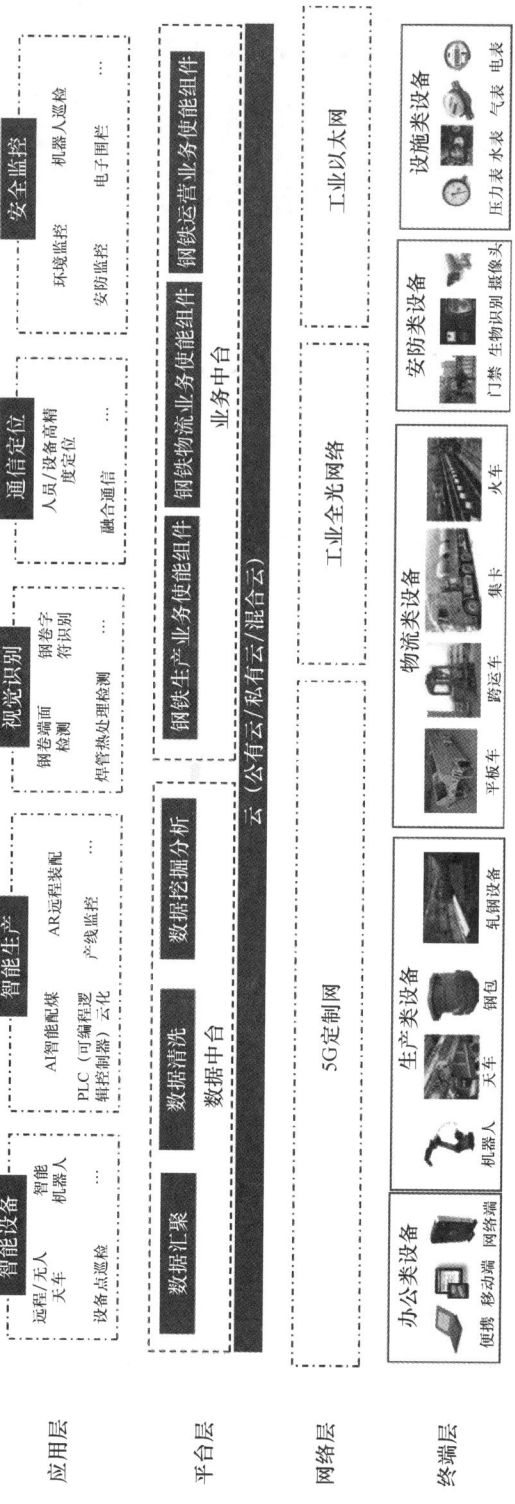

图1-4 智能制造和工业互联网行业图谱

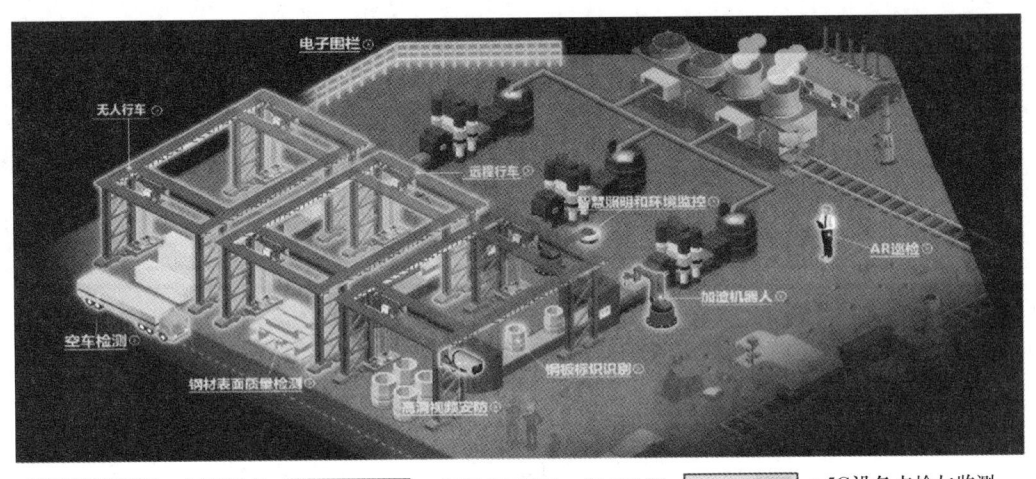

图 1-5　智能钢厂数字技术应用场景

网,它的内核都是数据。不管是优化生产还是优化运营,都是基于数据驱动的。所有的数据无论是通过数据挖掘的方式,还是通过已经形成的工业机理的方式,都需要做比较深入复杂的分析。

第 4 节　大数据分析及应用

大数据无处不在,大数据应用于各个行业,包括金融、制造、汽车、餐饮、电信、能源、体育、娱乐等。利用大数据分析可帮助企业识别新的机会。反过来,这将导致更明智的业务转型、更有效的运营、更高的利润和更快乐的客户。作为新时代高技能人才,了解和掌握大数据分析技术对助力行业企业发展、个人能力提升都有很大的价值。

一、数据的定义和类型

1. 数据的定义

数据指的是对事件的记录并且可以识别的符号,它不仅指的是人们常识中认为的数字,还可以是有意义的文字、字母、符号的组合,还可以是图像、图形、视频和音频。总的来说，数据是任何信息的表现形式和载体。

2. 数据的类型

数据主要分为结构化数据、非结构化数据、半结构化数据和元数据。在对数据进行分析时，首先应当思考数据分类标准是什么？数据是来自哪个领域的数据？数据分析的目标是什么？比如说按照领域分类，数据来自数据科学领域，而该领域主要针对的是结构化和非结构化数据，而非结构化数据的处理目标是转化为结构化数据以及小数据。

（1）结构化数据。结构化数据是具备一定模式或结构的数据，这些数据在一个记录文件中以固定的格式存在，如常见的存储在数据库中的表格数据，这些数据有统一的固定格式，可以通过固有的键值获取相应信息。

（2）非结构化数据。与结构化数据相反的是非结构化数据，非结构化数据是指信息没有一个预先定义好的数据模型来表现，如文字型数据，但是数据中又有很多像时间、数字的信息；再如图像、音频、视频数据。

（3）半结构化数据。半结构化数据是介于结构化数据和非结构的数据之间的数据。它的数据是有结构的，却不方便模式化。由于这种数据的文本性质及其与某种层次结构的一致性，它比非结构化数据更容易处理；因为没有模式限定，数据可以自由流入、更新，在使用的时候模式起作用，通过构建数据模式来搜索数据。

（4）元数据。元数据是描述数据的数据，主要指的是描述数据属性的信息。这种类型的数据大多是机器生成的，可以附加到数据中。

二、大数据的含义、特征及分析的类型

1. 大数据的含义

大数据是一个专门用于分析、处理和存储大量经常来自不同来源的数据集合的领域。当传统的数据分析、处理和存储技术不足时，通常需要大数据分析解决。

2. 大数据的特征（4V）

（1）数量（volume）。即大量数据，数据量是巨大的并且会不断地增长，随着信息技术的发展，在以往1GB的数据或许能够称作大量数据，现在大量数据或许已是PB级别的数据。在很多领域中都会有大数据的这个特征，如在销售领域，不断增长的销售数据、交易数据；科研领域，如粒子对撞机产生的大量数据。

（2）多样性（variety）。数据多样性是指大数据解决方案需要支持的多种格式和类

型的数据。数据有不同的形式，如图像、文本、视频、音频等。

（3）准确性（veracity）。准确性反映的是数据的质量。噪声是不能转换为信息的数据，因此没有价值，而信号有价值，并且是有意义的信息。信噪比高的数据比信噪比低的数据更准确。通过对数据收集的控制，能够确保数据的准确性。如通过用户注册而收集到的信息，要比通过不受控制的来源获得的数据更准确。

（4）价值（value）。数据的价值特性就是能够对企业或者业务管理者产生有用的信息。价值特征与准确性特征相关联，数据质量越好，那么它对业务的价值就越大。数据的质量还与时间有关，价值和时间是负相关的。

3. 大数据分析的类型

大数据分析支持有科学依据的数据驱动决策，因此决策可以基于事实数据，而不仅仅是基于过去的经验或直觉。根据分析产生的结果，大数据分析可以分为四大类。

（1）描述性分析。描述性分析通过运用制表和分类、图形及计算概括性数据来描述数据特征的各项活动。主要包括数据的频数分析、集中趋势分析、离散程度分析、分布及一些基本的统计图形。描述性分析主要应用于对已经发生事件的描述，即发生了什么。

（2）诊断性分析。诊断性分析是为了获得事情发生的原因，寻找到影响这些事情发生的影响因素。诊断性分析用来寻找产生现象的原因和影响因素，即寻找原因。

（3）预测性分析。预测分析涵盖了各种统计技术，包括数据挖掘、预测建模和机器学习，这些技术可以分析当前和历史事实以对未来或未知事件做出预测。预测性分析用来对未来将要发生事件进行预测，即预测未知事件的走向。

（4）预案性分析。预案性分析也称为规范性分析，在基于预测性分析的结果上，规定、规范应该采取的行动。预案性分析的重点不仅仅是最好遵循哪个选项，而是为什么选择这个选项。预案性分析提供可以推理的结果，所以，这种分析可以用来获得优势或降低风险。预案性分析基于预测性分析的结果，规范未来应当采取的行动。

三、大数据分析的目的与应用领域

1. 大数据分析的目的

大数据分析的最终目标是对数据进行分析，以便及时交付高质量的结果，从而为企业或用户提供最佳的价值。采用大数据分析能够更好为企业获取利润，在面向业务的环境中，大数据分析结果可以降低运营成本并促进战略决策。在科学领域，大数据分析可以帮助确定现象的原因，以提高预测的准确性。大数据分析还可以为公共事业服务降低成本，提升服务质量和效率。

2. 大数据分析应用领域

（1）基于客户行为分析的产品推荐。产品推荐的一个重要方面是基于客户交易行为分析的交叉销售。根据客户信息、客户交易历史、客户购买过程的行为轨迹等客户行为数据，以及同一商品其他访问或成交客户的客户行为数据，进行客户行为的相似性分析，为客户推荐产品，包括浏览这一产品的客户还浏览哪些产品，购买这一产品的客户还购买哪些产品，预测客户还喜欢哪些产品等。

产品推荐的另一个重要方面是基于客户社交行为分析的社区营销。通过分析客户在微博、微信、社区里的兴趣、关注、爱好和观点等数据，投其所好地为客户推荐相关产品。

通过对客户行为数据的分析，产品推荐将更加精准、个性化。传统企业既可以依赖大型电子商务公司和社区网络的产品推荐系统提升销售量，也可以依靠企业内部的客户交易数据、公司自有的电子商务网站等直销渠道、企业社区等进行客户行为数据的采集和分析，实现企业直销渠道的产品推荐。

（2）基于客户评价的产品设计。客户评价数据具有非常大的潜在价值，它是企业改进产品设计、产品定价、运营效率、客户服务等方面的一个很好数据渠道，也是实现产品创新的重要方式之一。

客户的评价既有对产品满意度、物流效率、客户服务质量等方面的建设性改进意见，也有客户对产品的外观、功能、性能等方面的体验和期望。有效采集和分析客户评价数据，将有助于企业改进产品、运营和服务，有助于企业建立以客户为中心的产品创新体系。

（3）基于数据分析的广告投放。互联网广告DSP（需求方平台）为广告主提供数据分析服务，包括广告投放试验、时段分析和效果分析。例如，依托数据平台记录每次用户会话中每个页面事件的海量数据，可以在很短的时间内完成一次广告位置、颜色、大小、用词和其他特征的试验。当试验表明广告中的这种特征更改促成了更好的点击行为，这个更改和优化就可以实时实施。再如，根据广告被点击和购买的效果数据分析，根据广告点击时段分析等，可以进行针对性广告投放的策划。

（4）基于社区热点的趋势预测和病毒式营销。社区中热点和热门是大数据分析的结果。在社区中热门话题、在搜索引擎中热点分析，通常具有先兆性的特征，能够成为一种流行趋势的预测。例如，苹果的土豪金让土豪色成为一种流行。同时由于社区传播的广泛、快捷性，也能够帮助企业通过病毒式营销获得更多关注，例如小米的病毒式营销的策划。

（5）基于数据分析的产品定价。产品定价的合理性需要进行数据试验和分析，主要研究客户对产品定价的敏感度，将客户按照敏感度进行分类，测量不同价格敏感度的客户群对产品价格变化的直接反应和容忍度。通过这些数据试验，为产品定价提供决策参考。

（6）基于客户异常行为的客户流失预测。如果在客户数据分析中发现客户的投诉增多、客户评价出现负面情绪、客户购买量明显减少等现象，可根据客户行为模型，预测客户流失的可能性，并采取针对性措施。

（7）基于环境数据的外部形势分析。从市场竞争者的产品、促销等数据，从外部环境的数据，例如天气、重大节日、国家大事、热门话题、社交媒体上人们的情绪等中找到对外部形势演变的前瞻性的预测，帮助企业应对环境变化。

（8）基于物联网数据分析的产品生命周期管理。条形码、二维码、RFID（射频识别）等能够唯一标记产品，传感器、可穿戴设备、智能感知、视频采集、增强现实等技术能将产品生命周期的信息进行实时采集和分析，这些数据能够帮助企业在供应链的各个环节跟踪产品，收集产品使用信息，从而实现产品生命周期的管理。

企业大数据应用远不止此，理论上看，业务价值链的各个环节都有数据分析的必要性。随着大数据应用的进一步深化，会有越来越多的应用场景，最大程度发挥大数据应用的价值。

【案例】钢铁行业大数据分析与应用

随着钢铁企业 IT 信息化建设，钢铁企业先后建设的 ERP（企业资源计划）系统、MES（制造执行系统）、计量与检化验系统、SCADA（监控与数据采集系统）等信息化系统，积累大量的产品设计、生产制造、质量检测、物流管理、CRM（客户关系管理）等管理数据及实时数据。这些数据通过大数据挖掘分析就能实现数据价值的再创造。

1. 大数据分析的目的

（1）通过数据挖掘分析辅助营销中心制定出更加合理的销售预测订单。

（2）寻找影响吨铁成本价格升高的关键因素。

（3）寻找特定产品型号的精炼成材率的关键控制点。

（4）基于大数据分析支撑，辅助能源管理人员完成能源平衡分析、错峰用电分析、能源消耗预测分析、能源超限报警及趋势分析、设备能效实时评估分析。

(5) 实现钢铁企业原料采购策略优化，成品及半成品库存优化，辅料、耗材库存优化。

(6) 实现环保数据中水平衡分析、三废排放预测、环保数据挖掘分析。

(7) 实现设备故障预测与健康管理。

2. 大数据分析业务场景

(1) 生产大数据分析。钢铁企业属于流程行业，除了设备检修外，全年基本上是按照满产能不间断生产。在生产过程中，生产订单来自两类：一类是客户的实际订单，另外一类来自营销中心的预测订单。目前预测订单更多来自销售人员对市场产品销售种类及价格的经验识别判断，没有数据分析作为技术支撑，往往会导致某种成品钢库存过高而滞销。因而需要通过大数据分析手段，结合企业内部与外部数据挖掘分析，辅助预测订单的合理制定。

(2) 质量大数据分析。冶金行业有着严格质量控制标准，有国际标准、国家标准、企业内控标准，同时也会针对不同的产品有着个性化的要求，如性能要求、成分要求、外观要求等。同时冶金行业针对不同的质量要求订单，通过技术中心完成质量设计及工艺规程设计的并指导实际生产过程，但往往由于现场工况的复杂性，对于一些高质量要求、高附加值的产品不能很好地做到质量控制，因而需要通过大数据分析的技术手段实现质量目标控制。

(3) 能源大数据分析。对于连续性流程企业来说，能源有效利用率是衡量企业能源使用水平的综合指标，既反映企业用能设备的状况，也反映企业能源管理的水平。在大型钢铁企业里，耗能设备较多，对其逐一进行能量平衡测定，计算企业能源有效利用率是比较困难的。但是，可以采用一些简便的方法进行概算，即对一些耗能大的设备进行测试，然后根据这些测试数据，概算各种能源的有效利用率，最后得到企业能源有效利用率。

(4) 供应链大数据分析。在大宗商品领域，目前国内外对铁矿的需求在快速增加，钢铁企业增加产能，面临着更大的原材料、产品价格波动等风险，同时，承担的环境责任也更高。而为了争夺市场原材料资源等，钢铁企业间的竞争必将越来越激烈，现有企业在价格、规模、行业影响力、对环境的影响等方面的较量才真正开始。传统通过期货工具、库存管理、价格议价等手段已经渐渐不能满足企业的需要。借助大数据、物联网、机器学习等新技术，可打通企业供应链的上下游，优化企业的库存，制定最佳的采购策略，促进供应链一体化、精细化管理等在企业内推进。

(5) 环境资源大数据分析。国家对钢铁企业"三废"处置要求越来越高，通过大数据平台可明晰企业三废的来源，并对工序过程中的三废排放量进行监测与趋势分析，制定处置控制措施以满足国家排放要求；同时采集冶炼过程中的关键工艺数据、生产数据，挖掘各因素对污染物排放的影响，从而促使企业注重污染源头控制。

（6）设备故障预测与健康管理。设备故障预测与健康管理（PHM）是指通过设备状态监测、设备故障诊断、设备故障预测、设备寿命预测等技术手段，保障生产设备的正常运行。目前企业有部分核心（高价值）设备和大量分散的辅助型设备（电动机、泵、液压系统等）。核心设备发生故障时会对企业造成重大的经济损失，一方面是维修费用或设备更换费用高，另一方面会造成企业停产；对于大量分散的辅助设备，虽然大多采用1备1的方式来保证生产的正常运行，但这种备品备件库存管理方式占用大量的企业资金，造成不必要的浪费。因此，需要采用先进测试技术、故障诊断分析技术、大数据技术以及人工智能技术为企业设备健康管理服务，提高设备运行效率，并结合各种可利用的资源信息提供一系列的维修保障措施以实现设备的视情维修，减少运维和库存成本。

第 2 章
岗位创新

工作的核心是创造价值，而结合工作的岗位创新又是工作中的重中之重。企业员工要重视本职工作价值的创造，它是企业发展的强大动力，也是个人发展的有力工具。组织架构和岗位职能设置往往是固化的、稳定的、僵化的，而人的能动性可及时随外在的要求而调整。企业员工认识到这一点，在有限的职责范围内，就会比其他人有更多脱颖而出的机会；企业管理者认识到这一点，就会明白如何鼓励和评价员工，知人善任。

第 1 节　岗位创新概述

"创新是第一动力"。中华民族实现伟大复兴、实现"两个一百年"的目标更是需要创新式发展。新时代，党和国家对创新，尤其是职工岗位创新以及产业工人队伍建设提出了新的要求。2017 年 7 月，国务院印发《关于强化实施创新驱动发展战略进一步推进大众创业万众创新深入发展的意见》，全民创新的大时代已经到来。

一、岗位创新的概念

创新是一个民族进步的灵魂，是国家兴旺发达的不竭动力。一个没有创新能力的民族，难以屹立于世界先进民族之林。

岗位创新没有统一的定义，但人们普遍认为岗位创新是指在企业生产经营活动中，广大职工立足于本岗位，通过模仿、引进、独创、改进等方式，在生产、管理、服务等方面形成的，具有新颖性、独创性和效益性的制度、措施、方法、工艺、技术等。岗位创新的本质是广大一线员工立足岗位自我发现问题、自我解决问题，积个人"小作用"换企业"大成果"，实现个人自我价值，最终实现个人与企业共同发展的过程。

二、岗位创新的意义

创新是一个国家和民族发展的不竭动力，也是一个现代人应该具备的素质。党的二十大报告强调，要"加快建设国家战略人才力量，努力培养造就更多大师、战略科学家、一流科技领军人才和创新团队、青年科技人才、卓越工程师、大国工匠、高技能人才"，"人才是第一资源、创新是第一动力"，"培养造就大批德才兼备的高素质人才，是国家和民族长远发展大计"，这也是中国从制造大国转向制造强国的关键所在。

任何一个企业想走在时代的前列，实现自身发展的美好愿景，就一刻也不能停止创新。岗位创新使员工在工作岗位上产生新的思路、方法、措施，产生新的工作效果、效益，企业员工的岗位创新能力越强，就越能促进企业核心竞争能力的提升。可以说，岗位创新是实现员工与企业共同发展的最佳结合点与载体。

【案例】

一汽大众公司钣金维修工王洪军，在自己的岗位上不断创新进取，创造发明了很多实用的小工具，改进钣金工艺技术，不仅为企业创造了巨大的经济效益，也让自己走上了国家科技表彰大会的领奖台，获得了国家科技进步二等奖。

王洪军在自己的岗位上，共发明制作47种2 000多件钣金维修工具，满足多种车型各类缺陷的修复要求，使整车质量、生产效率都有了很大提高。在发明制作工具的同时，他又创造出47项123种非常实用又简捷的轿车车身钣金整修方法，并整理出版《王洪军轿车车身维修调整方法》。几年间企业用王洪军的工具和修复法所创造的直接经济价值高达3 400多万元。在一汽大众公司，除了钣金维修技术，王洪军的展车制作技术也让外国专家折服。几年间王洪军共制作展车近200台，为公司节约聘请德国专家的费用700多万元。

三、开展岗位创新应具备的基础与能力

一个人的创新能力有大小,影响创新能力的因素也非常多。俗话说,兴趣是最好的老师。如果没有兴趣和好奇心,就不能支撑人们的求知欲和培养发现问题、分析问题和解决问题的能力。

1. 创新思维与创新能力

人人都可以创新。立足岗位、持续创新,在岗位上做出不平凡的贡献,争做创新型人才是岗位职工的使命,是时代赋予高技能人才的责任。创新型人才不同于其他人才的关键在于"创新"两字。所谓创新型人才是指以与众不同的方式创造性地解决问题的人才。各种文献资料虽然对创新型人才的定义各有侧重,但都指出创新型人才应是具有创新思维和创新能力,并能够以创新性的方法解决问题的人。

正所谓"没有做不到的事,只有想不到的事"。思想往往是在行动发生之前产生,没有思想,自然就没有有意识的行动,所以创新型人才表现出的第一个特点是思维上的创新。在当今社会,不能仅靠埋头苦干,而是需要用脑子思考,用脑子去做人做事。创新思维是以独特新颖的思考方式对现有的信息进行加工、改造、重组,从而获得有效创意和创造出新事物的思维活动和方法。创新思维是人们积极地运用自己的主观能动性,思考和改造自身和外界事物的思维活动。没有思考,就没有所谓的创新活动。因此,创新思维是一切创新性活动,更是岗位创新活动的起点和基点。所以,要成为创新型人才,首先要先进行相关的创新思维锻炼和培养。

仅仅有创新思维,还不能完成改造世界、生产有用产品的任务。创新思维必须升华为人的能力,才能对现实社会产生改造作用,也就是升华成所谓的创新能力。具有创新能力的人能以与众不同的方法、工艺、设计、发展方式来解决问题。知识经济时代,创新能力的升华更需要具备吸取知识的能力、接收和处理信息的能力,以及敏锐的观察能力等。

具有创新能力的人,大多具有细微而又敏锐的观察能力,有着强烈的好奇心,能注意别人没有注意到的地方,对一些习以为常的事物和现象能从新的角度提出问题、研究问题。瓦特正是由于看到烧开水时,壶盖在水沸腾后被推开的现象,深入思考这个推开壶盖的力量,最后改进了蒸汽机;而牛顿也是从"苹果为什么从树上掉下来"这个司空见惯的现象出发,进行深入探索后,发现了万有引力定律。

2. 工具应用和动手能力

创新思维不是凭空能升华为创新能力的,需要经过实践锻炼。认真做事,刻苦研究,知其所以然,才能干出名堂,将思维转化为能力,即所谓熟能生巧。

操作水平高、创新成效好的技能人才往往体现在以下方面。

(1) 动手能力强、手艺好,动作干净利落,经验丰富。例如卖肉的师傅,他们知道一块肉什么地方是骨头,什么地方肥肉多,下刀时快而准;老修理工黑灯瞎火时,手一摸就知道螺栓是什么规格、怎么拆换,心中有数,操作娴熟。

(2) 会使用各种工具、仪器仪表。即对各种工具仪器的使用和保养方法了如指掌,对"工欲善其事,必先利其器"体会深刻。

(3) 会设计制造工具、专用工具、制作仪器仪表。由于现有的工具和仪器功能不能满足需要,采购无门时他们会亲自动手设计改造。

(4) 求知欲强,自学能力强大而不满足于现有知识。他们着重于"缺什么补什么",更多时间在于思考,喜欢琢磨,更喜欢将想法变成办法,将办法成为现实。他们相信理论指导实践,更痴迷以实践去证明和优化理论,常将现有的技术优化改善视为头等大事并乐此不疲,艺高胆大而常有建树。

3. 立足岗位勇于实践

岗位创新需要立足岗位,发现问题、解决问题,为企业、为社会作出切切实实的贡献,并努力成长为创新型人才。认真+熟练+琢磨=经验积累,时间一长就能产生许多想法,例如什么地方缺什么东西,哪些地方设备经常坏,需要替补和改进它,让它不坏,给自己提供方便,提高工作效率。改进需要设计,设计需要动手,动手就是实践,由此产生跨越,跨越才是真正的创新。

四、岗位创新的实践路径

总体上,岗位创新就是发现问题、分析问题、解决问题,但具体的实施路径、细分步骤、工具方法等因人而异。创新工作的第一步,也是最重要的一步,就是要开动脑筋,启发思路。岗位创新的实施路径可概括为图2-1所示的五个步骤。

1. 看看想想

过去有的老师傅尽管文化程度很低,但动手能力很强,经验水平很高,原因就在于他一直在重复同样的工作,对本岗位的设备很熟悉,"熟"了就能生"巧"。随着工艺设备现代化程度的飞速提升,一个技术工人如果不善于总结和思考,是不可能真正

第 2 章　岗位创新

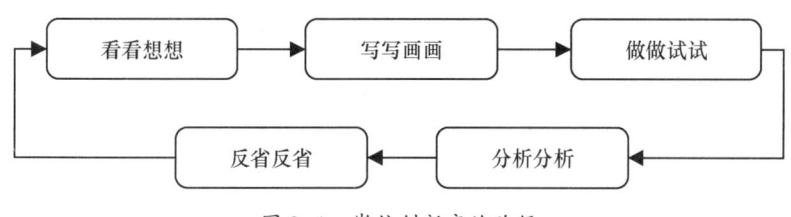

图 2-1　岗位创新实施路径

熟悉和掌握本技术工作技能的,这就需要在工作中多动脑筋,在多看看的基础上要多想想,多思考技术应用及问题所在。

2. 写写画画

任何工艺设备都是有缺陷的。一个技术工人仅仅满足于对本技术工作的熟悉和掌握,是不能称之为好工人的,他还必须具备对现有工艺设备进行革新的能力。而要革新,就不能停留在看看想想的阶段,而是要把所思所想写出来、画出来,要用图表达出创新技改的思想和意图,走出迈向实践的步伐。

3. 做做试试

严格地说,脑中有革新的构想,仅是写写画画,仍旧属于纸上谈兵。正确的做法是将笔下的构思付诸实践,在实践中检验构思的正确性和可行性。做做试试离不开实验室试验、现场试验和实际检验几个环节,要用勇于失败、允许失败的心态去尝试、去实践,在实践中获得经验、丰富知识和提高能力。

4. 分析分析

在做做试试的过程中肯定会发现原先的构思存在着许多缺陷,甚至原先的构思根本不可行,这就需要对原有的构思进行再思考、再分析,找出缺陷,进行修改,直至可行。

5. 反省反省

发明创造无疑存在两种结果,一种是成功,一种是失败。无论是哪一种,其过程必定充满着艰难曲折。成功的发明创造,在经过反省和总结后,一定会变得更科学、更趋合理。失败的发明创造,更要通过反省和总结,找出原因,改进提高。

【案例】

全国劳模、上海市职务发明第一人、原宝钢股份运输部技能大师孔利明在 1986 年的一项发明创造，就是严格遵循上述创新步骤而获得成功的。

当时，有些驾驶翻斗卡车的司机在卸完货后，会忘了将翻斗放平。卡车驮着升起的翻斗行驶，时常会拉断架空的电缆、蹭坏管道。怎样解决这一老大难问题呢？图2-2～图2-4反映了孔利明思考、构思、实践、分析、改进的岗位创新实践全过程。

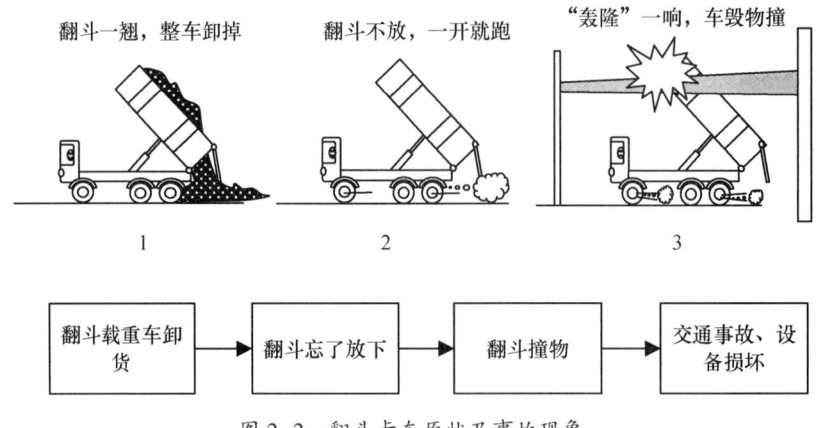

图2-2 翻斗卡车原状及事故现象

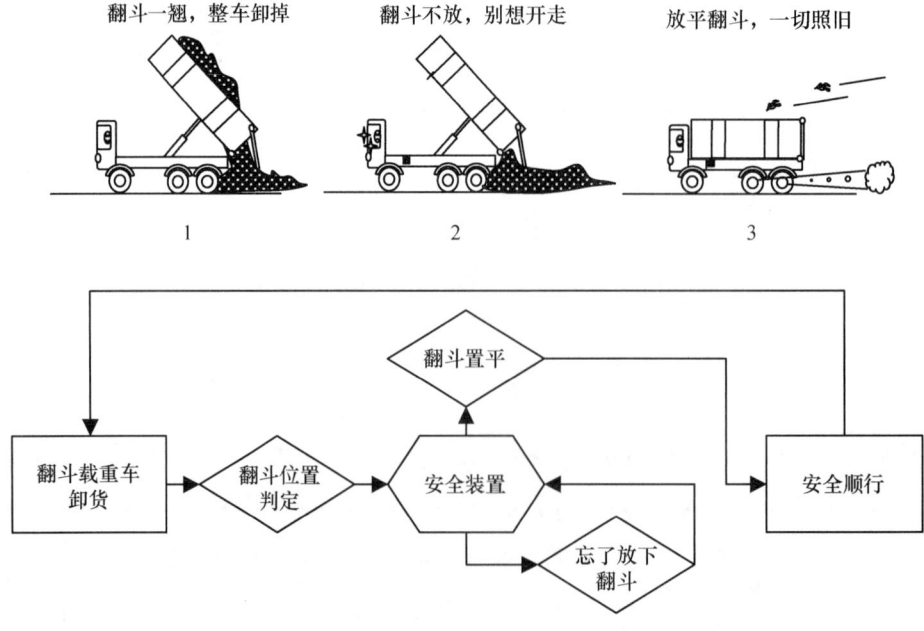

图2-3 翻斗卡车改造设想的控制逻辑

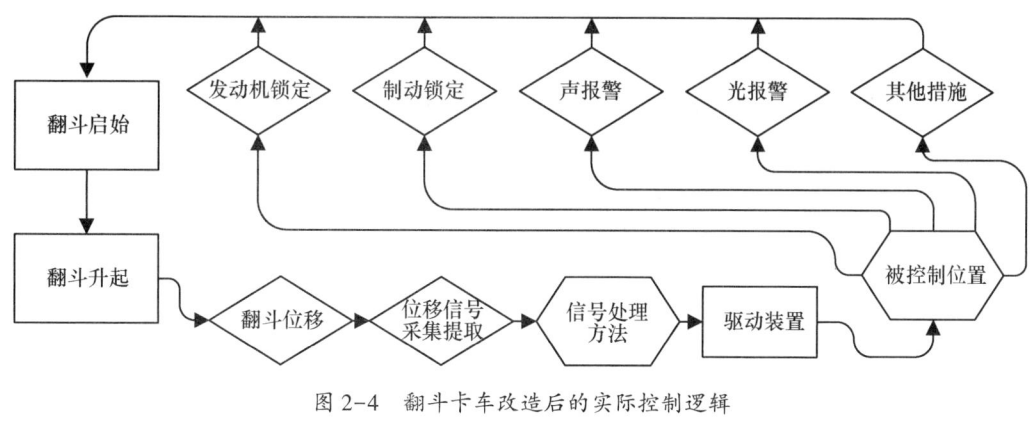

图 2-4　翻斗卡车改造后的实际控制逻辑

第 2 节　岗位创新的思维与方法

要创新,首先要改变思维模式。俗话说,"思路决定出路",一个人怎么想会决定他怎么做。要创新,就需要去了解创新思维,应用创新思维;需要掌握创新方法,科学选择、合理使用创新方法。

一、思维与创新思维

思维是人类最本质的一种资源,是一种复杂的心理现象。思维是人脑经过长期进化而形成的一种特有的技能,是人脑对客观事物的本质属性和事物之间内在联系的规律性所做出的概括与间接的反应。人们平时所说的思维方法就是思考问题的方法,是将思维运用到日常生活中,用于解决问题的具体思考模式。这种思维的方式会影响到思考问题的方法,进而直接影响到思考的结果。因此,掌握创新的思维方法是十分重要的。

创新思维是指以独特性和新颖性为目标的思维活动,是在发散思维、收敛思维、联想思维等逻辑思维的基础上,结合非逻辑思维方法创建的一套思维模式。创新思维以创新为基本特征,是个体的一种综合性思维能力。运用创新思维能突破常规思维的界限,以超常规甚至反常规的方法、视角去思考问题,提出与众不同的解决方案,从而产生新颖的、独到的、有社会意义的思维成果。

同样一个问题,不同的思维会得出不同的结论,继而导致不同的结果。有创意的思维会引发新奇的创意，结出创新的果实。

1. 发散思维

发散思维又称辐射思维、求异思维、开放思维等，它是从一个目标中心或思维起点出发，沿着不同方向，顺应各个角度，提出各种设想，寻求各种途径，解决具体问题的思维方法。

发散思维的最大特点是"多"：多角度、多层次、多思路、多途径……，然后从中选择最好的方法，求得最佳的答案。

发散思维是一种"拥抱多样"的思维。发散思维使人们的心灵更加开放，思路更加开阔，选择更加多样。对每个人来说，发散的程度越高，思维的灵活性也就越高，发散思维的空间就越大。

发散思维的"散"，不是散乱，而是散开，是遵循逻辑规则和内在联系的发散。若思维是漫无目的地发散就会出现大量无关信息，这些信息会干扰思考活动的顺利进行。

发散思维既可以描述已知的事实，也可以获知未知的信息，在已知和未知相辅相成、相互激荡的过程中，自己的思维会得到不断拓展。

2. 收敛思维

收敛思维也称聚合思维，是在已有的众多信息中寻找最佳的解决问题方法的思维过程。在收敛思维过程中，要想准确地发现最佳的方法或方案，必须综合考虑各种思维成果，进行综合的比较和分析。因此，综合性是收敛思维的重要特点。

收敛思维的具体方法很多，常见的有抽象与概括、分析与综合、比较与类比、归纳与演绎、定性与定量等。平时多加强概括能力、提问能力的训练，对促进收敛思维能力的提升有很大的帮助。

（1）训练概括能力。要积极思维，去粗取精、去伪存真、由此及彼、由表及里，找出相关知识的内在规律，加以抽象和概括，这样知识就学得灵活，问题解决得彻底。

（2）训练提问能力。"打破砂锅问到底"是收敛思维的一种有效方法。陶行知先生有一句名言："发明千千万，起点是一问。"由此可见，能够并善于提出问题，深入进行探索研究，是创新发明的基础。

要善于思考，多产生疑问，带着疑问去学习、理解知识，培养自己独立思考问题、创新解决问题的方法。善于发现问题、质疑问题、提出问题，是一切创新过程的基础，是富有创新精神的人所必须具备的一种能力，这对于发展创新思维尤为重要。

提问探究，实际上是要在不疑处有疑，这就要突破思维定式，不要迷信书本和权威，不要受现成结论和传统观念的约束，也不要人云亦云。提出问题是深入钻研的前提，要具有生疑提问的思维技巧，要问原因、问结果、问规律、问发展。

收敛思维是与发散思维相对应的一种思维方式。如果说发散思维呈一种由点到面的扩散式思维形态，那么收敛思维就呈一种由面到点的内聚式思维形态。收敛思维能力强的人一般具有较强的洞察力，看问题比较深刻，善于归纳和推理分析，思维严谨周密。

收敛思维虽然能帮助人们迅速聚集各种思维要素，找到解决问题的方法或答案，但它也有一个弊端，就是容易造成思维定式，即当遇到相同或类似的情况时，收敛思维会不自觉地将所看到的情况与以往的成功或失败经验相联系，并不假思索地套用以往的经验来处理问题。在一般情况下，这种做法会大大提高思维的效率，但是如果遇到存在多种可能性的问题，收敛思维方式就常常会犯惯性思维错误。创新者在应用收敛思维时，对于这种思维方法的弊端要竭力避免。

3. 逆向思维

逆向思维又称反向思维。相对于习惯思维而言，逆向思维就是从相反的方向来考虑问题的思维方法。在创造性思维中，逆向思维是指为实现某一创新或解决某一用常规思路难于解决的问题而反向寻求解决问题的方法。逆向思维是创新思维中最活跃的部分。逆向思维又可分为反转型逆向思维、转换型逆向思维、缺点逆向思维等。

（1）反转型逆向思维。反转型逆向思维是指从已知事物的相反方向进行思考，寻找发明构思的途径。反转型逆向思维是针对事物的内部结构和功能从相反的方向进行思考，对事物结构与功能的再造有着突出的作用。运用这种思维方法时，首要的是找准"正"与"反"两个对立统一的思维点，然后再寻找突破点，如大与小、高与低、热与冷、长与短、白与黑、歪与正、好与坏、是与非、古与今、粗与细、多与少等，都可以构成逆向思维。

（2）转换型逆向思维。转换型逆向思维是指在研究某一问题时，由于解决这一问题的手段受挫，而转换成另一种手段，或转换思考角度，以使问题顺利解决的思维方法。许多人遇到问题便为其所困，找不到解决的办法，实际上，如果能换个角度看问题，有时一个看似很困难的问题就可以用巧妙的方法轻松解决。这就需要在生活中培养这种多角度看问题的能力。

（3）缺点逆向思维。缺点逆向思维是一种利用事物的缺点，将缺点变为可利用的东西，化被动为主动、化不利为有利的思维方法。这种方法并不以克服事物的缺点为目的,相反,它是化弊为利。其实,任何事物都没有绝对的好与坏,从一个角度看是缺点,换一个角度看也许就变成了优点,对这一"缺点"加以合理利用,就可以收到化不利为有利的效果。

4. 联想思维

联想思维是根据事物之间具有接近、相似或相对的特点,进行由此及彼、由近及远、由表及里的一种思考问题的方法。它是通过对两种以上事物之间存在的关联性与可比性,去扩展人脑中固有的思维,使其由旧见新,由已知推未知,从而获得更多的设想、预见和推测。

联想思维是建立在逻辑思维之上的正确想象的必然结果。联想思维有三个要点:一是有接近才能联想,即联想的事物之间必须有某些方面的接近与联系;二是有相似才能联想;三是有对比才能联想。

5. 类比思维

所谓类比,就是从两个或两类对象具有某些相似或相同属性的事实出发,推出其中一个对象可能具有另一个或另一类对象已经具有的其他属性的思维方法。类比思维在创新和解决问题时,具有很大的指引作用。类比思维可从形状、功能、对称、原理、模型等方面进行类比推理。类比是一种很有创造性的思维。但在进行类比思维时,要特别注意的是,类比思维强调相同性的思维。而实际上,重视事物的相异性也是创造性的突出特征,绝对不可偏废。

【案例】

世界上诞生的第一辆自行车,轮子是木头做的,没有轮胎,骑起来颠簸厉害,一不留神就摔跤。

1887年,苏格兰有一个名叫邓禄普的医生,因为儿子骑木轮自行车摔得头破血流,于是萌发改进自行车的念头,却苦于一直找不到合适的方式。

他握着橡胶水管给花草浇水。

水管因为有水通过而膨胀起来,他握紧又松开,觉得水管很有弹性。突然,他心中一动:把灌水的橡皮管安在自行车的轱辘上,这样轮子就有弹性,就不容易颠簸。

于是他把儿子的自行车推到花园里,拆下轮子,配上橡胶管,灌上水。经过一遍遍的实验后,终于安好了。儿子骑上去,感觉棒极了。

医生用橡胶水管制成世界上第一个轮胎,"邓禄普轮胎"很快就风靡整个世界。

后来，充气的轮胎代替灌水的轮胎。

---

6. 灵感思维

灵感思维是一种带有突发性、非自觉性的创造性思维活动。灵感思维有三个特点：一是突发性，二是独创性，三是非自觉性。

灵感的非自觉性，由于带有神秘的色彩，因此有人认为灵感就是"神感""神灵"。其实，灵感并不神秘，它也是在一定的条件下产生的。按照灵感的来源，可分为自发灵感、触发灵感、逼发灵感。

灵感不会在规定的时间来敲门，灵感也不是完全不可捉摸的。事实上，世界万物都遵循着一个从量变到质变的过程。只要思考的方向正确，达到一定的积累时，就会眼前一亮，豁然开朗。

7. 思维障碍

创新是思维碰撞的过程。要创新，就要思考，就要先给思维自由，主动积极消除那些阻碍创新的思维。

常见的阻碍创新思维的思维障碍有：

（1）定式思维。定式思维是指人们按习惯的、比较固定的思路去分析和解决问题。定式思维就是从固定的角度来考察、思考事物，虽然有助于提高解决同类问题的速度和能力，但在遇到新问题的时候，就会无所适从、不知所措，甚至会产生错误的选择。因此，在创新过程中需要努力打破定式思维，要更新观念，可以用加法思维、减法思维、反向思维、破坏思维等来打破定式，跳出定式的条条框框。

（2）畏惧思维。简单地说，畏惧思维就是对创新的害怕心理。畏惧心往往来自对失败的担心，让人裹足不前，畏怯不已。这种思维也是创新路上的大敌。对于每个不断尝试创新，不断用创新给工作带来突破的员工来说，都是在做一件大部分人都没有做过的事情，因此遭遇失败可以说是必然会发生的事情。如果看到别人的失败，或者自己一经失败就认为自己的尝试是错误的，自己创新的思路是错误的，那么在创新的这条道路上将永远走不到成功的终点。

（3）从众思维。从众思维是指在认知判断、解决问题时，附和多数，人云亦云，缺乏独立思考的能力。从众思维是非常不可取的，新的想法也不会在从众的环境中产生出来。在岗位创新中，一个人关键是要有独立思考的能力。独立思考能力是培养创新思维的前提条件。平时，要有意识地去独立思考，从小事做起，不管在学习还是生活中，遇到难题时不要急于征求别人的意见，应该分析问题产生的原因，对症下药。同时，要学会理智、自信地面对问题，冷静地思考和分析问题，这样可增强对事物的认知能力和判断能力，形成自己的思想和观点，逐步培养创新能力。

其实，创新并没有那么难。很多时候真正的困难，是如何突破自己的内心。人体的潜能是无限的，当突破内心障碍的时候，就相当于打开了潜能的大门，那就会更加容易解决问题，获得成功。

二、创新基本方法

好的创新方法会使创新工作事半功倍，成果显著。多学习一些好的创新方法，并切实把这些创新方法运用到实际创新活动中去，可以为企业创造更大的价值。

1. 举一反三法

所谓举一反三，意思就是从一件事情类推而知道其他许多事情。举一反三法在创新活动中意义重大，而且能衍生出许多种创新方法。

（1）和田十二法。和田十二法是我国学者许立言、张福奎在奥斯本稽核问题表基础上提出的一种思维技法。它既是对奥斯本稽核问题表法的一种继承，又是一种大胆的创新。同时，该技法更通俗易懂，简便易行，便于推广。

和田十二法包括：加一加、减一减、扩一扩、缩一缩、变一变、改一改、拼一拼、学一学、代一代、搬一搬、反一反、定一定。学会这12种技法，对于解决工作中的创新难题有很大的作用。

（2）5W1H法。5W1H法也叫六何分析法，是一种思考方法，也是一种创新技法。5W1H法的应用步骤是：针对需要解决的问题，提出六个疑问，从中启发创新思维。

5W1H是指：

Why——为什么要做，是原因。

What——做什么，做成什么，是目标。

Where——在哪儿做，是地点。

When——什么时候做，是时间。

Who——谁来做，是执行主体。

How——怎么做，是方法。

5W1H法的特点是适合于任何工作，只要对不同的工作作出不同的发问，都可以激发出创新构思。

（3）设问法。设问法也有举一反三的作用，应用步骤是：针对问题，从不同的角度提出疑问进行启发，以期出现创新思维。

设问法的特点是：可由不同的角度提问题；可把问题列成检核表，逐一检查；可补充扩展，如操作性扩展：增加、分割、缓和、展开、象征等。

（4）讨论法。以讨论会的方式，围绕会议的中心问题，以一个实例为引子，带领大家举一反三，探索能解决相似问题的办法。这种方法的优点是信息直接传递，相互激励的强度大，形成创新环境气氛，利于出现创新设想。

（5）列举法。列举法的应用步骤是：选择需要改进的对象，列表分解该对象的组成部分，把对象的所有特性都列举出来，分析对象的缺点及其存在的条件，系统地思考解决问题。

（6）联想发明法。联想发明法是非常典型的举一反三法，是以各种方式应用联想，无约束地由一事物自由联想到另一事物，可能产生一些新联系，激发新思路。

（7）组合创新法。组合创新法也是举一反三法。组合的方法有性能组合、原理组合、功能组合、模块组合等。

组合创新法的特点是使不同的技术领域相互渗透，整合为边缘学科；把已成熟的技术合理组合，创造新系统。

2. 头脑风暴法

头脑风暴法是一种有助于集思广益的集体思考问题的方法，通过多人集体讨论，相互启迪，激发灵感，从而引起创造性思维的连锁反应，形成综合创新思路。头脑风暴法特别适合于创新活动时应用。

在采用头脑风暴时，主持者要以明确的方式向所有参与者阐明问题，说明会议的规则，尽力营造融洽轻松的会议气氛。在不受任何限制的情况下，人人自由发言，集体讨论问题，最大限度地发挥创造性的思维能力，同时严格遵守下列原则。

（1）禁止批评和评论，也不要过于自谦，应当畅所欲言。

（2）目标集中，追求设想数量，越多越好。

（3）鼓励巧妙地利用和改善他人设想。

（4）与会人员人人平等，各种设想应全部记录下来。

（5）主张独立思考，不允许私下交谈，以免干扰别人思考。

（6）提倡自由发言，畅所欲言。

头脑风暴法是磨砺人的创造性思维能力的最好的方法之一，创新爱好者不妨每天组织一次"头脑风暴"，最终形成一种创新的思考习惯，不断激发个人更多更好的想法。

3. 六顶思考帽法

六顶思考帽是指使用六种不同颜色的帽子代表六种不同的思维模式。

白帽子：代表信息与质询。

绿帽子：代表创新、异见、新意、暗示及建议。

黄帽子：代表效益。

黑帽子：代表谨慎、判断与评估。

红帽子：代表情绪、自觉、感觉。

蓝帽子：代表思考的组织及控制。

六顶思考帽是一种创新模式，或者说是一个全面思考问题的模型，它用"平行思维"的方式，从不同的角度思考同一个问题，从而创造高效能的解决方案。

六顶思考帽应用步骤如下。

（1）戴上"白色思考帽"来思考、搜集各环节的信息，收取各个部门存在的问题，找到基础数据。

（2）戴上"绿色思考帽"，用创新的思维来考虑这些问题，不是一个人思考，而是各层次有关人员都用创新的思维去思考，大家各自提出解决问题的好办法、好建议、好措施。

（3）分别戴上"黄色思考帽"和"黑色思考帽"，对所有的想法从正面和负面考虑问题，列优点和缺点，进行否决或进行肯定，找出最佳切合点。

（4）再戴上"红色思考帽"，从经验、直觉上，对已经过滤的问题进行分析、筛选，做出决定。

（5）在思考过程中，还应随时应用"蓝色思考帽"，对思考的顺序进行调整和控制，甚至有时还要刹车。因为，观点可能是正确的，也可能会进入死胡同。

在整个思考过程中，应随时调换思考帽，进行不同角度的分析和讨论。

4. 思维导图法

思维导图是由英国的托尼·博赞（Tony Buzan）提出的一种思考方式，这种表现方式更加接近于人们思考时的空间性想象，帮助人们摆脱线性思考。在创意思考、问题分析时应用思维导图可更有创意与效率。

思维导图按照发散性思维的特征，把注意的焦点清晰地集中于图形上，主题的主干从中央向四周放射；分支由一个关键的图形或写在线条上面的关键词构成，次级话题也以分支形式表现出来，附在较高层次的分支上；各分支形成一个连接的节点结构并且末端开放，如图2-5所示。所有的思维导图都有一些共同之处："它们都使用颜

第 2 章 岗位创新

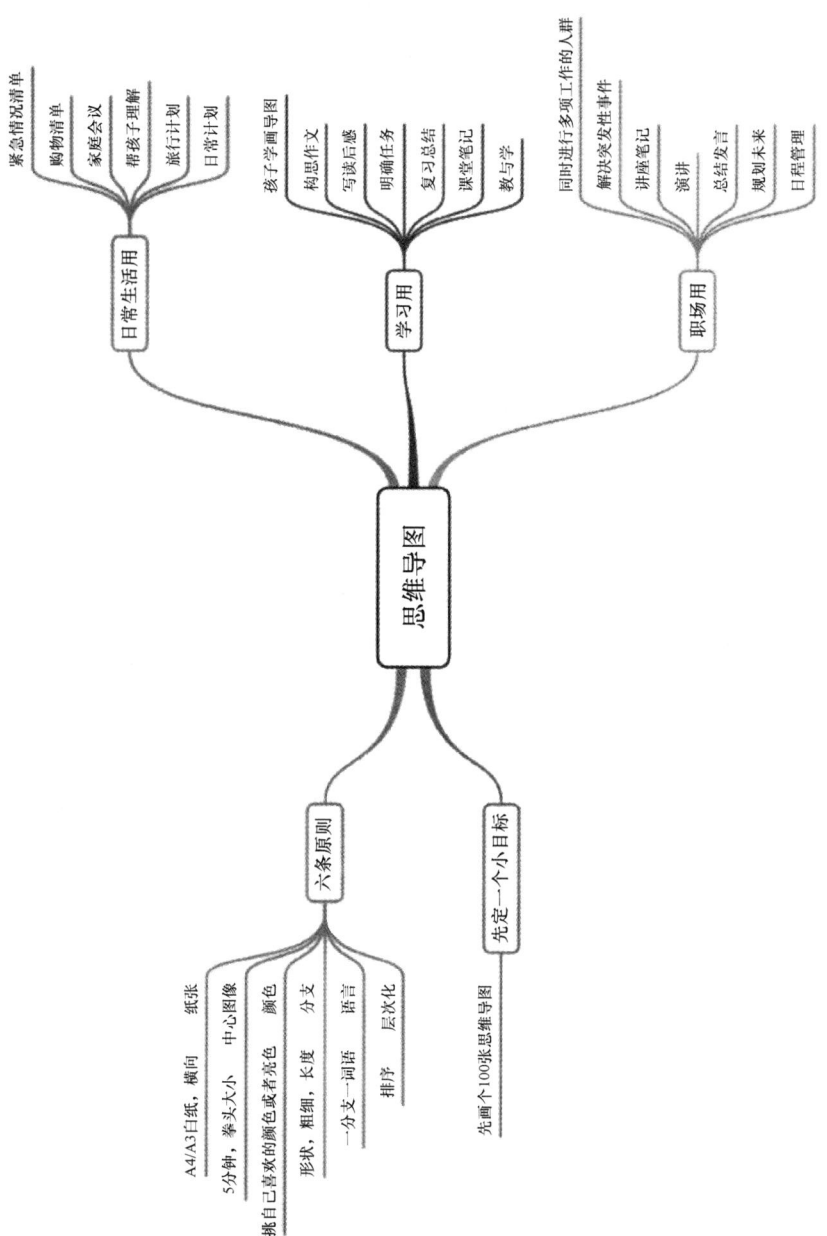

图 2-5 思维导图示例

色，都有从中心发散出来的自然结构，都使用线条、符号、词汇和图像，都遵循一套简单、基本、自然、易被大脑接受的规则。"

从中心主题出发，通过联想和发散，将头脑中的丰富素材综合起来，并将这些想法画出来，就成了一幅思维导图，它符合人脑的自然工作方式，体现创新思维的特点。在岗位创新中应用思维导图能帮助创新者应用好创新思维，这是一种有效的、使人兴趣盎然的方法。

思维导图经常被用在突破思维限制、职场问题分析与解决、活动策划、新产品开发、头脑风暴、项目管理、任务管理、逻辑沟通、弹性沟通、信息整理、高效学习等领域，因此，越来越多像谷歌、苹果、腾讯这样的大型企业把思维导图作为提升员工系统思维、创新思维以及产出创意设计的必备工具之一。

思维导图已被广泛运用到工作、学习、生活当中，是极具革命性的思维工具。很多国际性组织、全球顶尖大学及政府，包括微软、波音、花旗银行、迪斯尼、麦当劳等著名企业，都因为使用思维导图而获益不少。其中一个著名的例子是美国康·爱德森（Con Edison）公司，在美国"9·11"悲剧后，这家公司广泛地应用思维导图作为规划、组织的工具，成功完成重建曼哈顿的任务。此外，新加坡、韩国政府已将思维导图列为学校必修课；菲律宾有一所思维导图专门学校，以思维导图法教授各个学科。

【案例】

美国波音公司在设计波音747飞机的时候就使用思维导图。据波音公司的人讲，如果使用普通的方法，设计波音747这样一个大型的项目要花费6年的时间。但是，通过使用思维导图，他们的工程师只使用6个月的时间就完成波音747的设计，并节省了一千万美元。

5. 反复改进法

反复改进法就是不断地在现有的基础上创新，不断改进，最终成为一个全新的产品。在"互联网+"时代，反复改进是一个重要的理念，也有一个专门的创新名词，叫做"迭代"。

迭代的真正内涵是创新、改进、升华、积累、总结，是量变到质变再到量变的过程，每一次迭代是站在新的起点上的再开始。对反馈信息的总结和改进是迭代过程中的重点，没有反馈，没有总结，没有更新，迭代出来的结果跟迭代前没什么本质的区别。

【案例】

20世纪90年代初，宝钢厂区道路综合交错，宽窄不一，主干道较宽敞，生产区的道路相对狭窄。大型车辆在直道上车辆交汇已很勉强，到拐弯处，稍有不慎，就会酿成事故，损坏车辆，危及行人。宝钢汽运公司多为大型车辆，在运输中，尤其在车辆转弯时，很容易造成事故，给来往车辆和行人带来潜在危险。

是否搞一个装置，在车辆拐弯时，及时发出警示声，警示来往车辆和行人引起注意，以避免潜在事故发生，孔利明想到了这一点。

从此，孔利明开始查阅许多资料，购买器材进行试验。一周过去，试验进行5次，次次失败；又一周，终于搞出一个装置，声音有了，可音量不够；再一周……试验搞到15次，他终于发明成功语音自动报警器。当车辆拐弯时，人们就会听到从车头发出的"请注意，左转弯"或"请注意，右转弯"的清晰提示声。很快，他的发明在全公司推广开来。

没想到，好事多磨。有一天，在食堂里，孔利明被一位工人拦住了，"听说那个车上的电喇叭是你发明的？一天下来，耳朵里全是这声音，吵死了！"孔利明没有生气，而是把别人的牢骚当做建设性意见。不久，他就在报警器上增加光控装置，让它白天声音大，夜间声音小，并调整音量和音色。

孔利明发明的这项成果技术含量高，新颖性、实用性强，创宝钢专利授权审查期限的最短纪录，并相继获得1995年上海科技节银奖、1996年第五届中国专利新技术博览会金奖和上海优秀发明2010年成就展金奖。

6. 就地取材法

就地取材法就是指充分利用现有资源解决实际问题的方法。在岗位创新过程中，会遇到需要使用人力、物力、财力等物质资源，以及经验、人际关系等非物质资源。对于一线员工来说，并没有获得物质资源的优势，但在非物质资源方面却有着得天独厚的优势，可从这些优势资源方面去发现能够帮助自己实现创新的资源，从而尽快让创新计划得以真正实施。同时，一线员工也要学会在创新过程中展现自己在非物质资源上的优势，从而让自己有更多机会获得物质资源上的帮助。

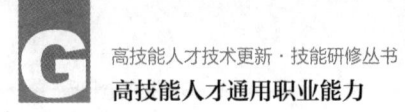

7. 另辟捷径法

创新很容易落入俗套，为此需要懂得寻找独出心裁的方法，不按常理出牌，和大部分人想的不一样、做的不一样，这样的创新无疑具有更大的价值。

【案例】

年仅 15 岁的格林伍德第一次学溜冰，速度很快，他觉得耳朵被寒风刮得像刀割似的，冻得十分难受。他回到家找了顶"两片瓦"式的皮帽戴上，继续溜冰，耳朵不再被风刮得痛了。但是，由于头和脸捂得紧紧的，不一会儿，就热得满头是汗。格林伍德想，如果能做一个专门捂住两边耳朵的套子，溜冰时戴上它，也许要好得多。

经过一番琢磨，他设计出一副耳套，回家请妈妈照他设计的样子做出了一副棉质耳罩。格林伍德戴上它去溜冰，果然既护耳，又散热。朋友见了，也向格林伍德要，格林伍德和母亲及祖母一起来做。经过反复修改，耳罩做得更实用，也更好看。他向专利局申请取名叫"绿林好汉式耳套"的专利。这项专利使格林伍德成为百万富翁，并成为世界耳套大王。

---

8. 颠覆重构法

先颠覆再重构是许多巨大变革的创新方式，特别是在互联网时代，这种颠覆式创新更是创新的主流。

越来越多的传统行业、传统模式、传统产业被"互联网+"替代和颠覆。不仅是"BAT"（Baidu，百度；Alibaba，阿里巴巴；Tencent，腾讯）这样的巨头在领跑产业变革，在当前"大众创业、万众创新"的浪潮下，还会有更多的新兴创业者在细分领域中脱颖而出，掀起更威猛、更彻底的颠覆浪潮，重构社会生态、经济生态、生活生态和盈利生态。

所以，要适应互联网时代的浪潮和趋势，要有自信、敢质疑、想突破、会出奇、集智慧、善跨界，敢破敢立，将颠覆性创新用到极致，为个人和社会发展做出更大贡献。

第3节 岗位创新三协同

岗位创新是一项复杂的系统性工作，不仅涉及人和事，还涉及管理者和客户等，因此，在创新过程中要善于处理好各种协同关系。

一、创新者个人与创新团队的协同

俗话说，"一个人浑身是铁也打不了几颗钉""三个臭皮匠，顶个诸葛亮"。一个人要成为智慧型劳动者还需要有团队精神，要有集体主义观念，更要善于互相协作。如果好大喜功，老想表现自己，甚至贪他功为己有，那么再聪明也可能一事无成。善于互相协作，应用集体智慧，就能集他人之长于一身，会让人更具有创造力。

【案例】

某年夏天，宝钢冶金建设公司赵建忠和朱洪发得知甲公司的成品板卷多年来一直遭受行车空调冷凝水的侵害而影响外观质量，有关部门一直攻关不下。经调查后他俩发现确实有一定的难度，为此他俩发动"创新小组"的成员集思广益，形成多个解决方案。他俩一个一个地进行分析筛选。通过实验对比，终于有了解决"行车移动空调机冷凝水滴漏消除"的发明灵感，并且在短短的半个月之内研制发明了国内首创的"空调冷凝水蒸发器"，啃下了这块"硬骨头"。

这项技术一共由十大部件组合而成，其原理如图2-6所示。当移动中的行车空调机制冷时，所产生的冷凝水顺着"空调冷凝水下水管"流到"储水箱体"中。当冷凝水积累到设定量的时候，高、中、低水位线将信号传输到"水位控制器"中，"水位控制器"再驱动"开关电源"，电源通过线路使"储水箱体"中"带浮器的水雾发生器"工作，将水激励成水雾，同步工作的还有"送风机"，它将箱体中的水雾及时排出。当"储水箱体"中水位被"消化"见底时，高、中、低水位线又会将信号传输到"水位控制器"，从而使"水位控制器"关闭"开关电源"。由此周而复始，不断地"消化"着空调冷凝水，保证了钢成品不被空调冷凝水污染。

新发明的问世立即形成了技术成果，新产品迅速推广到冷轧厂用户，彻底解决了多年的悬题。

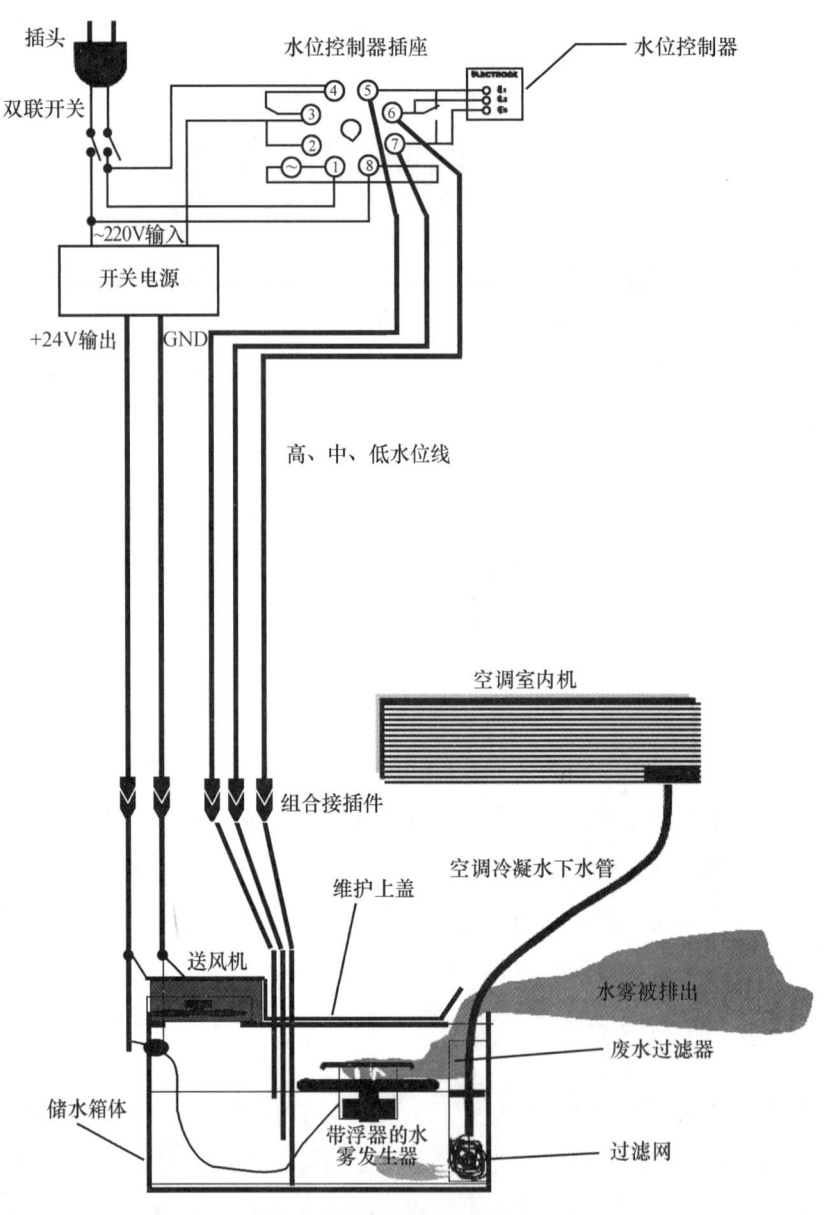

图 2-6 空调冷凝水蒸发器原理图

此外，作为岗位创新实践者，应掌握尽可能多的专业知识，精一门、会多门，体现一专多能，这与现代化生产工艺与设备的综合性、复杂性有直接的关联。现代工业化大生产采用的工艺设备是各项技术的集成体，往往一个很小的生产设备，就包含较复杂的机、电、液、气、仪、声等多项技术。一名技术工人如果仅仅熟悉某一方面的知识，对其他技能一无所知或知之甚少，是很难开展创新活动的。创新者需要掌握多项技能，更需要协同创新。

【案例】

某公司炼铁厂以前使用的抛泥喷补机移位很困难。移动时，需要两个熟练工人先用两条钢丝绳兜底捆扎，在再三确认整体平衡捆扎牢固后方可吊运，整个过程需要20分钟。但当时大多数人都觉得很正常，因为很多年都是这样干过来的。只有一名搞机械出身的技术工人在一直琢磨着改进方法：要是有一个钩子，在移动时一下能钩走该有多好啊！此事说起来简单，但真正干起来却不轻松。由于钩子的选点涉及力学平衡问题，而钩子的大小、材质又涉及机械强度问题，同时，还需要熟悉抛泥喷补机的工作原理，不至于在安装后影响设备的使用功能。最后，这位技术工人凭着掌握的多方面专业知识，花了整整一个月的时间革新成功，将吊运时间从20分钟缩短到2分钟。

人无完人、各有所长。只有做到个体与团队的协同，人与人之间的相互支撑，才可以干成许多本来干不成的事，享受到更多的成功和喜悦。团结就是力量，现代化大生产时代更需要团队协同。只有团队高度协调、互相弥补、配合默契才能使现场改善、使岗位创新工作高效快捷。从宏观上来看，团队创新就是学习提高的机会！团队中的每一个人只要付出了，即便没有获得任何个人利益，其实也会学到很多东西。

二、创新者与创新成果使用者的协同

创新成果最终是由使用者操作的，使用者、维护者是将创新成果转化为现实生产力的重要因素，他们的意见又是判定创新成果是否科学、合理的重要依据。因此，创新者在开展创新活动时要始终与创新成果使用者密切沟通、联系，多听取他们的意见和建议，以利于创新成果能发挥更大的效用。

【案例】

某公司经常发生厂内机车出轨事故，原因在于道岔易被小石子、小动物尸体和杂物塞满，导致机车出轨。经过调研，孔利明重新设计和制定了解决方案。其原理就是在道岔出现异常情况后，信号与机械装置联动，使机车遇警停下。道岔自动停车器原理示意图如图 2-7 所示。

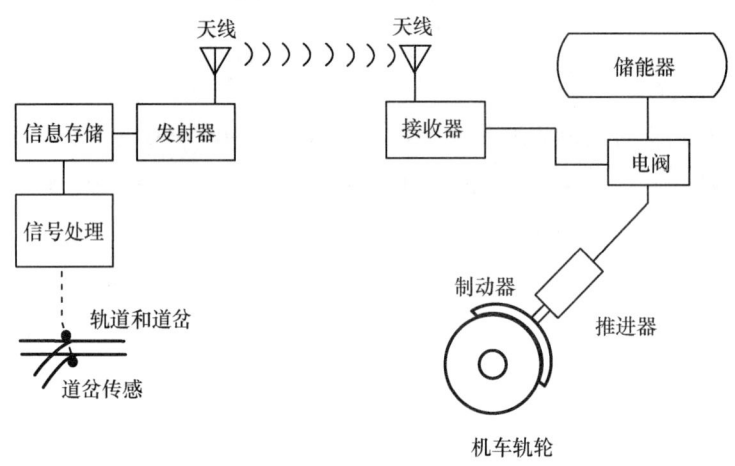

图 2-7　道岔自动停车器原理示意图

当时，孔利明抛出上述设计方案时，维护工、点检工都强烈反对，原因在于项目的研制增加了大家的工作负荷。在这种情况下，孔利明一方面苦口婆心地做他们的思想工作，解释新装置的原理、结构和可靠性；另一方面抓紧样机的研制，争取让事实说话。样机研制成功后，他把维护工、点检工请到一起，特意找了一名不知情的、技术最差的司机驾驶机车。当机车驶近故障道岔时，奇迹出现了，正在加速中的机车停了下来，结果司机吓了一跳，以为出了安全事故。一下子，大家为新装置的神奇所折服，在哈哈大笑声中，所有的矛盾都被抛到了脑后。最终，在一个月时间内完成了这个"铁水罐车轨道四开防出轨系统"。此项技术经不断地优化改善，一直沿用至今。从此，该公司生产现场的铁水罐车再也没有出过轨。孔利明的研制成果与得到设备使用者、维护者的充分理解、密切配合是分不开的。

岗位创新一般定位于本岗位工作范围内的事物，即以岗位各项工作的特征和事件来进行改善、研究与开发，如生产安全技术和设备效率的提高、备件国产化、提高效率的工器具研发等。更具挑战意义的是如何更好地发挥创新智慧，为他人、为现场寻求解决问题之策，解决日常生产工艺与设备的"常见病""多发病"。此外，现场应用技术不在于技术含量高低，更注重实用。所谓实用就是低成本、可持续、保安全、可推广。最实用的就是最好的。

三、创新过程管理与创新组织管理的协同

创新实践获得主管领导的支持是创新项目得以顺利实施与推广的重要环节。在寻找创新课题的时候，往往领导头痛的问题就是现场亟待解决的问题。在创新活动开展的过程中，领导是总责任人，既要评估、审查创新项目的可行性，总体把握创新活动的进度，又要协调各方的关系，为创新活动提供人力、物力和财力上的支持。在创新项目获得成功后，领导是创新成果是否推广使用的决策者，负有承担使用失败的风险。可以说，创新项目能否取得成功并得到推广，与领导的理解、支持关系很大。因此，在创新活动开展的过程中，创新者必须注重与领导的协同。创新团队要关注领导的管理主题，争取最大程度上获得领导的支持。

【案例】

某公司综合码头废钢卸船机设备是从 ABB 公司进口的。以前，该起重机在从船上卸废钢时，时常存在着掉钢现象，严重影响作业安全。在请 ABB 公司改进无果的情况下，部门领导只得动用土办法：废钢卸船机在作业中吊取、平移时必须限制移动的角度和速度，刮大风时不能作业，视线不良不能作业……这使得工作效率非常低下。当时，孔利明刚调到运输部设备管理室工作，得知此事后主动请缨参加攻关。经过一段时间的走访、观察、研究，他发现产生掉钢的原因是：起重电磁铁通电后，由于电量比较大而发热，发热以后引起电阻阻值上升，电阻阻值上升引起电流下降，从而导致磁场强度降低。找到原因后，他很快就绘制改进后的电流控制原理图（见图 2-8）。

但改进能否获得成功，一切取决于在线试验，试验得不好，就会给公司带来损失。为此，他找到领导，希望领导能为自己提供在线试验的机会，并郑重地承诺一旦试验失败，自己愿意承担全部责任，赔偿经济损失。多年前，孔利明请缨也正是于一次起重电磁铁坠钢事故发生后的危难之际。他的主动性和大胆设想也感动了领导，最终领导不仅同意他的请求，还动情地鼓励他大胆尝试："老孔，你大胆去干，失败了，责任是我们的；成功了，功劳是你的。"有了领导的大力支持，在线试验一举大获成功，接下来全方位推广实施、编写操作标准和考核制度、落实巩固措施一气呵成，至今没发生过一起安全事故，卸船效率提高了 1.6 倍。

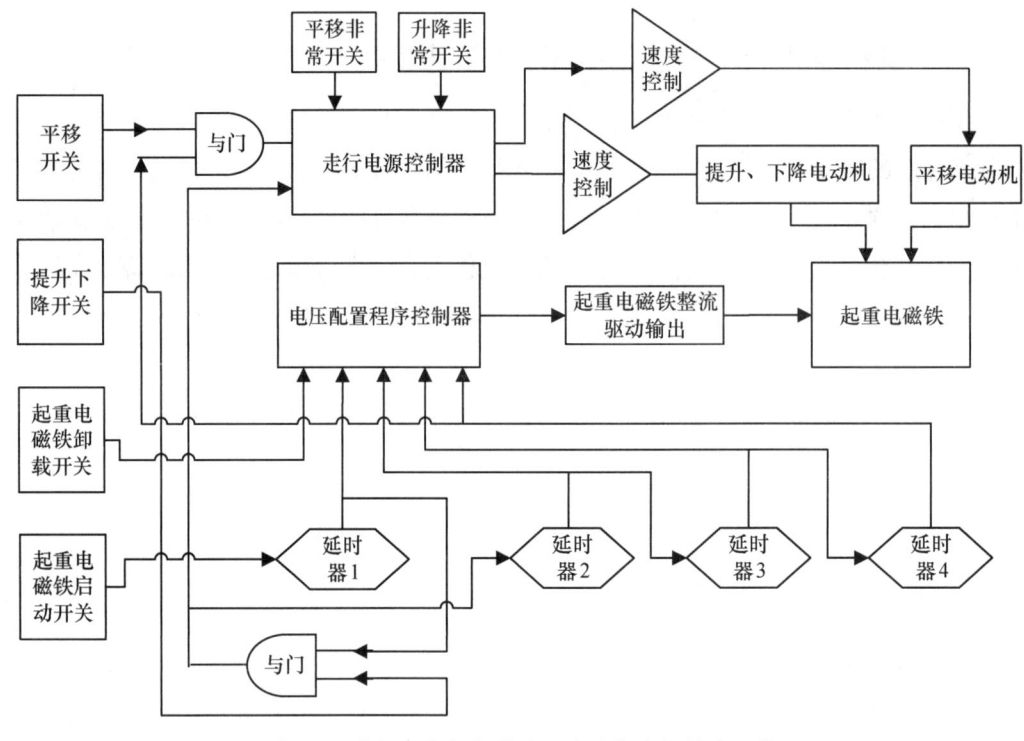

图 2-8 废钢卸船机控制系统改造电流控制原理图

第 4 节 岗位创新六要诀

一、立足本职、深耕细作是前提

爱岗敬业、乐于精业是对工作态度的基本要求，是职业道德的基础与核心。只有爱岗敬业、乐于精业才能干好本职工作，做好本职工作是职业发展的前提。爱岗敬业的员工忠于职守、认真负责、精益求精，勇于创新，不仅能干好本职工作，而且能获得更多的发展机会。只有立足本职，深耕细作，敬业、乐业、精业，才能在平凡的岗位上取得不平凡的成绩。

【案例】

1984 年调到宝钢的孔利明，一直以来始终保持永不言输、永不放弃的精神，忠于职守,埋头实干,不求名利,甘于寂寞,认认真真做好自己岗位上每一件事,把自己的所有兴趣和智慧全部投入钟爱的宝钢事业之中,焕发出无穷的创造力。

孔利明曾经深情地说:"我的大学在宝钢。"怀着对岗位无限热爱和对企业高度忠诚之情,孔利明在知识的海洋里尽情遨游,岗位需要什么就去学什么,企业需要什么就去补什么。为了不断垒高自己的知识底座,他每年花钱自费订阅各种技术类报纸杂志,不但对电子、汽车、无线电、计算机、电焊、气割、起重、驾驶,而且对钟表、机修、外语,甚至医学、法律等方面知识都有所涉猎。他长久保持着旺盛的学习毅力和蓬勃的创新冲动,把知识转化为创新动力,把学历转化为创新能力,成功地实现了向知识型工人的转变。

孔利明自觉地把个人努力方向与企业发展目标紧密结合在一起,昂扬着积极向上的进取观,在荣誉和掌声面前没有止步,不断向自己挑战,不断超越自己,不断使自己成为本行业的强者。

二、有问题就会有创新的机会

"问题是创新的起点,也是创新的动力源。"作为岗位创新实践者,要养成善于发现问题、思考问题的意识。问题意识是人们在认识和实践的过程中,对问题产生的困惑、探索,由此展开研究和解决问题的一种意识。问题意识是人们意识的一个方面,是客观存在的问题、问题产生的原因以及解决问题的方法等在人的大脑中的反映。问题意识的强弱决定创新者对工作、对实践的态度。

作为创新者,当然不能仅停留于"意识"层面,更要付诸行动,通过创新解决问题,在实践中深化认识、检验和发展真理,即问题的解决最终是要通过行动来实现,在实践中大胆地试验与探索是实现创新目标的根本途径。

【案例】

多年前,某公司现场的几起设备电气火灾事故引起了宝钢运输部综合点检毛俊的高度重视。经过详细调研后,他认为往往重大的电气火灾都起源于一只只小小的熔断器。毛俊对症下药,经过20多次安全使用熔断器的实验和修改,最终自行设计并亲自动手制造出熔断器分断特性检测仪,如图2-9所示。这项成果不仅填补了国内空白、获发明专利,而且使公司现场因熔断器引发的电气火灾数量大大下降。该成果获得第17届中国发明展金奖。

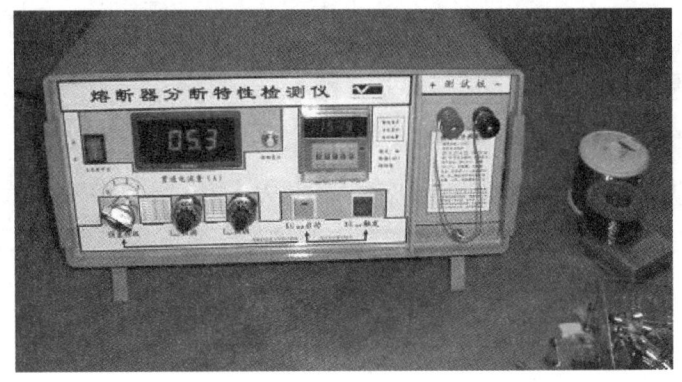

图 2-9　熔断器分断特性检测仪

三、耐得住寂寞并乐在其中

三百六十行，行行出状元。在创新征途中，不但要耐得住寂寞，还要耐得住委屈和冷落，才能克服浮躁、潜心修炼、蓄势待发。知识的沉淀，经验的积累，不是一朝一夕能完成的。总是怨天地对己不公，怨幸运不降临在自己的头上，甚至急功近利，偏重于投机取巧，则难成大事，心浮气躁是创造力的大忌。

为目标心无旁骛，埋头工作，需要的是调整心态，从本职工作中找到乐趣。要把事做好，智商固然重要，良好的情商才是决胜的关键。做岗位创新一要肯下苦功夫，二要理论经验基础扎实，三要长期深入现场实干。

【案例】

多年前，某公司转运废钢的车辆由于振动而造成车载废钢"冒尖"，经常刮碰关卡的高功率 X 光仪。该进口的高精密仪器一碰就坏，每次请"老外"来维修的费用就高达几百万；更严重的是这台仪器失效将造成废钢中的爆炸物漏检，会给炼钢炉构成很大的威胁。为此，毛俊运用激光技术设计出车辆载物高度光束自动检测装置，如图 2-10 所示。经过应用实施，实现了废钢安全通行自动化。这一创新成果获得第 16 届中国发明展银奖。

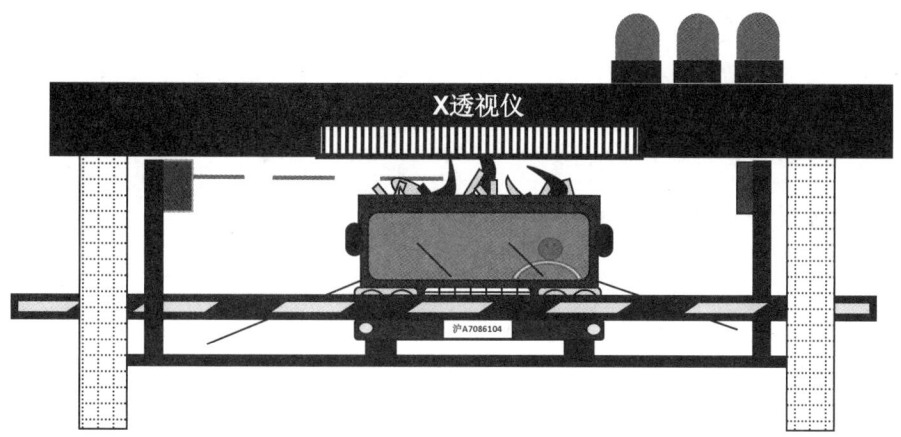

图 2-10　车辆载物高度光束自动检测装置示意图

四、精益求精与追求完美

美国金融家史蒂芬·吉拉德有句最为人们熟悉的话,"我们要的不是'做得很不错',而是'做得没有任何一点儿错'"。他认定,如果不能追求最大的精确,那么最终不可能有巨大的成功。创新和实践是个系统性工程,需要用追求完美的心态和坚持不懈的精神去对待。

【案例】

某公司港区的1、2期工程虽然基本安全进行,但也存在诸多的技术问题,如矿料中的废钢杂铁经常将矿石输送带撕裂。针对高速宽大的原料输送带和设计落后的矿料除铁器,2005年宝钢马迹山港李斌主动领衔,结合现场独特的地理环境、作业和设备特征,带领一支港区的创新团队活跃在港区的3条输送线上,先后设计出以现有技术为基础的整套崭新的矿料平整装置、金属检测器、输送带消磁、无能耗消磁器、全磁除铁器等。团队经过多年的努力完善修改,现场实施后安全和效率连破历史纪录。过去常无法取出的高铬衬板,现在大小不漏,保证了公司原料中转重港运输线的安全。

该套"钢丝内衬输送机金属物门禁和去除系统"创新技术于2016年结题。该项目10年中失败15次,修改38次,失败修改同时也招来众多的讽刺和非议,创新团队坚持将38个修改项做成"高速输送带除铁器""输送带散货料平整器""钢丝内衬输送带同步消磁装置及其消磁方法""实现金属检测敏感阈值远程控制的方法""高速输送带非导磁类金属物定位仪（方法）"等38项国家专利和76项技术秘密。整套技术全由公司职工自主创新完成，港口钢丝输送带金属物去除率达到世界最高水平。

五、创新之后要善于总结

成功的创新成果并不是创新活动的终点。在这之后，创新者还必须总结创新活动，这一点往往被忽视。及时分析总结创新活动过程有许多益处。

1. 可以起到知识传承的作用

作为一名岗位创新者，绝不能仅仅满足于当一名创新大拿、工匠名人，还应负有"传道授业解惑"的责任。对创新成果进行总结，就是对创新体会、经验的系统化、理论化，将大大方便后来者学习借鉴。

2. 可以起到自我提升的作用

创新的过程不是一帆风顺的，其间必然存在着种种曲折。对创新过程进行总结，就是创新者整理创新思路和做法的过程，自然能起到优化思维方式、总结得失的作用。

【案例】

回首往事，孔利明表示最大的欣慰就是一个又一个的"作品"在现场应用，发挥作用。从构思到设计到成果，每一次创新的感觉，犹如孩子出生一样喜悦。创新技术和养育孩子一样，需要遵循其成长规律，需要跟踪呵护，需要多年的栽培和优化。

现场员工搞创新要有两个基础。基础之一是现场经验的积累量和相应的动手能力。经验需要积累，需要在挫折中反省。年轻的员工能静得下心来，耐得住寂寞，潜心跟班，十年磨一剑，功夫肯定不负有心人。基础之二是理论水平和综合能力。学校带来的是基础知识，有了知识必须到生产实践去磨合，深化理解，理解后再去实践判断优劣，这样坚持下去，就会在现场不断地掌握新技术新知识。现代科技发展很快，学会在网络搜集学习新知识，也是现场员工必需的能力。新知识和新技术的跟进，可以让你在现场耳聪目明，可以让你和科技人员沟通无障碍。

六、创新成果要予以保护

任何一项创新活动的过程都历经艰难，任何一项创新成果都凝聚着创新者无数的心血和汗水。可以说，创新成果是创新者的一笔财富。同时，创新者在创新过程中，动用了企业的人力物力财力，得到了企业的种种支持，因此，创新成果也是企业的财富。从上述意义上分析，创新者和企业要对创新成果予以保护，这是一种责任。知识产权保护的最简捷途径就是对创新成果申报专利或技术秘密。

第 5 节　岗位创新成果维护与推广

一、创新成果的总结提炼

当完成创新过程，岗位创新成果得到应用、实施于生产线时，就需着手进行技术总结（也称为创新项目结题）。

通常，技术总结应包括以下内容。

——课题起因。

——本课题要解决的问题。

——技术方案的内容。

——新技术的工作原理。

——本创新成果实施后的效果。

——下次课题将优化的内容。

与撰写技术总结可同步进行的就是新技术、新工艺、新知识的提炼。

创新项目刚完成时，对创新者来说，在自己头脑中创新项目的思路、框架印象深刻、概念清楚，实施过程了如指掌。因此必须趁热打铁开展总结提炼与反思，并记录在案。

一般，总结提炼和反思备案着重围绕如下几个方面。

1. 新工艺流程的"操作法"总结

操作法必须是针对新技术如何在产线上进行应用的实际操作，必须体现如何保证生产安全和操作顺序流畅、如何维护保养等。

2. 可申报企业"技术秘密"的总结

有的技术和秘诀是不能公开的，只能作为企业内部的"技术秘密"做保护。要根据企业"技术秘密"申报要求，整理成企业技术秘密书，并承诺个人绝不向外公开。

3. 对有创意、有技术的创新点进行专利申请

申请专利要有统一格式的技术交底书。技术交底书必须按格式撰写，应包括技术领域、技术背景、发明目的、发明内容、技术效果、附图说明、实施方式等内容。

4. 相关奖项申报与论文写作

只有申请了专利之后，才能得到国家知识产权的法律保护，才能进行公开性的报奖。此外还可以撰写与发布论文。论文内容包括概述、论点、论证过程、论据，以及佐证资料等。

二、创新成果实施后管理

岗位创新成果实施后需要有很多巩固和优化措施，主要有三条。

1. 创新成果实施后的"性能指标跟踪"

新技术要在生产线上顺利应用，需要经常进行校正、纠偏、调整、数据跟踪、信息反馈等，然后从中找到优化的方案，使新技术更完善。

2. 出台新技术的"操作维护标准"

操作维护标准对每一位现场操作人员和检修维护人员来说等于是给"旅游者"提供了一张导游地图，它是新技术要领的实施和操作指南，可以让新技术用最低的成本产生最大的效益。

3. 制定"考核制度与措施"

企业中不可避免地有投机取巧和不负责任的惰性员工，要使新技术成果完美地在生产线上实施、应用、推广，需得到企业主管领导的支持和肯定。此时就必须制定针对性的操作维护"考核制度"，也可认为是企业+领导+个人的"三者利益绑定"。新技术的推广要是没有建立新的"考核制度"，一般都会"出师不利"，得不到持续。

【案例】

某公司成品综合码头卸船机在卸载废钢时，会经常发生高空坠钢。卸船机的"老外"供货商派专家来调试 1 年多无果，继续不断地发生安全事故，这让部门领导不堪重负。公司成品码头技工陈健和朱怿诚带领课题小组进行科技攻关，历经 1 个月就找

出问题所在。他用一个"脑筋急转弯"的创意——"瞬间减磁法",可使起重电磁铁吸取的废钢在安全的高度下,将电磁铁下端吸得不稳定的废钢坠落干净,然后加大电磁量稳固载体,再提升电磁铁的高度后走位……经过团队的通力协作,很快解决了连"老外"专家都头疼的难题。实施后验证,此成果绝对有效,不但保证生产安全,还大大地提升工作效率。但就是这么一项成功的举措,在普及推广初期就显得非常艰难,有些人感到新技术的实施推广与他无关,事不关己,我行我素。有些人感到操作维护多了一份工作责任,心有不愿。有的人甚至不知为何非常抗拒接受新技术。为了公司生产经营的安全顺行,他俩制定了一系列的操作维护标准,又制定了一系列的点检、操作、维护、管理的考评和考核制度,请领导批准下发文件严格执行,同时又连续不断地进行现场监督评价,巡视检查后还对拒不执行者作公开处分,对执行优秀者给予表彰。就这样一个月后,生产运行形势一片大好!公司、领导、员工实现了"三得利"!此技术一直沿用至今,不但效益非常可观,也保证了卸船机废钢卸载零事故。

三、创新成果的优化完善

在创新成果的现场应用初期,一定要对各种指标作认真严密的数据跟踪,由此才能使新技术与现场生产线及员工操作磨合匹配,进而得到优化。

1. 收集应用操作者的建议

你的发明成果好不好自己说了不算,必须经过现场应用检验。无论是操作的安全性、准确性、可靠性还是便捷性等,都要听取现场员工的建议反馈。现场员工包括操作工、点检工、技术业务管理者等,他们最有发言权。创新者必须谦虚谨慎地去听取和收集各种的建议,将其作为创新成果优化的依据。

2. 善解对创新成果的异议

有些员工心直口快,往往对创新成果的许多不完美之处进行贬低、讽刺、挑剔,甚至谩骂。种种现象会让创新者很不爽,但这恰恰是"良药",创新者可以从中筛选合理的地方,从而进一步改进创新成果。

3. 在原有基础上不断创造新技术

所有完美的创新成果,都不可能一举成功、一劳永逸!它会有一个不断优化改良的过程。只有不断地对其进行跟踪优化,才能真正使其成为可应用的新技术和新工艺。

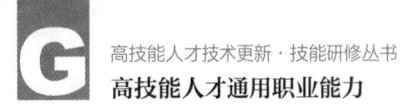

综观人类的科技发展史，以汽车为例，它不知道经历了多少次的演变和改进，哪怕是最新型的汽车，它还是处在不断地更新优化之中。

四、创新成果的推广

创新绝不是为了创新而创新。创新的最终目的是通过创新成果转化成企业效益，为企业创造价值。所以，光有创新成果还不够，还要及时推广，让创新成果助力企业发展。

【案例】

2012—2015年，胜利油田依托于职工创新工作室，在不同范围内推广转化职工技术创新成果达 2 400 余项，科技成果转化率超过 90%，职工技术创新年均创效 3 亿元。仅胜利油田张吉平创新工作室就先后立项攻关疑难问题 90 多项，33 项成果获国家实用新型专利。其联合攻关设计制造的一种石油钻井遥控钻具移送装置，已在油田 50 多个钻井推广使用，年创经济效益 1 500 多万元。

1. 创新成果的试点推广

先将已经完善的创新项目应用到一台机器、一个班组或一个车间上试运行，并在运行过程中不断改进和完善，探索出成熟的方法和经验，以便于扩大推广。

这一阶段不仅是对创新成果的实际检验，也是推广的关键时期。实验室成果与实际应用是有差距的，试点推广就是为了消除这种差距，以便全面推广。要对推广研究过程、成果、典型事例、出现的问题及原因等进行全方位的反馈、总结、分析，通过集体讨论，提出修订意见。整理有关研究材料，对推广研究取得的成果进行评估、深化推广。一定要加强运行跟踪，获得第一手的数据，包括推广实施档案、推广实施过程中的有关研究资料，如研究的原始数据及相关统计数据，员工等相关人员的反馈、评价资料，实施成功或失败的情况及反思的资料，专家指导、评价的资料，照片、课件、录音、录像等。通过分析这些数据，结合实际效果，检验新成果可能取得的效益，预测推广价值。

2. 创新成果的全面推广

在运行成熟以后，汇总数据，保存资料，并对具体操作方法进行总结和研究，采取多种方式进行培训和指导，在企业内全方位、多层面实施推广。

当然也有一些成果是通过外部渠道推广转化的。外部推广转化的方式主要有有偿转让、联合共建等。有偿转让就是通过一些中介机构、科技经纪公司及各种各样的创新成果转化平台，将创新成果"卖"出去，获得相应的效益。联合共建是一种长期创新合作的形式，就是利用创新工作室的技术优势和对方企业的实际需要，有针对性地选定研发项目，联合建立研发中心、研究院、实验室等，双方优势互补、项目促进、共同发展，分享成果和效益。

五、创新成果的迭代升级

迭代最初是数学领域的一个专有名词，是数学中的一种算法，是指将初始值经过相应公式进行计算后得到的新值，并通过相同的方法对新值进行计算，经过几次反复计算得到最终结果的一种方法。创新成果的迭代升级、反复改进正是岗位创新保持旺盛生命力，产生一代代全新产品的"秘诀"。

迭代产品的典范，莫过于微信。

微信在发布1.0版的时候，只有一些最基本的功能，如即时通信、更换头像等，与QQ并没有太大的区别，但就是这么一个最初看起来并不起眼的App（智能移动终端应用软件）在日后竟会在移动互联网掀起大风大浪，成为App开发中的标杆性应用，腾讯更是因此一举进入国际化市场，全面开启全球市场的争夺战。

微信是如何做到的？

首先是快。当类似软件在市场上刚刚起步的时候，腾讯就嗅到了商机。kik软件推出没多久，腾讯就召集团队进行开发，仅3个月之后就推出了微信1.0版，短短的四个月后迅速推出2.0版。雷军的米聊当时已经有很多的用户，但雷军没有想到腾讯如此之快。雷军在一次公开场合回应这个问题时说："我们判断腾讯做出来需要六个月时间，但腾讯两个月就推出了微信这个产品。"可见，以每周更新快而出名的小米，在遇到腾讯的侵袭之前，并没有想到腾讯的动作如此之快。

其次是产品的不断迭代。1.0版推出之后收到众多的用户反馈，腾讯方面也积极对产品进行升级打造，迅速推出新版本，并且功能不断增加。2011年1月24日，发布微信iPhone版；1月27日，发布微信Android版；1月29日，发布Symbian版。在2011年这一年，微信4个平台版本共进行44次更新。每一次产品推出之后腾讯都会着手下一版本的研发，有些功能甚至在前一版本就已经想出来了，但是为了用户体验会推迟到下一版本中。

这样的快速迭代让微信迅速占领了市场，创造了App用户增速纪录：10个月收获5 000万用户数，在433天之内完成用户数从0到1亿的增长过程；千万级用户同时在线,摇一摇每天的次数过亿。

迭代的过程其实就是一个产品从不完美一点一点趋向完美的过程,是一个不断试错、不断创新、不断改进的过程。一个并不完美的产品经过不断反复地改进之后,会越来越完美。同样,岗位创新活动也可采取不断改进的方法来创新,一点一点更新完善,就能取得更好的创新效果。

【案例】

在研究制作便携式红外监护安全围栏的初期,江苏省电力公司创新团队成员常常聚集在会议室召开交流座谈会,围在一块儿进行头脑风暴,对安全围栏提出改进和完善的意见,然后不断地进行试验。他们探索着,通过怎样的设计,安全围栏才能更好地满足易取用、易安装、易存放、稳固性能好、警示性能优越等要求,如何有效实现运维工作的减负增效。

后来,组员们研究发现:若要从源头上解决安全技术措施计划布置不便的问题,需设计一种便携式安全围栏支架,才能既方便运维人员的安全技术措施布置,又加强安全围栏的约束性。大家针对改进"安全围栏"进行精确设计,通过反复数据对比,联系实际工作,最终制成一批便携式红外监测安全围栏。

当红外对射装置进入工作模式,如果有人跨越安全围栏时,报警器就会发出"滴滴"声,以制止跨越人员违章行为。当有人试图破坏安全围栏时,报警器也会及时报警以制止其违章行为。同时,短信联动系统会在报警器发出违章报警时,向已设定的班机发出"警报有人闯入"的提醒短信,以便运维人员及时处理。

后来,为防止恶意破坏电源的行为发生,创新团队对便携式红外监测安全围栏进行改进,设计断电监视功能,实时监视系统电源状态。当电源消失或恢复时,运维人员均会收到电源消失或恢复的提醒短信。

改进再改进。实验的过程就是试错的过程,更是创新"大咖"言传身教、青年员工传承创新和成长的过程,这就是江苏省电力公司创新骨干们的经验。

微小的改进是创新,1%的改良是创新。在这快速发展的时代,这样的创新理念更需深入人心。任何事物的发展都是渐进的,只要做到不断改进、迭代创新,一个个岗位创新成果就会不断涌现,一个个全新的产品就会出现。

第 3 章
团队建设与管理

团队建设是为实现团队绩效及产出最大化而进行的一系列结构设计及人员激励等团队优化行为。共同的目标与价值观是团队的灵魂。共同的目标与价值观是一个群体之所以成为一个团队的首要条件。团队成员要清楚地了解所要达到的目标，以及目标所包含的重大现实意义。共同的目标与价值观可以使团队成员有着明确的努力方向，容易形成有效的合力，而没有共同目标的群体只能是一群散兵游勇。高效的团队能充分发挥团队成员的个人能力，成员之间在能力、经验等方面形成互补，构成一个完整的整体。打造一支高效的团队是一项艰巨的任务，不可能一蹴而就，要从多方面去努力。

第 1 节 团 队 概 述

一、团队的概念、构成与任务

1. 团队的概念

随着社会现代化进程的加速发展，"团队"一词已经越来越为人们所熟悉，大到企业的领导班子，小到一个基层班组，都可以称为"团队"。团队是指人数较少的，共同为一个明确的、具有挑战性的任务而工作的群体，群体拥有明确的、共享的、具有挑战性的、本源的团队层面的目标。为了实现这些目标，团队成员会紧密联系、互相依赖；团队成员在实现目标的过程中扮演各自独特的角色，尽管有些角色可能会重复；团队成员拥有必要的权威、自主权和资源以实现团队的目标。

一个团队要具有较强的竞争力，要在激烈的竞争中生存、发展和壮大，就要成为一个和谐、完善的统一体，成员之间要达成共识和默契，这就是团队组建。

2. 团队的构成

（1）团队目标。团队应该有一个既定的目标，为团队成员导航，使成员明确知道团队的前进和发展方向。没有目标的团队就没有存在的价值。

（2）团队成员及分工。人是构成团队最核心的力量，2个（包含2个）以上的人就可以构成团队。目标是通过成员行动实现的，所以成员的选择是非常重要的。

团队中各成员的分工有所不同，有人出主意，有人定计划，有人实施，有人协调不同的人一起工作，还有人去监督团队工作的进展，评价团队最终的贡献。不同的成员通过分工来共同完成团队的目标，在成员选择方面要考虑成员的能力和经验如何，技能是否互补。

（3）团队及成员定位。团队的定位至关重要，包括团队在企业中处于什么位置，团队最终应对谁负责，团队采取什么方式激励成员等。在团队中扮演什么角色，是制订计划还是具体实施或评估，团队中每个成员都应有明确的角色定位。

3. 团队的任务

团队存在的目的是完成工作，实现一系列目标。如果没有为团队制定任务，仅仅是为了建立团队而建立团队，就相当于请客只上餐具而不上菜，这样做会极大影响团队运作、酝酿冲突、积累成员愤怒情绪并最终使团队崩溃。

团队的任务最好是需由群体来执行的任务。例如，改装发动机时，团队成员不得不相互依赖地工作，不断沟通、了解彼此的角色内容，才能共同完成改装工作。

什么样的任务更适合团队而非个人来完成，可以通过以下维度来分析。

（1）任务对依赖性和互动的要求。任务要求人们以相互依赖的方式一起工作，交流、分享信息，讨论完成工作的最佳方法。

（2）多样化技能要求。完成任务需要一系列技能，而这些技能为不同个体所拥有。

（3）任务重要性。任务对于实现团队目标或者整个企业的重要性。

（4）任务提供学习机会。任务为团队成员提供发展和丰富他们技能和知识的机会。

（5）任务的可扩展性。任务能够不断拓展，从而为团队成员提供更多的挑战，需要他们承担更多的责任，不断学习新的技能等。

二、团队的分类与特点

根据存在目的、拥有自主权的大小，团队可分为以下五种。

1. 学习型团队

学习型团队是为提高全体成员学习能力而组建的团队，是富有凝聚力的团队。学习型团队是一个不同凡响、更适合人性的组织团队，它有着崇高而正确的核心价值、信念与使命，具有很强的生命力与实现梦想的共同力量。团队成员不断学习，持续蜕变，最终实现由丰富理论知识到提升技能水平的转化。在学习型团队中，每个人都要主动学习和参与解决问题，不断地补充新知识、提升新技能。学习型团队的基本价值在于解决问题及成员本身素质的提高。

学习型团队的创建不是一蹴而就的，必须有规划、有措施、有内容，围绕实现团队愿景，扎扎实实地做好组织、落实和推进工作。通过不断学习、不断调整、不断充实，使团队工作更加适合企业的发展目标，使团队真正成为成员展示自我、成就自我的舞台，成为企业快速发展的坚实基础，实现企业发展和员工发展和谐共进，这也应当是创建学习型团队的立足点和出发点。

学习型团队建设具体表现在以下方面。

（1）增强团队学习力。由"要我学"到"我要学"。

（2）增强成员凝聚力。由"各自为战"到"上下同心"，建立"生命共同体"。

（3）提升组织战斗力。由"要我干"到"我要干"，追求组织成员能力全面发展。

（4）提高企业竞争力。由被动到主动，从优秀到卓越。

2. 创新型团队

创新型团队的创新能力和创新意识较强，能够源源不断进行技术创新、流程创新、管理创新等一系列创新活动。创新型团队的成员以掌握一定的知识为基础，善于学习，这是创新的前提，也是创新的必要准备。只有具备创新精神，团队才能在未来的发展中不断地开辟新的战场。当今节奏快、变化多、竞争日益激烈的社会对每个团队都提出了前所未有的创新要求，因此在工作中，要鼓励团队成员大力发扬岗位创新精神。

团队管理者要具备持续激发团队成员产生创意和创新的能力。创意和创新不仅来源于一时的灵感，还来源于工作岗位、日常生活中。对存在的问题，只要引导团队成员应用正确的方法去思考，应用工具去实践，在解决问题的过程中便会发现很多的创新点，从而产生出创造力。在很多人的观念中，解决问题过程中很难产生创新想法。如果按照现有的方法来看，确实难以产生好的创意，应在立足解决问题的基础上，从方法优化、流程调整、效率提高等方面入手，主动寻求全新的解决问题的方法和思维，这是成员产生创新力的主要来源。作为团队管理者，要积极引导成员利用创新的方法开展工作，而非单一地执行重复性的工作。

企业中生产一线创新型团队往往存在以下三种现象。

（1）个人搞创新、搞发明、搞创造并不难，难的是团队成员都能够做到步调一致。有的团队中存在创新骨干成果多、成员成果少的现象，头雁效应带动效果不明显。

（2）创新型团队的评价指标往往以创新成果的多少为依据，对创新成果在现场应用、解决问题、价值体现等方面缺少相应评价指标。

（3）创新型团队成员之间存在专业的壁垒，如机械、电气、控制等领域存在隔阂。因专业之间的互通性差，创新型团队的整体能力和真正价值没有得到很好发挥。

邓小平同志在视察宝钢时曾说过："掌握新技术，要善于学习，更要善于创新。"宝钢从建厂初期的技术引进、消化吸收到创新变革，创出了一条有自己特色钢铁发展道路，也涌现出很多创新小组。创新小组吸收成员采用"宽进严出"的管理思路，每位乐于创新、想提高技能的员工都可以加入创新小组。创新小组围绕生产现场、设备管理中存在的疑难问题以创新的方法开展工作，对促进现场的安全生产、设备高效运行、减少费用投入发挥了重要作用。同时，创新小组对每位成员的目标完成情况进行年度考核，进行相应评价，落实奖励政策，保证了创新小组成员围绕团队的目标来持续开展创新工作。

3. 攻关型团队

攻关型团队一般是围绕企业的生产现场和生产设备等方面存在的具体问题而组建的团队。此外，随着社会的快速变化，用户对产品的需求趋于个性化、多样化，企业的生产工艺急需进行相应优化，设备急需进行技术革新，由此也带来一系列急需解决的问题。面对特定的难题，单单依靠个人力量显然无法完成，需要组织不同部门的技术骨干，包括设备、生产、管理、计划等各领域的成员来组建攻关型团队，凝聚团队成员的智慧，共同解决问题。

攻关通常分为四个阶段，每一阶段都需要不同的技能和行动，区分不同阶段并在每个阶段使用适当的技能才能事半功倍。

（1）探索。在尝试寻求解决方案之前，需要花更多时间来探索和澄清问题，这样最终得出的解决方案质量就会更好。由仔细探索问题所节省出来的时间，有可能会超过完成这项攻关难题本身所花的时间。

（2）创意。在开始做出决定前，先找出一系列可能的解决方案也许是最有效的，多采用"是的，并且……"这句话语，这对增强团队成员的信心非常重要。当所有提出的想法都能获得欢迎和鼓励时，好的创意就在其中产生。

（3）选择。鼓励团队成员对所有的想法进行建设性讨论，批评和挑剔的态度必要时也可采取，这需要富有建设性、支持个人想法为前提。团队应该选择最佳解决方案，而不是随便选择一个方案。

（4）实施。在这个阶段，团队应该对可能发生的问题保持开放态度，并随时准备去适当地调整实施过程，进行有效管理，确保原有思路得以实施，而不是对方案进行打折。团队管理者还应从团队外其他地方寻找资源支持，以确保方案的顺利实施。

4. 研发型团队

新产品的开发越来越成为一个企业成功经营的核心，不断推出新产品会让企业立于不败之地，有效的新产品开发依赖于优秀的研发型团队。研发型团队要开发出有竞争力的产品，就需要有创新和创意。企业经常遇到产品创新乏力的问题，与市场同类产品相比缺乏创意，虽然用了很多的方法，然而团队成员始终无法给出足够好的创新成果，产品市场竞争力差，企业举步维艰。如何激发团队成员的创新和创意是首先要解决的问题。一般应用头脑风暴的方法来解决团队创新力下降和创意不足的问题，通过所有参与者平等地提出关于某个主体的思考，获得丰富多样的想法，并经过讨论得出最佳的可行性方案。这种方法可以用来工作讨论、产生新的想法或解决复杂的问题。

应用头脑风暴激发创意的五个步骤如下。

（1）确定问题。在进行头脑风暴之前确定需要解决的具体问题，并提前告知参会人员。

（2）激发创意。通过引导，激发参与者的想法，让思维充分地发散和延展，所有参与者平等地提出创意和想法。

（3）应用讨论。对激发的创意做应用讨论，一般聚焦在创意的相关性、可行性和可操作性等方案应用层面。

（4）区别分类。对激发的创意做区别分类，也就是将所有具备应用性的创意按照优先级分类。

（5）聚焦方案。将区别分类后的创意形成方案，为优先级高的创意制订更加具体的落实方案，并且采取行动。

【案例】

"小米"作为一家科技公司,其研发团队在企业的发展中发挥着重要作用。在手机已经广泛普及的情况下,依靠自身研发团队持续推出新产品,不仅在手机市场占领了一席之地,而且在其他电子产品方面也形成自己独特的优势。2015年4月,小米公司创始人雷军趁"米粉节"的序幕,宣布五大新产品登录小米网,包括小米Note女神版、红米手机2A、55英寸小米电视、小米体重秤以及小米插线板。没想到最吸引眼球的居然是插线板。插线板是极简单的产品,每个人家中或多或少都有那么几个,市场上插线板的品种数量甚至达到上百个,薄利多销,质量很一般,可以称之为品牌的少之又少,虽然用户通常认为插线板仅仅是一个电源插口工具,但这却是一个很大的市场。研发团队敏锐地抓住时机,研发出了一款让人爱不释手、争相购买的插线板。

为什么小米的插线板吸引眼球?一是精良的工艺,纤巧的机身,外观非常漂亮,仅有铅笔盒大小。二是全新的功能,小小的插线板上创造性地搭配了三个USB插孔,满足大多数用户对实用性的需求,这也是其他插线板所没有的功能。三是研发团队提出了一个全新的概念,以前出差出门携带的都是各种充电器,而以后只要带一个小米插线板再配合充电线就可以,满足了用户装酷和个性化的需求。四是价格合理,只需要49元便可以拥有一个这样的插线板,因此这个小小的插线板在"米粉节"的当天就卖出了24.7万个,这是市场上很多插线板生产厂家一年都不敢想象的销售数量。研发团队准确捕捉到市场的需求,一个普通的插线板经过改进创新迅速地占领市场,也为"米家生态链"的创建迈出坚实的一步。

5. 服务型团队

服务型团队是指以做好服务支撑为主的团队。服务在市场竞争中有着至关重要的作用,可以带来无限的差异化的竞争,可以为企业带来更多的利润。在不断变化的市场环境下,打造一支能够听懂客户需求,能快速反应为用户解决具体问题的服务型团队,让客户感受到满意的服务,企业也就具备更多的竞争软实力。

如海尔服务人员上门服务时,统一穿着海尔工作服,佩戴上岗证,讲话很有礼貌。进门时换上自备鞋套,施工时还给地面铺上垫布,防止损伤地板。在安装洗衣机、热水器、净水机时先进行安全测电测水,每个细节都严格按照操作规程进行,操作非常专业娴熟。服务完毕后,技术服务人员将现场清理干净,并用自带的干净抹布将产品内、外部擦得干干净净。海尔真诚而贴心的服务，让用户体会到了上帝的感觉。

任何一家企业都无法保证自己的产品不出现问题，企业只有做好售后服务，注重用户体验，让用户满意，才能赢得用户的信赖，提高用户对品牌的忠诚度，才能在激烈的竞争中立于不败之地。

第 2 节　团队的组建

一、团队目标制定

创建团队的目的是完成个体独自或者并行工作时无法完成或极难完成的工作。因此，是任务定义了团队，而不是团队定义了任务。一旦确定了任务，团队就可以定义其目标。团队的目标应该是明确的、具有挑战性的。在理想情况下，团队成员应该参与目标的设定。目标一般不超过 6 个，这些目标都应该是可度量的，并且有一定的时间范围，例如"创新团队每位成员在 2022 年单独完成 1 个专利和 2 个合理化建议""2022 年，团队攻克港机磁滞联轴器异常损坏难题，与 2021 年相比，故障次数下降 75%"。

1. 目标制定的关键点

团队目标应清晰地描述团队成员对实际工作的总目标。团队制定目标包括以下关键点。

（1）目标应该是明确的。团队中的每个人都必须了解目标且理解一致。

（2）目标应该是具有挑战性的。容易实现的目标缺乏激励性，有激励性的是那些富有挑战性但可以实现的。

（3）目标应该是可度量的。团队完成目标的程度可以通过数据来清楚地显示，度量因素可以是销售收入、客户满意度评级、来自团队外部的评价，也可以是课题的完成率。

（4）目标应该被所有团队成员分享和理解。任何团队成员被问及团队目标时，他应该能够给出一张与其他团队成员一样的列表。这些列表应该为所有团队成员所熟悉，以便能够随时回忆起来。

（5）团队成员应该参与目标制定。参与目标制定会大大增加参与者对这些目标的付出。

（6）目标不应超过6个。短期记忆限制意味着人们难以同时记住6个以上的项目，过多的目标说明团队未能对关键目标进行优化处理，这会导致效率低下。

（7）目标应该关注改善团队协作。团队必须与其组织内外部的其他团队和其他部门有效合作来推进各项工作的完成，这也是对团队的基本要求。

（8）目标应该有时间表。通常团队会设定未来一年的目标，并由此来评估其绩效。对于短期团队来说，一年或超过一年长度的目标是没有意义的。因此，需要根据实际情况确定合适的时间尺度。

2. 目标的一致性要素

围绕团队目标制订详细的行动计划，在团队中达成共识，促使团队成员采取具体的行动，推动团队目标的完成。在团队目标的一致性方面，应关注以下要素。

（1）与组织的目标保持一致。团队的目标应该服从于部门的综合目标和战略，并始终与之保持一致。团队是组织结构中的子元素，它们的成功应该根据它们为组织总体目标做出了多少有价值的贡献来评估。当二者方向一致时，团队与组织的效率才会同时提高；当二者的方向背道而驰，那么组织目标会制约团队目标的实现，而团队目标则会阻碍或破坏组织目标的实现，造成的人力、财力和时间的内耗。对团队而言，团队目标的实现远比一份高薪更为重要，它不再仅仅满足于当前的利益，而在于服务组织未来的发展，只有这样才能够为团队和团队成员带来更大的发展空间和机遇。

（2）与客户的需求保持一致。团队的类型有很多种，如学习型、创新型、服务型团队等，它们都必须专注于为客户提供卓越的服务，无论客户是来自组织的内部还是外部。如在生产企业里，企业内部很多优秀的团队都专注于客户需求，想办法为客户提供生产操作、技术支撑、操作流程优化等诸多方面问题的解决方案，这也表明提供卓越服务的团队通常比其他没有这么做的团队更高效。因此，这里的核心问题便是：到底是将客户看作可以随便打发的人，还是竭力为客户提供最佳服务？如企业中的设备维护团队，应该是把生产设备作业使用率、减少设备故障次数放在首位，维修费用的投入应该放在第二位；如社会中的汽车维修团队，他们应该首先强调满足客户的需求，而不是不断提高盈利水平。好的服务会赢得用户的信赖，取得用户的信任。时刻以用户为中心，团队各方面绩效也必将会有大幅提升。

（3）与对社会的价值贡献保持一致。有些团队很少愿意花时间去考虑他们的工作对社会的价值，然而考虑这一问题和强化它的手段，是提升团队凝聚力和团队有效性的一种重要的途径。

如宝武钢铁集团有限公司作为世界第一大钢铁企业，在全国各地都分布着很多的钢铁生产单元，企业内部的生产流程、设备管理、采购体系等方面大体相同，某个钢铁单元的团队对区域的技术攻关成果、好的方法、好的技术在公司内部推广后将会带来很大改变，涉及整个公司的生产效率、产品质量、降低产品的费用等诸多方面，如果推广到其他钢铁企业，势必将增强中国钢铁企业的竞争力，推动整个钢铁行业的进步。

（4）与营造融洽的团队氛围保持一致。当团队讨论其运行情况时，团队氛围关系往往被忽视。如果团队成员之间的关系不融洽，他们对团队的贡献度、工作完成情况也会大打折扣，那么他们更倾向于离开团队，这对团队的长期发展是极为不利的。因此，团队需要认真考虑希望创造的团队氛围是什么类型的，例如温暖、幽默、相互支持、信息共享以及对彼此工作的建议和对新创意的支持等。

（5）与团队成员的期望保持一致。团队目标的另一个要素是支持团队成员的职业发展和获得幸福感。成长、技能发展和挑战是工作生活的核心要素，而团队可以成为主要的支持来源。

（6）构建良好的协作融洽关系。团队的工作大都离不开组织，团队很少以个体的运作方式出现，他们需要与组织内的其他团队和部门进行互动，例如跨部门之间的团队合作，或者是竞争稀缺资源，或者是团队成员之间的互补等。在这一背景下，团队必须致力于有效地开展工作，并积极支持组织内的其他部门和团队。

（7）与其他团队保持良好的合作关系。团队的工作仅仅依靠自身是无法完成的，如团队中的一个好的想法、好的方案要落地实施，在没有成熟技术的情况下，需要依靠自身来不断探索和实验，才有可能取得一点点的进步。在现在设备更新迭代、技术日新月异的情况下，要想掌握更多的技术和资源来实现团队取得更大的成绩，借助外部团队的力量也是一种不错的选择。因此，团队自身应与其他团队保持紧密联系，熟知其他团队的技术优势和团队特点，这样可以使团队的攻关能力、研发能力更强，更快实现团队设定的目标。

二、团队成员组成与配置

如何才能够快速、高效、准确地完成团队任务，需要通过发挥成员个体和团队整体的作用，通过团队协作最终得以实现。在考虑团队成员的组成时，需要考虑成员是否具备在团队中工作的技能，并能够熟练驾驭这种技能。如果团队中有一批才华出众、创意十足却意气用事的个人，那它很可能会失败。如果团队成员全部都是强势的领导者组成，意见分歧很有可能是这个团队最大的问题。

在选择团队成员时，团队成员往往具有不同的业务能力和性格特征。只有知人善任，根据其特长和能力分配工作岗位，并根据其性格特点进行适当的控制，才能最大限度地发挥其特长和积极性。

《西游记》中，唐僧的三个徒弟各自有着不同的才能和性格，但唐僧很恰当地进行了工作分配，并辅之以一定的控制手段。例如，对于业务能力强、工作积极但心高气傲的孙悟空，给他分配能够充分发挥其专业特长的工作，如降妖除怪、在危险环境中探路等。对于业务能力中等但工作态度不积极的猪八戒，则让他与业务能力强、工作积极的孙悟空协同工作，以督促他完成工作。同时，充分利用其"善于处理人际关系"的特点，分配一些能发挥其特长的特殊任务，如化斋、问路等。利用猪八戒喜欢讨好领导的特点，一些获取信息的工作也交给了猪八戒，以便唐僧能够随时了解团队内外的相关动态，对团队的管理随时做出调整。而对于勤勤恳恳、按部就班的沙僧，则分配给他技术要求不高，但对工作态度要求较高的规范性强但比较枯燥的工作。

团队成员配置方面，像唐僧这样知人善任的关键人物，是团队管理中的领头人，人数不宜过多，团队中配置一个即可。像悟空这样能干的人不能太多，否则，唐僧就不能驾驭和控制住局面了。像八戒这样偷懒耍滑、比较自私的人更不能多，否则便会影响团队风气，破坏团队的团结。而像沙僧这样的成员多些倒无妨，既有些本事，又默默奉献。团队中既要有能人，也可以有庸人，做到能庸搭配，能人不重叠，庸人不拥挤。

三、团队成员的角色定位

团队成员的角色定位归纳起来可以分为七类。

（1）团队的领导者。团队的领导者以任务为中心，他应该具备异乎寻常的干劲和强大的实现目标的动机。对领导者来说，一切工作都是以完成任务为目标，要鞭策他人去达成团队的目标。

（2）团队的协调者。协调者应以人为本去开展工作，他信任同事、接受意见，能围绕团队目标的完成积极探索，及时获取相关信息，建立良好的人际沟通关系，沟通协调解决团队内外人员和工作开展过程中出现的各类问题。

（3）团队的点子王。点子王是团队中思考活跃、金点子频出的人。他们头脑灵活，点子很多，其工作更多地侧重于为团队在遇到问题和阻力时寻求不同的思考方向和解决方案。每个团队中都有点子王的角色，虽然他们在平时的工作中默默无闻，在遇到难题时，他们的一个点子往往能够破解困局，为团队工作打开新的思路。

(4)团队的执行者。执行者纪律严明、老实本分、务实、信任同事、吃苦耐劳,有着积极的自我认知和较强的执行力按团队既定的规划为团队效力。

(5)团队的评估者。评估者明智、谨慎、聪明,他主要倾向于对两种工作内容的评估。第一是对团队成员的专业知识和专业技能能否胜任现在的工作,是否需要对成员岗位进行调整给出具体的意见。第二是对团队工作的评估,对团队工作的质量、进度、费用投入等方面开展评估,确保团队的整体工作在可控范围内。

(6)团队的凝聚者。凝聚者比较擅长日常工作中的人际交往,能与成员之间保持和善友好的关系,为人处世都比较温和,对人对事都表现得比较敏感。凝聚者能给予他人支持,并帮助别人,采取行动扭转或弥合团队中的分歧,让团队精神饱满,并促使其他成员做出有效贡献。

(7)团队的指导专家。指导专家是团队中掌握丰富知识和高技能的成员,经验最为丰富,对团队工作内容非常了解,对团队中的工作能够提供有力的技术支撑。指导专家也应注重团队成员整体技能水平的提升,通过开展培训、教学、现场实战等方式使成员的技能水平与完成团队工作相匹配。

四、团队组建技巧

1. 明确的团队目标

团队没有明确有效的目标意味着团队和团队成员的工作没有方向,工作内容无法具体分配,工作质量无法衡量。长此以往,团队的工作会变得模糊,团队成员也会变得得过且过。另外,抽象的目标、与工作没有关联的目标、不切实际的目标和没有时间限制的目标都是无效的目标。

2. 高效的内部沟通

沟通是双向的。除了表达之外,还有另一个关键词是"聆听"。沟通中,来自对方的反馈非常重要,人们对其他人说话的时候,总会期望得到某种反馈。有了对方的反馈,人们才能感受到自己被尊重、被重视,才会感受到自己的存在感。要想激发成员的表达欲望,让成员充分的表达,团队领导者应该表现出自己的专注以及对成员的认可、关心和在意,给予成员积极的反馈,引导成员继续表达,特别是当上级与不善于表达的下属沟通时,这种方法尤其有效。

3. 有效的团队激励

正确的激励方式能够使人们产生某种动机,进而产生某种行为。团队领导者要想让成员完成更高的业绩、发挥更大的潜能，就应该学会激励成员，引导成员持续做出对团队目标有利的行为。如何激励成员？很多团队领导者不断增加成员的经济回报，这存在一定的片面性。

根据激励保健理论，团队为成员提供各种回报并不都具有激励性。激励分为两类，一类并不具有激励性，叫保健因素，包括：薪酬福利、工作职务、岗位红利等；另一类具有激励性，叫激励因素，包括职业发展、学习机会、获得信任、工作价值等。多运用激励因素才能有效地激励团队成员。

【案例】少片改多片，节省大费用

1. 现状及问题

宝钢股份运输部2008年从德国引进54台奔驰4141K载重卡车，主要从事厂区内部主副原料的运输。车辆后钢板弹簧采用5片式的少片式形式，进口件价格昂贵。因车辆作业地点为路况较差的料场、水渣场地等，在经过长时间的作业使用后，车辆后钢板弹簧的断裂故障逐渐增多，相关费用投入明显增大。经统计，2010年更换车辆后钢板弹簧的费用为102.8万元。频繁地更换钢板弹簧，加重检修负荷，影响车辆顺畅作业，不断增大费用投入导致运输成本上升。

2. 组建攻关型团队、开展原因分析

面对后钢板弹簧费用投入不断增大的问题，作业区积极联系技术组，组建以设备管理室技术人员、区域工程师、设备点检员、检修人员为主的"减少后钢板弹簧费用投入攻关团队"，对钢板断裂表现形式、车辆在作业场地的实际情况开展分析。经过广泛讨论后，得出后钢板弹簧断裂的原因有两个。

原因1：原装少片式钢板弹簧适合路况较好的场地运输使用，能够为车辆带来较好的舒适性，但是不适合短途、频繁起步的作业场地。

原因2：作业场地高低不平坑洼多，导致钢板弹簧异常受力断裂。

3. 设定团队目标、制定对策

团队目标：每年减少后钢板弹簧费用62万元以上。

攻关团队在原因分析的基础上，发挥团队的技术力量，提出减少后钢板弹簧费用具体的实施对策。

对策1：由少片式改进为多片式，多片式钢板弹簧性能稳定，加工方便，能够吸收较大的冲击力，适用于低速、重载的车辆运输。

对策2：做好工作场地修补和坑洼填埋。

4. 措施实施

措施1：在2011年，团队先行安排2台车辆更换多片式后钢板弹簧，每周对使用情况跟踪记录。经过6个月的使用，多片式后钢板弹簧性能良好，未出现断裂，完全满足车辆的使用要求。随即安排车辆进行大批量的更换，2011年全年共计完成47台车辆更换。

措施2：设备点检做好对作业场地的定期检查及场地整改情况跟踪，全年完成场地修复34次，通过对场地平整减少钢板的异常受力。

5. 取得效果

效果1：2012年全年更换后钢板弹簧实际投入费用38.6万元，年减少钢板费用投入64.2万元，达到预期设定的目标。

效果2：2012年后钢板弹簧的检修负荷大幅下降，车辆后钢板弹簧检修停时与2011年相比下降72.4%。

效果3：团队上报合理化建议4条，认定技术秘密2条。

效果4：团队上报的成果获部门级芝麻奖1个，获公司级芝麻奖1个。

效果5：通过后钢板弹簧的改进，团队成员的技能水平得到明显提升，现场攻关团队的工作得到了大家的广泛认可，团队的凝聚力和战斗力进一步增强。

五、团队的发展和干预

1. 团队发展的阶段

任何团队的形成都不是一蹴而就的，围绕团队目标开展工作，在工作过程中也会出现各种各样的问题，要清楚地认识团队发展的特点。团队发展模型有五个阶段：形成期、激荡期、规范期、执行期和终止期，每个阶段的人际关系和任务活动都具有特色。

（1）形成期。形成期通常伴随着大量的焦虑。团队成员会询问一些试探性的问题，反映出他们对角色的关注，特别是对领导角色以及团队可用的资源。团队成员会寻找其他成员的相关信息，特别是成员的背景和工作经验。团队成员也可能会担心组织对团队的期望过高，并去寻求那些影响团队工作方法的规则和规定方面的信息。在这一阶段，团队成员可能倾向于对自身信息的保密，因此成员之间的早期判断只能以有限的信息为基础。这一阶段最重要的任务是确保团队目标得到明确界定和确认。如果团队成员展现出乐观态度，那么这是一个好的现象，团队的乐观主义是早期预测团队成绩的重要因素。

（2）激荡期。团队成员之间以及团队成员与"小圈子"之间将会出现冲突，团队领导者的权威性将会受到挑战，领导者控制团队流程的尝试将会受到成员或"小圈子"的抵制，成员也会质疑团队任务的价值和可行性。总的来说这个阶段暗藏激流，成员可能会产生强烈反应，意见也可能会极端化。这个阶段团队领导者应使团队成员以一种诚实和开放的心态工作，促进成员彼此信任，合理定义团队内部角色以及确定团队冲突的解决方案。度过这个阶段，团队成员之间也将进一步熟悉，在某些方面团队也将达成共识。

（3）规范期。在规范期，冲突已经得到解决，团队成员开始积极合作完成任务，制订计划并建立工作标准，团队内部的规范或约定的规则以及特定的工作方式都开始在团队成员的行为上表现出来。团队成员能够更容易地交流自己的观点和感受，相互支持的人际交往网络也开始出现。在这个阶段，团队领导者应该让团队成员对自身的规划和团队的流程承担更多的责任，允许团队成员犯错误，也要善于引导团队成员并鼓励他们进行反思。建立确保符合团队需求的规范非常重要，否则，很可能会形成不利于团队有效运作的破坏性规范，例如开会迟到或者干脆不来，按照时间节点的工作没有完成等。

（4）执行期。随着团队成员积极地将精力集中在共同的团队任务上，团队成员开始看到团队取得的一些成果，他们建立了一个有效的团队协作结构，成员在其中感到舒心，并且能够更加灵活地开启合作。团队领导者基本上可以从日常事无巨细的亲力亲为中抽身，团队成员也会承认并接受这个改变。在这个阶段，团队领导者应该对团队持续高效、成员协作互补、适应外部环节变化方面进行综合管控并做出反应，确保团队的执行力能够有效发挥。

（5）终止期。并不是所有的团队都能作为一个整体到达这一阶段，在不同的时间点上，核心的成员可能离职，重大的项目也可能出现变化。重要的是，团队应该注意这种变化对团队生命周期的影响，团队可能会根据成熟度、稳定性和规模的变化而恢复到早期发展阶段。在工作结束时，许多团队会自然而然地举行一次聚餐、聚会和郊游，以庆祝度过的这段时间。这样正式的仪式非常重要，它赋予了团队作为一个社会和任务单元的意义，为团队关系的结束划上一个完美的句号，并使成员能够继续向前。

2. 团队发展的干预

团队工作过程中难免有磕磕碰碰。随着团队组建时间的增长，也需要通过多种途径和方法促使团队始终保持旺盛的生命力、凝聚力和战斗力，这就需要对团队建设与发展进行必要的干预。所谓团队发展干预，就是指系统改善团队缺陷，对团队成员和团体的行为采取各种干预措施的过程。

一般在三个层面上进行团队发展干预。

(1) 针对个人,如心理辅导、角色分析、协助制订职业与技能发展计划等。

(2) 对于团队,如成员调整、分工调配、任务调整等。

(3) 针对组织,如调查反馈、指导激励等。

3. 团队的培训干预

团队的培训干预是指通过培训、研讨等手段促进团队及成员的发展。

(1) 启动期培训。这种培训干预针对刚刚组建的团队,这种团队需要确定目标、任务、流程和角色。团队的启动阶段对其后来的发展有很大的影响。启动阶段的培训干预有助于创造团队精神、确定明确的方向以及形成团队合作。一开始就想为团队运作的各个领域建立完善程序是很困难的,相反,应该把精力花在如下任务上:确定团队的总体任务和目标,明确团队成员的目标和相互关联的角色,为团队成员和整个团队建立绩效反馈机制,建立定期沟通和总结机制。通过启动期培训,达到统一团队成员思想的目的。

(2) 阶段性总结。阶段性总结可以选择在一天或两天的"放松日"期间进行。在此期间,团队总结目标、角色、任务和流程,以维持和促进有效运作。对运作情况的阶段性总结可以提高团队对自身优点、缺点和问题的认识,并改善今后的运作。在团队中,定期举办"放松日"活动是确保团队持续有效运作的一条有效途径。一个团队应该在什么时候举办"放松日"活动,需要找准时机。当团队完成一个工作的主体部分后,则是安排"放松日"的好时机。如果定期举办"放松日"活动,例如每六个月一次,那么活动就不会干扰团队的正常运作,因为大家对此都有预期。

"放松日"应该讨论哪些问题呢?在短短一两天中试图覆盖所有问题是不可能的,试图通过一次培训就彻底改变团队更是毫无可能。"放松日"应该关注对下一步工作最有意义的话题,如目标和沟通。结合团队的具体情况,"放松日"的讨论主题主要如下。

——在过去六个月或一年时间里,团队取得的成果和遇到的困难,从中可以学到什么。

——团队目标及适应性的总结。

——团队沟通的质量和创新的程度。

——团队工作优秀案例的展示。

——团队中的冲突解决。

——团队对成员成长和发展的支持。

（3）聚焦性研讨。干预的重点是诊断和任务相关的问题，在分析了具体问题的性质后，团队应采取适当的策略来克服这些问题。当一个团队效率低下，但又搞不清楚导致这个问题的原因是什么的时候，可实施"以问题为导向"的聚焦性研讨；可实施小组讨论法；也可让团队成员在简短问卷中以回答开放式问题的方式，单独而私密地提供他们对于问题的看法；还可使用诊断工具，帮助确定团队运作中的问题，并找出解决特定问题的具体方法。

（4）有益性活动。社交干预侧重于改进团队在人际关系、社交支持、团队气氛、支持团队成员的成长和发展等方面的不足，以及解决冲突，其目标是促进形成积极的社交氛围，提高团队成员的幸福感。如果团队在工作中取得令人不满意的结果，那么就应该采用社交干预措施。干预措施应侧重于一个领域，而不是试图解决所有问题。例如，如果面对的主要问题是团队缺乏社交能力，那么比较适合的解决方案就是辅导团队成员社交技巧和方法；如果团队的问题更多地涉及对成长和发展的支持，那么团队可能要花一天的时间来确定成员的技能训练或个人发展需求，然后再制订行动计划，以便最大限度地提供支持，来满足这些需求；对于一般的社交氛围问题，可以通过经常安排形式多样的社交活动改善。

六、团队中的冲突

团队中的冲突普遍存在，但如果是建设性的，那对团队就有益无害。但应该清醒地认识到，团队中的冲突也可能会破坏人际关系，并导致团队绩效不佳或团队分裂，这种情况尤其体现在因个人因素发生的冲突上，这种冲突会导致团队成员互相攻击，或以某种方式诋毁对方的能力或素质，对于个体和整个团队来说，这都是非常不健康的。

1. 团队冲突的诱因

工作角色或组织因素是团队中绝大多数人际冲突产生的原因，主要如下。

（1）角色定位不清或缺乏对角色的相互理解。这会导致"谁应该做什么"的争论，对工作量分配是否公平的怀疑，以及由干涉引起的愤怒。

（2）缺乏明确、共同的愿景和清晰的目标。当团队任务不明确时，团队成员的目标就可能彼此冲突。例如，一方可能想保持稳定良好的业绩，另一方却可能想要创新。

（3）资源不足。这也是团队冲突的一个常见因素。在资源不足的情况下，各方都需要更多的资源去完成自己的任务目标，这将导致团队内部的混乱，影响团队整体的绩效。

（4）功能导向上存在差异。如负责销售的团队成员致力于以更低的价格创造更多的订单，而负责生产的团队成员则更关心产品质量，想规规矩矩地生产而不是忙中出错；又如设备管理人员希望设备进行更多的维护以稳定设备状态，生产人员则希望更多地使用设备以完成更多的产品生产任务。在这种情况下，就不可避免地产生冲突。

（5）任务相互依赖（团队成员必须相互依赖才能成功完成任务）。在制造业中，某个团队成员可能需要依赖另一个成员才能顺利完成自己的工作，而其他成员则可能需要他的配合才能完成其任务。当某个团队成员的可靠性低到令人无法接受的程度时，必然会产生问题。

在这些情况下，矛盾的根源并非个体的性格，而是由于缺乏对角色的相互理解。要想克服这些冲突，团队成员只需要充分摸清彼此扮演的角色，就这些角色之间如何有效地互补而不是相互竞争进行一些沟通。因此，每当团队成员发生冲突时，首先要评估的事情就是团队成员是否清楚地意识到彼此的角色。

2. 冲突的类型和解决方法

任何类型的高强度冲突都会伤害团队运作，对团队绩效产生负面影响。当团队成员相互依赖时，这些影响会更加明显。团队中有三种类型的冲突：一类是与任务有关的冲突，如"我们应该先开始哪项工作"；一类是关于团队过程的冲突，如"这是你的工作，不是我的"；还有一类是人际冲突，如"这个人工作能力太差，工作干不好"。

费希尔（Fisher）、尤里（Ury）和巴顿（Patton）在他们关于谈判的经典著作《谈判力》中，描述以有原则的或符合道德的方式开展谈判解决冲突的四个步骤。

（1）把人从问题中分离出来。人类习惯于把人的行为归因于他们的人格，而非他们所处的环境。如果你看到父母在街上对孩子大喊大叫，你会把这看成他们攻击性人格的一种表现。但事实可能是孩子刚才跑到街上，差点被撞倒，父母此时生气地大声叫喊，只是对他们刚才所受惊吓的反应，他们平常并不会向孩子提高嗓门。心理学家称之为"基本归因错误"。这也解释为什么团队中的问题经常被错误地归因于"个性冲突"。也正因为如此，应该把重点放在引起冲突的问题上，对问题要强硬，对人要温柔，不要犯"把问题归咎于人"的错误。

（2）关注利益而不是立场。在团队冲突中，应该弄清楚双方的潜在利益或需要到底是什么，而不是把重点放在既定立场上。

（3）寻找共赢的解决方法。当身处冲突时，如果试图找到符合双方利益的解决方案，谈判和解决冲突的能力就会大大提高，这是一个发挥创造力的大好机会，想出满足甚至超出冲突双方所求的解决方案是之后的事情。

（4）坚持客观标准。不要通过个人意愿来决定结果，这样才能确保冲突谈判达成公平的结论。如果团队成员在工作量上有冲突，应寻找一种评估方法来表明解决方案是公平的。

3. 团队管理中的人际冲突

在大多数情况下，人们还是能够与他们的同事相处下去，这就是所谓的"必然性心理"。如果一个孩子被告知他的同桌在未来一个学期都不会调整（他之前并不喜欢这个同桌），这个孩子的态度往往会改变。同样的道理，如果明确地知道今后必须与某些自己过去认为比较难合作的人合作，就可能会付出更多的努力去寻找与他们高效合作的策略。

当团队成员发生冲突时，有四种应对方法。第一种策略是"被动逃避"，这意味着什么都不做，假装问题不存在，这样处理可能会产生长期的不利影响。第二种策略是"消极抵抗"，这可能是最具破坏性的策略，这种策略使团队成员无法调和冲突，因为他们根本无法触及冲突本身，这种策略会破坏整个团队的气氛，对团队的运作非常具有破坏性。第三种策略是"咄咄逼人"，面对面地口头攻击对方，这种策略比前两种策略稍微好一点，因为它使个体能够表达自己的感受，但它往往会留下怨恨和对立，这会伤害团队成员和团队的社交氛围。第四个策略被称为"从容不迫"，是指向其他人倾诉自己的感受，并要求对方改变其行为，以防止冲突再次发生。

以下是咄咄逼人和从容不迫策略之间的区别。

"你真是差劲，你浪费了我整整一个星期的时间！"（咄咄逼人）

"我感到有些不开心，因为我原本指望你能确保这些信息按时发布。我感到不开心因为我本周的辛苦工作似乎都白费了。"（从容不迫）

因此，从容不迫策略意味着明确表达自己的感受，并且使用"我"而不是"你"的陈述。使用这种策略，要求双方在谈论自己感受时，尤其是在识别行为和行为的后果时，尝试使用"我"的陈述，同时双方相互承诺，确保将对方所期望的行为变化落实到行动中，以防止类似的问题再次发生。

如果团队成员无法解决差异，而这些差异又干扰了团队的工作，就可能需要团队领导者的介入。团队领导者应该给每个成员表达自己对这个问题看法的机会，一旦双方的情绪得以表达，接下来就可以解决具体问题了。重要的是将情感与事实分离，因为两者可能在讨论中搅在一起，进而导致更深的敌意和误解。通过对事实和情感的仔细交流,"调停人"可以使双方充分发表意见、探索解决问题的可能性,避免进一步的冲突。

第 3 节　团队的工作管理

一、团队工作前期管理

1. 目标设定

每个团队在开展工作或是在接受任务时,应根据具体的工作内容和需要完成的任务,来制定明确、具体的目标。目标可以用数字的形式来加以描述,并应该对目标完成有一个时间限制。制定的目标需要团队内部成员所接受,并在团队内部达成共识。有效的目标是提高团队工作能效、督促团队走向成功的重要依据,也是考核工作效率和效果的重要指标。

2. 成员配置

团队的工作需要成员与成员相互密切配合完成。人是团队中的核心力量,如何选择合适的团队成员和正确的人员组合,发挥出团队最大的价值,是团队领导者首先要考虑的问题。高效团队中的领导者、思想者(包括协调者、点子王、指导专家等)、执行者的配置比例以 1∶2∶3 为宜,必要时执行者的比例可以放大。

3. 物料准备

各类物料的精心准备是保障团队能否高效开展工作的前提。梳理出团队工作所需要的物料清单,对照清单逐项列出已有物料和需要采购的物料,对需要采购的物料申报物料计划,明确物料的到货周期,并定期做好物料计划执行情况的跟踪,对相关物料信息在团队内部进行告知,让大家做到心中有数。"兵马未动,粮草先行",说的就是充分做好准备的重要性。

4. 技术支撑

各类型的团队在开展团队工作过程中总会出现各类的难题,因此在团队工作开始前就要做好充分的预判和制定相应的应急对策,避免出现因技术问题导致团队工作的整体延误。在新技术、新产品层出不穷的新形势下,如果团队工作仅仅依靠团队内部成员无法完成，就要积极寻求外部资源的帮助和支持，统筹推进好团队工作。

二、团队工作过程管理

1. 工作进度跟踪

在团队工作推进过程中，对照设定的时间检视团队工作进度的完成情况，避免出现工作脱节影响团队工作的整体进度。同时对部分工作进度脱节的具体原因进行分析，并告知团队内部全体成员，制定有效措施来保障团队工作进度的整体受控。对团队的工作进度，团队领导者需要定期汇报给上级领导，让领导掌握团队工作的整体推进情况。此外，还要定期收集客户对团队工作的意见和想法，对团队的工作进行不断优化和调整，保证团队工作进度的整体受控。

2. 工作质量评价

产品质量是企业的生命线，而团队工作的质量能真实反映团队工作的价值。团队工作质量评价应该从团队工作开始时便已经开展，要全面地查找团队工作中存在的不足之处、工作不到位的方面，不断纠正团队工作方法，改进和提高团队工作意识。很多的团队缺乏对工作质量的过程跟踪，只注重团队工作完成情况，在工作结束后进行评价，这样的评价是不真实、不科学的，对提升团队工作的质量意义不大。

3. 成员绩效评价

成员的工作绩效怎么样也是团队领导者需要考虑的问题，哪些成员的工作绩效好，可以分配更多的工作；哪些成员为什么没有完成团队布置的工作，原因来自哪里。真实地反映出团队成员的工作实绩，有针对性地进行调整和优化，才能使团队成员的结构更趋于合理，提升整个团队的工作质量。

4. 沟通和交流

在团队工作执行过程中，沟通和交流非常重要，是确保整体工作进度，避免工作延期的有效方法。一般情况下，通过定期召开项目工作的推进会，可让团队成员掌握各个单元工作的具体进度，提前做好工作的布置和相关问题的协调，并再次确认各项工作任务的截止时间。

三、团队工作后期管理

1. 团队工作的整体评价

在团队工作的后期或者是工作结束后，应该从团队工作的质量、物料预算、项目进度、客户满意度等多方面进行整体性评价，比较客观地对团队工作进行总结，既肯定团队工作的可取之处，又能够准确地指出团队工作中存在的不足，通过"PDCA+认真"的方法，不断提升团队工作质量，更好地服务企业发展。

2. 团队优秀实践案例展示

团队中的优秀案例是企业的宝贵资源。将优秀案例作为团队内部培训的素材，有利于提升成员业务素养，增强成员多方面的能力，提高培训的针对性、实用性和有效性。

3. 团队工作需改进之处

再完美的团队在工作中也有其需要改进的地方，这既客观反映出团队工作存在的难度，也从侧面说明不断提升、不断改进才是团队发展的自然规律。工作改进应该包括多个方面，如目标完成情况、成员间相互配合情况、人际关系、沟通协调能力、技能水平等，都需要进行一一总结，为团队更好地开展下一阶段工作打下坚实的基础。

4. 团队工作成果提炼

这是很多团队在工作结束后最容易忽视的一项工作，很多的团队领导者对这项工作也不重视、不安排，这对团队工作软实力的提升没有一点帮助。就工作本身来说，团队工作涉及流程优化、技术革新、设备改进等诸多方面，把好的成果进行提炼总结，这本身也是一个再提升的过程。形成的好成果既是团队的工作业绩，也是展现团队实力、凝聚团队成员的重要手段。

成果提炼从小处说可以是一条合理化建议、一个技术秘密，从大处说可以是一个专利、一个科技项目。总结提炼的过程需要每位成员的参与，这对提升团队成员的技能水平帮助极大。团队中提炼出的成果也可以复制给其他团队应用，体现出团队成果的真正价值。很多优秀的团队携提炼出的成果参加各类发明展、成果推介会，取得了不错的名次或是进行了技术转让，为企业带来实实在在的效益。

5. 团队成员奖励申请

团队成员都可以被激励。根据激励保健理论，激励成员可以采用保健因素和激励因素相结合的方式，将成员个人需求与团队期望成员完成的工作目标结合起来。成员完成工作目标后得到的报酬恰恰能够满足他们的需求，同时给予团队成员更多的学习机会、职业发展的空间，从提升团队成员能力方面进行激励，效果会更好。

【案例】

南翔小笼自1871年在上海南翔镇日华轩点心店诞生以来，已经走过150多年的时光。作为南翔小笼的现任"掌舵人"，这道名点在李建钢心中早已超越食物本身的意义。而谈起他与南翔小笼的结缘，则充满了偶然性。

当年，学校毕业后，李建钢被分配到古猗园餐厅工作。虽然在当时，从事餐饮服务行业并不是最热门的选择，李建钢却抱着"既来之则安之"的心态，踏上了学习小笼制作的道路。

按照"师徒制"的培养方式，进入古猗园餐厅后，李建钢成为第五代传承人封荣泉老先生的徒弟。初入行时学艺很辛苦，每天早上6点多，他就要来到餐厅，跟随师傅准备制作小笼的原材料、打馅料、打面粉，日复一日练习制作工艺。另外，南翔小笼的汤汁以"清"为特色，不能油腻，这就要求小笼师傅在制作皮冻时要把猪皮上面的油全部剥干净。"猪皮上的油，很难用刀刮掉，那时候我只有十七岁，拿刀的手都受伤了，想偷懒，但是师傅说不行，一定要全部刮干净。"

师傅的严格要求并没有让李建钢产生退缩之心，反而让他明白了精益求精的重要性。其间，他也与封荣泉老先生结下了深厚的师徒感情。在李建钢心中，师傅就像父亲一般，手把手教他技艺，让他懂得制作小笼需要几十年如一日，专注认真，"没有捷径可走"。

慢慢地，李建钢的勤奋好学被师傅看在眼里。几年后，他被安排到知名酒楼和饭店学艺，继续"以匠艺之心，走传承之路"。学成归来后，他开始担任古猗园餐厅厨房管理员，进而担任厨师长，正式从师傅手中接过南翔小笼制作技艺的"接力棒"。

以往，南翔小笼没有一套严格的制作标准，基本上打馅不用秤，就用勺子来比画，包的时候也是全凭手感，所以味道总是会变。2000年，李建钢受邀到日本东京开小笼店，在考察日本料理店时，他发现在日本，料理都是按照量化的标准进行制作，这给他带来了极大的启发。同年回到上海后，他探索制定南翔小笼制作标准和规范，尝试将一切标准化和程序化。

1978年，李建钢开始带第一个徒弟，到现在已培养包括第七代传承人陈亦鸿在内的二十多名年轻人，在他的带领下，徒弟们都娴熟地掌握南翔小笼制作工艺的精髓。

受封荣泉师傅的影响，李建钢对徒弟的要求也非常严格，并在言传身教中体现精益求精的工匠精神。多年来，他坚持每天五点半第一个到厨房，查看清洁卫生和准备原材料。有时哪怕是桌子上的一滴水没擦干净，他也会要求徒弟马上处理，365天不曾间断。

虽然严厉、一丝不苟，但李建钢一直在用自己的方式表达着对后辈的关心和爱护。有一次，晚上结束工作后，他冒雨外出为徒弟们买白斩鸡做夜宵，回来时由于路滑，他连人带车摔进了坑里。尽管如此，他依然紧紧保护好手里的白斩鸡。虽然事情已过去多年，但每每想起，徒弟们仍然为这份深厚的师徒情而感动。

多年来，除经营古猗园餐厅外，李建钢还带领徒弟们参加世界中餐大赛、中国厨师节、中国技能大赛上海选拔赛等赛事，在技艺展示和互动中传承和发扬南翔小笼文化和技艺，推广给海内外的人们。2013年，他在上海大众工业学校开设学习班，将南翔小笼的制作技艺教授给烹饪班的学生，并成立"李建钢工作室"。2014年10月，他带领工作室成员在古猗小学开设小笼课程。该课程"主要推广中国传统美食文化，让大家在制作小笼中体验技能学习的乐趣和氛围"，得到了广泛好评。

在李建钢及其团队的努力下，南翔小笼荣获"中国名点"称号，被认定为上海市"小笼馒头大王"。"南翔小笼馒头制作技艺"于2007年被列为上海市首批非物质文化遗产名录，同年9月，首届南翔小笼文化展启幕。"小笼制作擂台赛""千桌万人小笼宴""南翔戏曲庙会""非遗展示周"……在接下来的十余年中，每年金秋丰富多彩的"小笼文化展"成为上海旅游节、上海购物节、上海市民文化节、上海国际艺术节等系列活动中的招牌项目。每年一度的"南翔小笼文化展"也成了南翔的一张文化名片。

多年来，为了南翔小笼制作技艺，李建钢孜孜不倦，潜心研究，在传承中坚持创新。正是由于他与团队所付出的汗水和努力，才使这道已有"百岁高龄"的名点直到今天依然被世人铭记。

第 4 章
技师工作室管理与运作

创建"技师工作室"主要是为技师、高级技师等高技能人才开展技术攻关、技术改造、技术协作、技术发明等创新活动搭建平台，不断提高技师的自主创新能力，激发技师的创造热情和创新潜能。同时，充分发挥技师的示范引领作用，不断推广先进的创新理念、技术和方法，破解技术发展瓶颈，加快技术成果转化，这对于使"技师工作室"成为企业的智囊团、岗位的创新源、项目的攻关队、人才的孵化器和团队的方向标，具有十分重要的意义。

第 1 节 技师工作室概述

技能人才是中国人才队伍的重要组成部分，是各行各业产业大军的优秀代表，是技术工人队伍的核心骨干，是支撑中国制造和中国创造的重要力量。习近平总书记多次作出重要指示批示，要求健全技能人才培养、使用、评价、激励制度，加快培养大批高素质劳动者和技术技能人才。

2022 年 3 月，人社部正式发布《关于健全完善新时代技能人才职业技能等级制度的意见（试行）》（以下简称《意见》）。《意见》明确，企业根据技术技能发展水平等情况，结合实际，对设有高级技师的职业（工种），可在其上增设特级技师和首席技师技术职务（岗位），形成由学徒工、初级工、中级工、高级工、技师、高级技师、特级技师、首席技师构成的职业技能等级（岗位）序列。新"八级工"职业技能等级制度的出台，为技师及以上等级的技术工人的发展打开了新通道。

随着党中央对技能人才队伍建设和创新型国家建设的高度重视，在全国总工会、人社部等各级组织的大力推动下，全国上下掀起了探索和创建各类由高技能人才领衔的技师工作室的热潮，涌现了一批技能型领军人才领衔的技师工作室，如上海市在一批企业中设立的市级"首席技师工作室"，中国北车集团所属企业建立的"金蓝领工作室"，中国宝武集团所属宝钢股份的"职工创新工作室"等。

党的十八大以来，由人社部批准设立的国家级技能大师工作室的数量从2012年的200家发展到2021年的1 196家，由全国总工会命名认定的全国示范性劳模和工匠人才创新工作室达到了297家，并且带动创建各级各类创新工作室达8.2万余家，充分发挥了高技能领军人才的示范引领作用。通过技能培养和创新攻关的双轮驱动，极大地激发了广大技术工人的聪明才智和创新创造活力，推动着技能中国、创新中国不断迈向新的高度。

一、技师工作室的分类

1. 技能大师工作室

技能大师工作室是人社部为贯彻落实《高技能人才队伍建设中长期规划（2010—2020年）》和《国家高技能人才振兴计划实施方案》，推动高技能人才队伍建设而建立的技能人才培养的新模式，是某行业或领域的高技能领军人才开展高技能人才培养和技术攻关创新相融合的活动平台。技能大师工作室的领衔人是某行业或领域的高技能领军人才，如中华技能大奖获得者、全国技术能手等，其特色是高技能人才的培养和绝技绝活的传承，充分发挥技能大师在技能传承、技能攻关、技能推广等方面的巨大作用。

技能大师工作室可以分为由政府设立的技能大师工作室和由行业企业设立的技能大师工作室。政府设立的技能大师工作室可以分为国家级、省（自治区、直辖市）级、省辖市级等三个级别，由人社部和各级地方人社部门负责批准设立。行业企业设立的技能大师工作室可分为全国性行业（大型企业集团）级和独立设置的企业级，由企业或上级主管部门负责批准设立。

2. 劳模创新工作室

劳模创新工作室是以劳模的名字命名，由劳模领衔，带领企业员工广泛参与，围绕企业中心任务和重点难点问题，以劳模精神为引领，发挥劳模业务专长和技术优势，通过开展业务培训、难点攻关等，带动员工同成长、共进步的活动平台。劳模创新工作室的领衔人是各级劳动模范，如全国劳动模范、省市级劳动模范、全国五一劳动奖章获得者等，一般是由各级政府工会组织或企业工会组织进行认定命名。

劳动模范的身上涌现着爱岗敬业、争创一流、艰苦奋斗、勇于创新、淡泊名利、甘于奉献的劳模精神，是各行各业劳动群众中的杰出代表。劳模创新工作室的优势是劳模，由劳模带队牵头，在展示劳模技能、弘扬劳模精神的基础上，充分发挥劳模在职工中的影响力和示范效应。劳模工作室的核心任务是创新，依靠创新，改进工艺技术，拓宽发展思路，提升企业整体竞争实力；依靠创新，为企业培养更多的知识型、技能型、创新型职工队伍。

3. 工匠（技师）工作室

工匠（技师）工作室相比于技能大师工作室、劳模创新工作室而言，对于领衔人的身份和荣誉没有太高的要求，只要是技艺精湛、品德高尚、创新能力强的能工巧匠、创新能手都可以成为工匠（技师）工作室的领衔人。通常这类工作室由企业来进行命名认定，主要围绕企业生产经营活动、技能人才培养和创新研发中的重点难点问题开展技术革新攻关。

工匠（技师）工作室的目标是要充分发挥企业中那些能工巧匠的示范引领作用，带领更多的职工开展各种形式的创新，立足自身岗位，弘扬工匠精神，使工作室成为企业开展群众性经济技术创新活动的良好平台，从而有效调动职工创新积极性和创造性，不断提升职工自主创新能力和业务技能水平，促进企业的高质量发展。

二、建设技师工作室的意义

无论是技能大师工作室、劳模创新工作室，还是工匠（技师）工作室，都有一个普遍性的共性特点，那就是由技师及以上级别的高技能人才领衔，因此本章把它们统称为技师工作室。技师工作室设立的目的是大力弘扬劳模精神、劳动精神和工匠精神，提高广大职工的技术技能素质和创新能力，发现和解决工作现场的急、难、险、重问题。发挥技师工作室平台在示范引领、集智创新、协同攻关、传承技能、培育精神上的作用，有助于增强企业的人才培养能力、自主创新能力和核心竞争能力，推动形成一支规模宏大、技能精湛、素质优良、结构合理的技术工人队伍，为全面建设社会主义现代化国家，实现中华民族伟大复兴的中国梦贡献力量。

1. 助推国家人才强国战略

建设技师工作室是贯彻我国人才强国战略，落实国家中长期人才规划纲要精神的一项重要举措。高技能人才是我国人才队伍的重要组成部分，是各行各业产业大军的优秀代表，担负着传承技艺、弘扬工匠精神的使命。2022年10月，中共中央办公厅、国务院办公厅印发《关于加强新时代高技能人才队伍建设的意见》，提出"加强高级工以上的高技能人才队伍建设，对巩固和发展工人阶级先进性，增强国家核心竞争力和科技创新能力，缓解就业结构性矛盾，推动高质量发展具有重要意义"，要"健全技能人才培养、使用、评价、激励制度，构建党委领导、政府主导、政策支持、企业主体、社会参与的高技能人才工作体系，打造一支爱党报国、敬业奉献、技艺精湛、素质优良、规模宏大、结构合理的高技能人才队伍"。

我国经济发展方式的转型、产业结构的优化升级和创新型国家的建设，迫切需要一大批高技能人才在各行各业中发挥示范引领作用，而技师工作室的建设，有助于加强高技能人才在工作实践中的相互学习交流，传承绝技绝活，培养人才梯队，提升技能人才队伍的整体素质，为我国从制造大国进入制造强国提供高技能人才保障。

2. 促进企业创新驱动发展

建设技师工作室是促进企业创新驱动发展，实现产业高质量转型升级的重要支撑。创新是民族进步的灵魂，是企业发展的不竭动力。党的十八大明确提出实施创新驱动发展战略，将创新作为引领发展的核心。随着我国进入高质量发展阶段，企业需要越来越多的知识型、技能型、创新型人才，在加快产业优化升级、增强企业核心竞争力、推动技术创新和科技成果转化等方面发挥重要作用。

技师工作室的建设不仅可直接为企业培养具有创新能力的高技能人才，使更多的职工走上创新之路，而且使人才培养和企业的技术创新攻关相结合，在解决疑难问题和技术革新攻关上发挥高技能人才队伍的主力军作用，形成人人敢创新、人人会创新、人人善创新的良好局面，有效激发企业高技能人才队伍参与创新攻关工作的积极性、主动性和创造性，从而加速推动产业转型升级和企业创新发展。

3. 拓展技能人才发展平台

建设技师工作室是拓展高技能人才发展通道、提升高技能人才社会地位的重要载体。高技能人才主要扎根在企业的各个岗位上完成工作任务，参与产品研制、技术攻关、工艺改进的范围和机会比较有限。

技师工作室的建设，拓宽了高技能人才的发挥空间，让更多的技能领军人才和技能骨干有机会参与到技术攻关和创新创造中，为高技能人才扩展视野、提升能力和发展事业提供了新舞台，有助于增强高技能人才的荣誉感、责任感和归属感，使高技能人才群体充分挖掘潜力，展示才能，创造价值，从而进一步提升技能人才在企业和社会中的影响力和社会地位。

三、技师工作室的功能定位

在全国各级人社部门和工会的大力推动下,技师工作室已经从制造业延伸到服务业,从企业延伸到院校,从国企延伸到民企。根据技师工作室开办主体的不同,大致可以分为企业型、院校型、作坊型等。不同主体开办的技师工作室的定位侧重点有所不同。

企业型技师工作室设立在企业中,由企业自行设立或由上级主管部门批准设立。工作室一般在企业人力资源部门或工会的指导下开展工作,主要定位于为企业服务,兼顾为行业和社会服务,企业在人、财、物资源和工作任务等方面提供支持和指导。

院校型技师工作室主要是在政府的引导下,在技工院校或者政府办的公共实训基地设立,由学校、基地提供办公场地和必要条件。学员基本上是学校的学生,领衔人核心定位是示范带教,承担教学和指导任务。

作坊型技师工作室一般是由技师本人开办经营,通常具有市场主体地位,主要分布在传统工艺领域,如雕刻、陶艺、刺绣、烹饪、美发等。工作室主要定位于传统工艺绝技的传承和推广。

这些通过不同途径开办的技师工作室,虽然定位侧重点有所不同,但是在工作室承载的主要功能上却有着高度的一致性。

1. 技能传承和培养

培养高技能人才是技师工作室的核心任务。与一般的学校培训基地和企业培训中心不同,技师工作室主要着力于培养高级工以上的高技能人才,培养方式是以言传身教为主的个性化带教培养,通过发挥工作室高技能领军人才的示范带动作用,实现技能技艺、绝招绝活的"传帮带"。工作室在人才培养上发挥作用的形式既可以是高师带徒、技能培训,也可以是开发技能竞赛、技能认定题库,担任技能竞赛教练、裁判和参与技能认定考评工作等。通过工作室的辐射和影响,带动技能人才队伍不断提升技术技能水平和综合素质,培养企业发展所需的高技能人才。

2. 技术攻关和革新

开展技术攻关和革新是技师工作室的又一项核心任务。技师工作室一般围绕企业生产重点难点问题,组建课题攻关小组,积极开展现场改善和技术革新,主动参与生产操作、工艺、质量、设备、安全上的技术难题攻关,参与新产品、新工艺、新装备的技术开发等项目,着力解决企业生产存在的难点和痛点问题。其形式一般包括:提出并实施合理化建议,开展自主管理活动,负责或参与科研、技改等技术攻关、技术

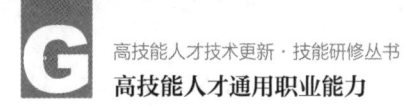

开发和技术改造项目等。

3. 技术总结和成果推广

技术总结和成果推广是技能传承和技术攻关过程的总结提炼。高技能人才在工作中往往摸索和创造了很多行之有效的技术诀窍、实用技术和绝技绝活，将这些来源于实践的技术窍门通过及时总结提炼，以报告、小结、论文等文字或影像形式记录保存下来，不仅可以为高技能人才培养提供培训案例和教材，而且还可以进一步形成专利、技术秘密、先进操作法等自主知识产权成果，并转化成经济效益，加以移植推广。

4. 技术研修和交流

技术研修和交流是技师工作室的一项常态化工作。通过持续开展研修学习和技术交流，工作室团队可以增长知识，开阔视野，培育学习氛围和文化，进而提升技术攻关和人才培养的能力，更好地体现技师工作室的价值。技师工作室开展研修学习和交流的内容既可以包括专业知识和技能的再提升，如新装备、新材料、新工艺、新技术的跟踪学习，也可以包括管理方法、创新理念、工作技巧的研修交流，如提升总结能力、指导能力、沟通能力、培训能力等。通过"请进来""走出去"的形式开展一些技术交流研修活动，不仅可以提升高技能人才自身的素养，而且还能扩大技师工作室的影响力，使技师工作室的建设水平迈向一个新的高度。

第 2 节　技师工作室的创建

近年来，技师工作室呈现蓬勃发展的良好局面，很多企业陆续创建由高技能人才领衔的技师工作室，名称包括劳模创新工作室、工匠创新工作室、技能大师工作室、职工创新工作室等。这些工作室除了领衔人头衔不同，没有本质上的区别，都是为了更好地发挥劳动模范、优秀工匠、技能大师、优秀职工的示范、带头和引领作用，带动和激发职工的集智创新意识，发挥协同攻关优势，更好地促进企业的创新发展。

一、技师工作室的创建条件

技师工作室创建的前提是所在企业技能人才比较密集，高度重视技能人才队伍建设工作，建立较为完善的技能人才培养、评价、选拔、使用和激励政策制度。

技师工作室的创建一般由所在企业的人力资源部门或工会牵头。对于技师工作室创建的条件,各地方、各企业都有不同的规定,归纳起来至少要满足以下几条。

1. 有领衔人

领衔人是技师工作室团队的带头人和负责人,是某一行业(领域)技能拔尖、技艺精湛、受认可度高,并具有较强创新创造能力、管理能力和社会影响力的高技能领军人才。通常具备以下条件之一的,可以优先作为技师工作室领衔人选。

(1)省部级以上劳动模范或五一劳动奖章获得者。

(2)中华技能大奖获得者、全国技术能手、省部级以上技术能手。

(3)本地区、本行业、本企业的工匠、首席技师。

(4)具有技师及以上技能水平,积极开展技术技能革新,有产生一定影响的发明创造,并产生较大经济效益的技能带头人。

(5)具有一定的绝技绝活,并在积极挖掘和传承传统工艺上作出较大贡献的能工巧匠。

2. 有工作团队

技师工作室根据从事的行业和专业领域,在企业中承担的任务,以及日常工作职责分工,配置一定数量的成员,形成工作室团队。技师工作室团队成员一般不少于3人,应具有优势互补、新老搭配、分工明确、团结协作、精干高效的特点,其中技能类人才比例应占多数。人数比较多的技师工作室团队也可以结合专业方向、任务类别,进一步细化分解成多个创新小组,并且可以邀请相关领域的主管领导或技术专家担任技师工作室的支撑顾问。

3. 有活动场所

技师工作室要具有相对固定、专用的工作活动场所,便于技师工作室成员开展培训、研讨、交流等活动。场地面积要适当,功能要明确,至少需要保证培训交流、分析研讨、成果展示等功能实现的空间,有条件的技师工作室还可以设置实验实训和实操作业区域。

4. 有设施设备

技师工作室在固定的场所内应配置齐全各项创新活动所必需的设施设备,包括器材工具、管理看板、办公桌椅、文件柜、展示柜、计算机、网络、投影仪、实验用品等,以保证技师工作室顺利开展各项活动。

5. 有活动经费

技师工作室要有一定的专项经费投入保障,一般由所在单位提供经费资助,也可

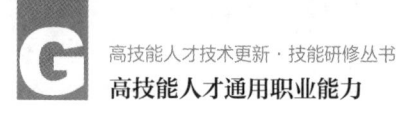

由上级单位或政府部门下拨专项资助，用于技师工作室创建、日常维护和活动开支，包括培训用品和学习资料购置、项目创新研发、技能交流推广、成果鉴定等费用。

【案例】

中国石油集团公司青海油田分公司"杨永磊职工技术创新工作室"于2012年成立。工作室领衔人是全国五一劳动奖章获得者、高级技师杨永磊。他是格尔木炼油厂焊接技术骨干，工作22年来为企业解决了大量技术难题，创造了巨大的经济效益，培养的徒弟有5名曾在一、二类大赛中位列前三。工作室有13名成员，均为来自企业一线的技术技能骨干，具有一定的技术基础和创新能力。他们都是主动提出申请后，经车间同意、工作室全体成员审核、中国石油集团青海油田分公司工会主管部门批准的。工作室由所在二级厂处提供场所并承担内部装修费用，青海油田分公司工会提供办公用具、工器具购置费用和工件加工费用等经费保障。

二、技师工作室的设置规范

1. 技师工作室的命名

技师工作室按照授牌的层级可分为国家级、省市级和企业级。国家级、省市级的工作室由授牌部门统一规范命名，如技能大师工作室、劳模创新工作室。企业级的技师工作室可以按照"领衔人姓名+专业领域+（创新）工作室"的规则命名。专业领域一般以领衔人的专业工种为主，也可以根据企业中的技能人群工种分布和数量，以及技师工作室的攻关方向和领域，确定技师工作室的专业领域范围。技师工作室创建申请经上级部门审核验收通过后，由授牌的人力资源部门或工会发文命名，按统一标准制作牌匾，并举行授牌仪式。技师工作室牌匾应注明工作室名称、授牌单位、命名时间等，并挂置在技师工作室外醒目位置。

【案例】

中国宝武集团宝钢股份下属某职工创新工作室先后被授予股份公司五星级创新工作室、集团示范性创新工作室、上海市劳模创新工作室、上海市技能大师工作室、国家技能大师工作室称号，分别由宝山钢铁股份有限公司工会、中国宝武集团公司工会、上海市总工会、上海市人力资源和社会保障局、国家人力资源和社会保障部命名授牌。

2. 管理制度的建立

技师工作室在创建时应结合本单位实际，建立和健全管理制度或管理章程。技师工作室的管理制度一般包括总则、组织管理规定、任务管理规定、活动管理规定、经费管理规定、档案管理规定等。

（1）总则。规定技师工作室的属性、宗旨作用和工作范围。

（2）组织管理规定。规定技师工作室在企业中的组织关系，以及技师工作室成员的管理机制。

（3）任务管理规定。规定技师工作室的主要任务职责、任务的制订和评价方式。

（4）活动管理规定。规定技师工作室主要的活动形式。

（5）经费管理规定。规定技师工作室的经费来源和使用方式。

（6）档案管理规定。规定技师工作室需要建立的台账和档案，包括工作任务台账、经费使用台账、培训交流台账、创新成果档案、成员发展档案等，可采用纸质或电子台账形式。

【案例】中国宝武集团下属宝钢股份某技师创新工作室管理制度摘录

一、总则

1. 工作室是公司一线职工开展群众性经济技术创新活动的组织和平台，主要以高技能人才为主，由"蓝领"创新小组骨干、创新工作爱好者志愿组成。为保证工作室日常规范化管理运作，特制定本管理制度。

2. 工作室坚持以立足岗位为宗旨，以现场改善为主战场，紧紧围绕公司生产经营战略和目标，深入开展工艺优化、操作改进、品种开发、设备保障和功能精度提升等工作，以降低成本、提高质量、提升效率、减少故障、保障安全、增加效益为目的，发挥工作室在职工岗位创新活动中的示范引领作用，带头、带动和支撑现场技术改进与创新，着力解决本区域、本公司的重点难点问题。

3. 工作室坚持发挥领衔人及创新骨干的"传帮带"作用，积极开展技术培训、业务交流、师徒带教、宣传推广等活动，推广普及先进的创新理念、创新成果，提高职工队伍素质。

二、组织管理规定

1. 工作室在公司工会的组织领导和职工创新活动基地的业务指导下开展工作。工作室设领衔人 1 名，创新骨干成员若干名，由领衔人牵头负责工作室的日常管理和运作，组织开展相关活动。

2. 按照不同专业和区域，工作室可以组建虚拟的专业和区域创新课题小组，开展单独和联合课题攻关活动。

3. 工作室成员进退机制

工作室欢迎有志于现场改善、现场创新的员工加入团队。每年根据员工的个人志愿和工作室成员创新活动参与实绩，进行补充和调整。

志愿加入工作室的员工需经领衔人提名，由其本人填写加入工作室申请书，经工作室三分之二以上成员审议通过，报公司工会批准后，正式成为工作室成员。

因个人原因申请退出工作室的成员，需由其本人填写退出工作室申请书，经工作室三分之二以上成员审议通过，报公司工会批准后，正式退出工作室。

工作室成员如连续 2 年没有参加过工作室活动，也没有创新活动实绩的，工作室有权在下一年度对其成员资格做出调整，由工作室领衔人登记后，报公司工会备案。

工作室成员因工作调动、退休、辞职等原因离开工作室覆盖范围的，工作室将在下一年度对其成员资格做出自然调整，由工作室领衔人登记后，报公司工会备案。

三、任务管理规定

1. 工作室的主要任务职责

（1）课题攻关。围绕公司发展目标和生产经营中心，聚焦公司生产操作、设备维护、质量控制、安全保障、环境经营等方面的痛点和难点问题，策划和挖掘创新攻关课题，开展合理化建议、自主改善、科研、技改、技术攻关等创新项目的实施、支撑和跟踪改进工作。

（2）人才培养。积极发挥工作室的"传帮带"作用，组织开展技能培训、师徒带教等活动，发挥创新指导作用，关心各职工技术创新小组工作，积极了解现场员工创新方面的需求，提高员工发现问题、改进问题和归纳总结能力，提升员工技能水平和综合素质，培育员工的创新热情，培养公司所需的高技能人才。

（3）创新创效。围绕生产线工艺、操作、质量、安全、设备、能环等方面积极主动开展创新改进、发明创造，以良好的创新业绩带动周围职工自觉参与创新，积极提炼专利、技术秘密、先进操作法等创新成果，在促进企业效率提升、安全本质化、质量改善、降本增效和节能减排等方面发挥带头引领作用。

（4）学习交流。积极组织开展新技术、新理念、新装备的技术交流，组织开展工作室内部成员之间的研讨交流，参加跨公司、跨基地、跨地区工作室之间信息共享、资源共享和成果共享，推进创新成果和管理经验的推广、应用和借鉴。

2. 工作室的任务制订方式

（1）工作室围绕本公司重点难点工作任务，每年计划确定工作室重点课题攻关项目、创新创效目标、人才培养计划、学习交流计划等，并报公司工会备案。

（2）工作室需对工作目标和任务进行细化分解，策划制订具体的工作计划和实施方案。

（3）工作室可结合实际情况对工作任务进行动态调整，并在调整后重新报备公司工会。

3. 工作室的任务评价方式

（1）工作室每年对任务开展情况和成员工作绩效进行总结和评价。

（2）工作室工作总结和评价内容主要包括课题攻关成效、创新创效成果、人才培养情况、学习交流情况等方面。

（3）工作室根据每个成员的综合工作绩效，采用积分制对成员进行评价，并对绩效突出的成员进行适当激励。

四、活动管理规定

1. 工作室每年组织确定创新工作计划和攻关课题，以工作室成员人人有建议、人人有课题、人人有成果为目标。

2. 工作室每季度召开一次工作推进例会，由全体成员参加，汇报并讨论交流课题攻关、成果总结进展情况和下阶段工作推进重点和活动计划。

3. 工作室每年组织开展技术小结、论文教材、创新成果的提炼总结、收集整理、评比发布和推荐上报。

4. 工作室每年组织开展年度工作计划和工作总结，并对各成员工作绩效进行客观总结和评价。

5. 工作室根据课题攻关和策划需要，围绕现场疑难瓶颈问题和重点攻关方向，组织开展技术交流、方案研讨、学习调研等活动。

6. 工作室每年制订培训计划，通过师徒带教、集中讲课、现场指导和实操训练等方式，在周围员工中开展"传帮带"活动，大力培养后备梯队人才。

7. 工作室每季度组织开展先进技术交流、专业技能和创新方法的培训、自主管理成果发布交流等活动。

8. 工作室积极组织推荐优秀成果参加公司内外的展览、评选、宣传和推广活动，传播分享优秀成果和优秀经验。

3. 技师工作室的场地布置

为了顺利开展各项活动，技师工作室应结合实际需要，对场地进行合理规范的布置。一般可以将技师工作室场地分为展示区、实训区、会议区、资料区，每个区域都有各自的作用。

（1）展示区。展示区一般设有技师工作室简介、成员简介、格言愿景、管理制度、活动记录、攻关计划、创新成果以及所获得的荣誉等。技师工作室如果条件允许，可以摆放一些代表技师工作室创新研发、技术攻关成果的工件、工具或模型。有些成果限于工艺、线路、场地和方法等原因，不便在技师工作室摆放的，也可以采用展板、影像、图片等方式进行展示，并配以相应的文字。

（2）实训区。实训区一般设有必要的工具、仪器、元器件、材料和相关设备，以便开展创新实验、实操培训等活动。一些不便设置的大型和复杂的设备，可以采用模拟的生产装置、设备以及控制系统来代替。

（3）会议区。会议区一般设有会议桌椅、投影仪、电视、计算机等设施，以便开展培训讲座、学习交流、会议研讨等活动。

（4）资料区。资料区一般设有文件柜和图书柜，用于存放各类台账、技术总结、论文、创新成果材料、会议和活动记录等档案，以及图书、期刊等资料，便于技师工作室的文件归档和组织开展学习活动。

【案例】

许振超技能大师工作室属于国家级技能大师工作室，是国家人力资源和社会保障部揭牌的全国第一家"技能大师工作室"。许振超技能大师工作室位于青岛港前湾集装箱码头职工候工区，工作面积180平方米，投资200多万元建成。工作室分为展示区、研讨区、资料区、实训区四个区域。展示区主要展示集装箱轮胎吊"油改电"模型、无动力装车模型、装车机模型、减速器模型等教学模具，方便开展教学；研讨区主要提供会议设施，用于开展培训讲座、学习交流、会议研讨等活动；资料区主要提供各类专业图书资料和培训教材等，方便职工进行资料查阅；实训区主要有门机模拟操作实训系统、钢丝绳探伤仪器等设施设备，可以直观地进行模拟操作培训。该工作室实现了生产技术攻关、新技术应用以及新项目、新产品的开发与技能人才培养的有机结合。

第 3 节　技师工作室的运作

技师工作室运作的核心就是调动技师工作室团队所有成员的力量，为技师工作室的目标服务。在这过程中，既要管好人，又要管好事。管人，就是要激发技师工作室成员的创新育人的热情，积极投入技师工作室各项活动中来，通过完善制度、量才而用，使技师工作室成员同心协力，发挥最大的作用。管事，就是管理技师工作室的日常事务，通过组织安排技师工作室的日常运行、创新课题、研究实验、带教培训等事务，明确各项事务流程，使每位成员知道"做什么""怎么做"，从而使技师工作室的各项工作有条不紊，井然有序。

一、技师工作室的任务管理

技师工作室一般需要在每个年度或单位规定的评价周期之初，针对本单位重点工作任务、生产经营管理实际需要、现场重点难点问题等，通过自主改善、招标揭榜、任务下达等多种方式，确定技师工作室课题攻关项目、创新创效成果、人才培养计划、学习交流内容等方面的目标任务，向单位管理部门提交技师工作室年度工作任务书。在任务执行周期过程中可结合实际情况对技师工作室工作任务进行动态调整，并在调整后重新报备。

技师工作室在任务执行过程中，需对确定的工作任务进行细化分解，制订技师工作室的工作计划和实施方案，明确责任分工和时间节点，及时跟踪、审视、调整相关工作，推进进度，按时、保质、保量地完成工作任务。

技师工作室在每个年度或评价周期末，应对照制定的目标任务进行工作总结和自评，总结各项活动开展的成效，分析存在的不足，并策划好后续工作任务计划。

技师工作室的工作任务计划一般包括以下内容。

1. 课题攻关项目

包括攻关课题的名称、来源、目标、任务、计划时间和负责人等，重点是要紧扣单位生产和服务的中心工作，聚焦重点难点问题，通过课题攻关有效破解疑难瓶颈，有力推动技术进步、业务拓展、管理提升和提质增效。

2. 创新创效目标

包括在专利、技术秘密、先进操作法等创新成果提炼总结方面的计划目标，在自主管理、合理化建议等群众性创新方面的参与程度，以及各类创新成果可以为企业创造的经济效益等，重点是要关注创新创效成果的数量和质量、应用转化推广情况以及所发挥的实际效果。

3. 人才培养计划

包括人才培养的对象，培训的目标、主题、项次、人数，师徒带教的计划等，重点是要关注培养对象的技能提升、岗位晋升情况及技能人才梯队力量建设情况。

4. 学习交流计划

包括内外部学习交流的对象、主题、项次、实效，重点是要关注与其他工作室共建合作，与企业、高校、科研院所等同行交流，充分吸收借鉴优秀实践成果、发挥资源协同优势、提升自身工作水平的情况。

【案例】

中国北车集团金蓝领工作室主要承担以下五方面的任务。

1. 实施技术攻关

在企业产品开发、制造、营销、技术引进、技术改造，以及复杂设备的安装、调试等生产活动中，发现和解决与本职业相关的技术难题，组织开展技术创新活动。

2. 搭建转化"桥梁"

运用理论知识、实践经验和高超技能，从技能操作角度完善或优化产品的设计与工艺，总结、提炼先进操作方法，在企业产品研发与试制、工艺设计与制造之间，搭建理论向实际转化的桥梁。

3. 推广新技术

不断充实自身理论素养，主动了解和学习与本职业相关的新技术，在企业"四新"技术推广活动中发挥好领军人的作用。

4. 培养生产骨干

通过技术攻关、技术改进、名师带徒、技术讲座、技能展示等多种形式，将自己的职业态度、职业技能、团队意识等传授给其他员工，为企业培养合格的生产骨干。

5. 总结、提炼创新成果

通过总结提炼技术攻关、技术改进等工作成果，形成独特的技能操作诀窍、技能操作法和技术成果等，将自身的绝活和发明创造推广到实际生产过程当中，不断提升工作成果的实际价值。

二、技师工作室的组织管理

技师工作室主要由技师工作室领衔人和团队成员组成。技师工作室具有吸纳、发展和评价团队成员的职责，并可以按照不同专业、工作区域和任务要求，进行协同分工，组建虚拟的课题任务小组，开展单独和联合的课题攻关、学习培训、成果总结和推广等活动。

技师工作室的发展对象主要是面向热衷于技术攻关和技能传承的高技能骨干，也可以少量吸纳一些青年技术人员和技术顾问。根据申请人和各成员的个人志愿和表现，通过动态管理进行补充和调整，一般以2~3年为一个周期，对于不作为、不合格者可以调整出技师工作室，同时吸纳更优秀的人才进入技师工作室，从而保证创新队伍的活力和素质。

1. 职责分工

（1）技师工作室领衔人的职责。技师工作室领衔人全面负责技师工作室的日常管理，其主要职责包括：

1）做好技师工作室的计划和总结，确定技师工作室的研究方向，拟定技师工作室的发展目标、工作方案等。

2）制定技师工作室的日常管理制度，建立技师工作室各类档案。

3）吸纳、发展和评价技师工作室成员，并按需要开展协同分工。

4）组织和参加技师工作室各类内外交流活动，发挥技师工作室的辐射、引领和示范作用。

5）组织征集、确立和推动技师工作室各类项目的立项实施、成果转化和推广应用，指导成员开展培训学习、项目攻关以及相关技术总结的编写。

6）负责技师工作室经费的使用和管理，推荐技师工作室成员参与各类评优争先，分配技师工作室获得的各类激励。

（2）技师工作室成员的职责。技师工作室成员通常是有一定技术基础、有创新意愿和积极进取心的技能、技术骨干，其主要职责包括：

1）在领衔人的引导和带领下，不断学习方法、积累总结经验、提高技术技能，发挥工作室成员的集智协同作用。

2）积极参与工作室的日常维护和各类活动，积极参与工作室组织的培训、研究、创新研发和技术攻关任务。

3）认真完成领衔人交办的其他任务，接受检查评价，及时汇报工作。

2. 考核评价

技师工作室要调动工作室成员的积极性，激发工作的主动性和创造性，在组织管理上需要制定相应的考核评价机制，达到比学赶超、争先创优的目的。工作室除了接受政府和上级主办部门的评估外，其自身也要定期开展考核评价工作，主要包括两个方面：一是对工作室成员的绩效考核，二是对工作室建设的自我评价。

技师工作室成员绩效考核是由工作室领衔人根据工作室考核评价管理制度，对工作室成员实行绩效考核，一般每年为一个考核周期，考核结果作为工作室成员评优激励的依据。为了确保绩效考核的公平和公正，工作室可以制定具体的内部绩效考核细则，如实施工作积分制，从创新创效、人才培养、课题攻关、成果推广等多个维度对工作室成员的表现进行综合评价考核。

技师工作室建设的自我评价一般在单位规定的每个评价周期末进行，一般根据工作室制订的工作任务计划，从规范运作情况、课题攻关成效、创新创效成果、人才培养情况、学习交流情况等多个评价维度进行综合评分，另外，还可以根据工作室在评价周期内取得的各项荣誉和在单位、社会中的认可度进行加分。

通常来说，具有较高评价的技师工作室的工作成效主要体现在以下六个方面。

（1）技术攻关方面。在科研、生产中攻克技术难关，对技术难题进行技术会诊，提出改进意见和措施，破解重大业务难题；在新材料、新设备、新工艺的应用上取得突破，攻关成效显著。

（2）授艺带徒方面。在培养高技能人才方面作出突出贡献；积极开展培训活动，传授技艺、培养人才，产生辐射效应，取得明显成果；培养的徒弟技艺高超，成长迅速，在技能水平、岗位能力和创新成效等方面进步明显。

（3）创新创效方面。通过技术革新和技术改造，取得较显著的社会效益和经济效益；利用所掌握的绝技绝活，用于实际生产与经营，取得明显经济效益；开发研制或创造发明有价值的新产品、新技术等，并得到推广应用。

（4）技艺挖掘方面。积极挖掘传统工艺，在传承、宣传、推广等方面取得实效。

（5）技术总结方面。对专业技能有深入研究，围绕技术技能有系统性的著作、教材或在核心期刊发表论文，并有较高的实用价值。

（6）团队建设方面。运作规范，领衔人带动作用突出，有影响力、号召力和高认可度，团队高效协作、氛围融洽、凝聚力强；能积极开展共建、合作、交流，协同攻关项目成效显著。

3. 激励

技师工作室开展考核评价，对成员进行有效的激励，目的是提高工作室全体成员的积极性，进而带动工作室的可持续发展。激励形式包括物质激励和精神激励两个方面。物质激励的形式主要包括课题攻关资助、学习活动资助、年度评优奖励、专项推进工作奖励以及创新成果推优等。精神激励的形式主要包括公开表扬、表彰，优秀成果发布，优秀人物宣传，个人荣誉评选和职级晋升推荐等。

除了依托单位原有的科技创新成果奖励体系外，技师工作室可以侧重在以下方面展开激励工作。

（1）在单位划拨的专用经费额度范围内，给积极参与创新活动的成员一定的经费资助，为开展创新攻关、培训学习提供物资支撑，从而加快成员能力素质的提升，促进成果的转化和应用。

（2）根据成员的表现，在年度总结评优时给技师工作室的先进成员一定的奖励和表彰，营造绩效优先、创新为荣的氛围。

（3）技师工作室可以从负责重点推进的专项工作奖励中，根据对专项工作的贡献度，给项目参与人员分配奖励。

（4）技师工作室可以利用各类成果申报评奖的机会，推荐上报优秀的创新成果项目，为项目团队和个人赢得奖励和荣誉创造条件。

（5）积极宣传技师工作室先进人物的事迹和优秀创新成果，在评先争优活动、职级晋升环节给予积极举荐。

【案例】

中国宝武集团宝钢股份某技师创新工作室为进一步加强成员工作的积极性，提高成员创新绩效，引导形成争先创优的氛围，在工作室建立了创新绩效积分制（见表4-1），从创新创效、课题攻关、人才培养、成果推广等多个维度对工作室成员进行全方位的量化积分，并进行年度积分排名，同时制定了工作室年度创新先进奖励制度，为工作室成员工作绩效的客观评价和常态化激励提供了依据。

表 4-1　中国宝武集团宝钢股份某技师创新工作室绩效积分评价规则

维度	积分项	单位	分值
创新成果	专利（发明）	项	40
	专利（实用新型）	项	20
	技术秘密	项	10
	先进操作法	项	15
创造效益	合建、科研、技改、攻关结题效益	百万	10
	专利效益	百万	10
	技术秘密效益	百万	7
攻关改善	合建化建议项目	项	2
	自主管理课题	项	5
	科研项目	项	10
	技改项目	项	10
	改善项目	项	7
	技术攻关项目	项	8
	智慧制造类项目（+）	项	5
自主管理发布	自主管理发布（公司级获奖）	项	10
	自主管理发布（市级获奖）	项	15
	自主管理发布（国家级获奖）	项	20
带教传承	培训授课数	课时	5
	带徒数	个	10
技术总结	技术小结、案例、培训材料	篇	3
	技术论文	篇	10
	技术论文公开发表	篇	15
成果推广和展示	创新技术移植、推广、支撑	项	10
	创新项目参展获奖（公司级）	项	10
	创新项目参展获奖（市级）	项	20
	创新项目参展获奖（国家级）	项	30

三、技师工作室的经费管理

1. 经费来源

技师工作室的经费，包括政府或工会拨付的专用资金、企业支持的专款及各种渠道提供的资助、支持或专门性科研费用。全国总工会和各省（市）总工会均设立了专用的补助资金，用于资助国家级、省市级的技能大师工作室、劳模创新工作室，但并非每个工作室都能获得这部分资金的支持。除了来自政府的部分专项资金资助以外，工作室的大多数经费一般都是由主办单位统一拨付的，账目由单位统一财务核算。

2. 经费的日常管理

技师工作室日常经费管理一般由工作室领衔人负责，包括年度经费的预算和决算、支出的申报和审批等。所有经费的开支，需经工作室负责人提交申请，并报工作室管理部门审批，最后由财务部门核销核账。

技师工作室经费使用应严格执行上级部门、企业及工会财务管理规定，接受上级部门和财务对工作室经费使用情况的监督检查，按制度实行经费开支管理，根据开展创新活动的实际需要，落实专款专用，避免违规挪用和超范围、超标准开支，让有限的经费发挥最大的作用。其中，各级政府拨付的财政性资金一定要单独建账，便于接受审计。

3. 经费的使用范围

技师工作室经费的使用范围一般限于开展创新活动或培训活动相关的支出，主要包括以下几类。

（1）设施设备类。用于创新攻关活动所需的仪器仪表器材、设备、零件、工具、辅材的添置。

（2）场所维护类。用于工作室所需的场所修缮，办公活动用品、耗材、培训设施等的添置更新。

（3）学习交流类。用于开展创新沙龙、学习参观、参展观摩、共建联谊等所需的会务费、宣传制作费、书刊资料费、培训师资费、交通费等。

（4）劳务加工类。用于项目研究过程所需的测试、检验、化验、加工等费用。

（5）成果鉴定类。用于创新成果的第三方咨询费、鉴定费等费用。

（6）表彰奖励类。用于对工作室在创新攻关、带徒传艺等方面表现突出的个人和团队，以及优秀成果进行激励。

【案例】

上海市对市级技能大师工作室提供财政补助10万元，所在单位按照不少于10万元配套，资助资金主要用于技能大师工作室设备设施以及技能培训、技术攻关等。

上海电气集团及其所属上海锅炉厂有限公司对技能大师工作室领衔人实施月津贴

制度，规定集团级技能大师工作室领衔人月津贴为3 500元。

为确保工作室开展工作有稳定的资金支持，上海航天局及其所属单位制定了专门的规定。工作室用于课题研究的经费可以从企业研发经费中申请；用于绝技绝活提炼、先进操作法总结、培训教材编写、技能培训和带教传授等的费用，可从单位职工教育经费中列支；设备设施购置列入所属单位年度预算。

中国宝武集团下属宝钢股份所有技师工作室的活动经费由公司工会统筹资助，工作室活动经费主要用于培训进修、创新科研、技术攻关、技术交流、成果发布、参观学习、著作出版、带徒传技等活动，以及根据工作室内各成员、各课题小组取得的实际成果进行的适当奖励。除了每年1万元的基础活动经费外，还对评价为五星级、四星级、三星级的创新工作室分别按3万元/年、2万元/年、1万元/年标准追加工作经费。

四、技师工作室的活动开展

开展富有成效的活动是技师工作室保持活力和良性运作的关键。工作室组织的各项活动实践，不仅有助于解决企业生产经营中的重点和难点问题，促进新工艺、新产品、新设备、新技术的开发，而且能为企业创新增效，培养人才，推动企业发展进步。

1. 攻关革新活动

企业内技师工作室的主要任务就是围绕企业生产技术难题，以问题为导向，开展技术攻关和技术创新，为企业解决痛点难点问题，推动企业增强核心竞争力。工作中的问题和难题就是课题攻关的源泉，就是现场的改善点和创新点。工作室的攻关课题类型一般包括自发性现场改善、指令性难题攻关和规划性研发改造等。

技师工作室既要发挥每位成员的主观能动性，鼓励他们自主发现问题，积极建言献策，提出合理化建议，自主开展现场改善，同时也要主动跟踪生产现场存在的热点难点问题，并结合企业的重点难题攻关、技术研发和技术改造规划，来组织策划工作室的攻关课题，合理确定团队成员分工，有效把控团队工作重点、攻关方向和活动节奏，做到人人有课题、人人会攻关、人人能创新。工作室可以利用自身集智创新的优势，集思广益，发挥团队的力量，提供流程上的协调、方法上的指导和资源上的支撑。

在确定攻关课题项目后，技师工作室应按照年初制订计划、年中滚动推进、年末总结评价的方式对课题项目进行动态过程管理，并建立工作室项目跟踪管理表，动态跟踪各项攻关课题的实施进度，并随时根据课题攻关需要，开展问题分析和方案研讨，组织现场调研与测试，推进各项课题的实施和闭环管理。

【案例】

国网乌鲁木齐供电公司的职工创新工作室，涵盖电网规划、变电检修、电力营销、调度运行、输电线路、信息通信等多个专业，参与职工达200余人，先后取得197项创新成果、28项国家专利、4项计算机软件著作权，两项成果分别荣获国家电网公司科学技术进步二等奖和职工技术创新优秀成果二等奖，一项成果荣获第五届全国电力职工技术成果二等奖，多项新技术、操作方法和管理经验在公司推广应用，为公司创造直接经济效益三千余万元，提高了公司经济效益和工作效率。还有数个职工创新工作室荣获"自治区工人先锋号""全国工人先锋号"的光荣称号。

他们开展攻关革新的经验就是"围绕问题来创新"。问题点就是改进点，改进点就是创新点，创新点就是价值点，这是职工创新工作室在一线岗位开展攻关革新工作的核心理念。工作室鼓励职工立足岗位思考和研究创新，打破职工对岗位创新的神秘感和畏惧感，引导职工在工作实践中发现问题、解决问题，提升破解实际工作难题的能力，在开展技术革新中找到乐趣、树立信心、享受成就感。

2. 技能培训活动

技师工作室的一项重要使命就是为企业、为社会培养更多更优秀的高技能人才，使工作室成为培养高技能人才的练兵场，促进技能人才队伍整体素质不断提高，打造一支知识型、技能型、创新型的技术工人队伍。

在技师工作室的人才培养机制中，"传帮带"的形式发挥了重要作用。"传帮带"就是通过传授、帮助、带动的方式，对培养对象进行知识、技术、技能、创新方面的训练和提升。在人才培养过程中，不仅要传授技术、技能，还要帮助职工提升创新意识和创新能力，弘扬劳模精神、劳动精神、工匠精神，带动职工积极投入创新攻关和技能传承的实践活动中。

"传帮带"可以有多种不同的形式，最普遍的就是师徒带教的方式，通过师傅与徒弟签订师徒带教协议，明确带教期、带教的目标和内容，有针对性和目的性地进行人才培养。同时，也可以采用结对辅导、现场教学、实操训练、专项培训、创新咨询的形式，对技师工作室覆盖范围内的职工群体提供培训和辅导。

技师工作室领衔人要在"传帮带"方面发挥模范带头作用，要成为大家的导师和教练，不仅要以身作则，带出高徒，而且还要积极策划和推进技能人才梯队的培养。工作室有责任在职工队伍中发现好苗子，挖掘和推荐培养对象，同时又要注重发挥工作室其他核心成员的作用，让那些拥有一技之长的成员也能起到"传帮带"的作用，发挥一传十、十传百的效应，让更多的职工从中受益。

【案例】

中车洛阳机车有限公司先后成立四个工匠工作室，并明确其定位：近期目标是围绕产品、工艺和技术，攻难关、解难题；中期目标是"传帮带"，培养造就一支高技能人才队伍；远期目标是对企业战略目标的实施提供创新支持。工作室的工匠们采取一师带多徒、跨班组、跨工种等方式选带徒弟，并签订"师徒合同"，将培养目标量化到学习一门理论、掌握一项技能、攻克一项难关。同时，工匠身影越来越多地出现在技能鉴定、技术比式、实训指导等场合，为工人成才搭建了快速通道。

工匠工作室成立近10年，除解决生产一线的难题外，中车洛阳公司电工高级技师、"河洛大工匠"李万坤和他的工作室还担负着为职工培训电工技能的任务，他甚至专门著书立说论述光机电一体化。近年，李万坤在技能培训工作中充分发挥自身专长，平均每年培训400课时，他选带的22名徒弟中有9人成为高级技师、7人成为技师；学员闫伟强有了以自己名字命名的工匠工作室；在一次全市范围的专业技术大比武中，李万坤教出的学员一举包揽比赛的前四名。

3. 研修交流活动

技师工作室是高技能人才汇聚的平台，加入这一团队的成员有着共同的目标和愿景，有着相似的兴趣和爱好，更容易通过学习和交流擦出思想和创新的火花。

技师工作室要使团队不断成长，不断提高，就要建立学习型团队，创造学习机会和条件，组织成员多研讨、多学习、多交流，形成浓厚的学习氛围。通过经常性的交换想法、交流思想，让成员们在沟通和交流中激发更多的创新灵感，拓宽创新的思路，使工作室的创新氛围更浓厚，人际关系更和谐，工作衔接更协调，资源共享更容易，团结协作更有效，从而发挥集约效应，更有效地促进现场难题的协作攻关。

同时，技师工作室也要坚持"走出去""请进来"，与企业内甚至企业外的其他工作室加强学习交流，分享经验教训，共享各自资源，互相学习进步，提升创新能力。工作室之间既有共同点，也有不同之处，通过互相交流、观摩和学习，不仅能互相取长补短，学习借鉴先进管理理念和方法，提升工作室管理水平，而且还能在经验、成果、资源方面起到共享作用，从而开阔工作室成员的眼界，促进工作室选题创新、成果转化和推广。

【案例】

浙江岱山县的电工创新工作室，专注于企业科技创新和技能培训，先后摘得"浙江省职工高技能人才创新工作室""全国工人先锋号"等荣誉。工作室第一批成员来自岱山35家企业的46名电工。在3年多时间里，电工创新工作室一共进行了570余次的内部交流学习活动，开展了28次规模不一的各类专项业务培训，参加了12次各类专家、教授的知识传授与经验交流活动。

工作室充分利用业余时间开展活动，每周日晚开展一对一帮教；每季度开一次座谈会，讨论和总结工作室开展情况。企业电工在工作室探讨工作中存在的问题，找到解决方案。经过3年的发展，工作室打造出了一支横跨化纤、船舶、汽车配件、电力水利等行业共67家企业150名电工的高技能人才队伍。

4. 转化推广活动

技师工作室是企业高技能人才对外形象展示的窗口，也是创新创效成果和经验在企业内外转化推广的载体。要充分发挥工作室的示范、引领和辐射作用，需要及时转化和推广使用这些创新成果和创新经验，扩大成果和经验的覆盖面，使其最大程度转化产生经济效益和社会效益。开展转化推广活动，不仅能为企业创造价值，提升企业的社会形象，而且也使广大职工有了展示自我、实现自我的舞台，充分激发职工的创新潜力，实现自己的价值。

创新成果的转化推广分内部和外部两种渠道。绝大多数的创新成果都可以在企业内部得到转化和应用。一般通过先试点、后推广的方式逐步扩大应用范围，并在运行过程中不断改进和完善，探索出成熟的方法、经验和标准，以便扩大复制、移植和推广的范围。在企业内部平台上的成果发布、技术交流、技术支撑、技术推广移植等，都是助推优秀成果扩大展示和应用的好方式。

有些成果除了内部转化推广应用外，还可以对外部转化推广输出。外部转化推广输出的方式有技术转让、合作推广、成果交流等方式。

技术转让就是通过一些中介机构、科技经纪公司以及各种各样的创新成果转化平台，以签订技术转让协议的方式，将创新成果交易出去，获取相应的技术转让效益。

合作推广就是通过和一些专业生产制造厂、工程集成公司合作，将来自生产一线的创意策划和创新设计向产品化、标准化、工程化转化，扩大创新成果的使用范围，提高成果推广应用效率。

成果交流是一种重要的中间推广形式。职工的优秀发明成果可以通过成果交流的形式进行展示和发布。目前，全国和各省市工会系统都建立了定期的职工优秀创新成果交流活动，同时中国发明协会也定期举办国际发明展览会和全国发明展览会，为优秀创新发明成果的转化和推广交易提供了一个良好的场所和平台，职工的优秀发明成果可以在展会上得到展示、评比、发布和交易。

【案例】

中国宝武集团宝钢股份热轧厂王军技能大师工作室，是由全国劳模王军领衔的国家级技能大师工作室，也是全国示范性劳模和工匠人才创新工作室。工作室自成立以来，带领创新团队共申报国家专利超过900项，囊括国内外各类创新成果奖116项。王军团队获得国家科学技术奖的"高强度全密封精整矫直机支承辊技术"项目，打破了依赖进口或仿制外国产品的局面，通过技术转让先后在许多企业推广，三年创造直接经济效益达1.6亿元。

胜利油田的"张吉平工作室"先后立项攻关疑难问题90多项，33项成果获国家实用新型专利。其联合攻关设计制造的一种石油钻井遥控钻具移送装置，已在油田50多个钻井队推广使用，年创经济效益1 500多万元。

一汽大众公司钣金维修工王洪军带领工作室在岗位上不断创新进取，创造发明了47种2 000多件钣金整修工具，满足了多种车型各类缺陷的修复要求，使整车质量、生产效率都有了很大的提高。几年间钣金整修工具在企业里得到了广泛的推广应用，创造的直接经济价值达3 400多万元。

5. 总结提炼活动

技师工作室在开展创新攻关活动的过程中，要注重对所做工作成果的总结、提炼和保护。总结是学习技术、积累经验、产生成果的重要环节，也是提升技术技能水平、促进创新成果推广应用的重要途径。

技师工作室的总结一般包括工作总结和技术总结。

(1) 工作总结。工作总结是对工作室在过去一段时间的运作管理、带教培训、创新攻关等工作取得成效和目标任务落实情况回顾汇总和归纳分析，一般以年度为周期，其中既包括工作室的总结，也包括工作室成员的个人小结。

建立创新成果档案是开展工作总结的一个重要环节，反映的是技师工作室全体成员创新劳动成果的结晶。建立创新成果档案既要做好各位成员、各类成果的数据统计汇总，又要注重对工作室成员的各类技术总结和成果的收集、分类和保存，从而形成工作室独特的技术资源库，为技术传承、技术推广提供基础和保障。

(2) 技术总结。技术总结是对攻关、创新实践过程中形成的具有参考、借鉴、推广价值的技能操作方法和技术实施方案进行总结和归纳。技术总结是形成创新创效成果的前提，是企业传承技术技能的重要载体，也是衡量各个项目的技术经济性价值的重要依据。技术总结一般包括现场改善和攻关实施小结、技术论文、操作指导要领书、案例分析报告、项目总结报告，以及专利、技术秘密和先进操作法申请书等。其中，专利、技术秘密和先进操作法申请书，经过企业和知识产权部门受理、授权和认定后，便形成了技师工作室的技术创新成果项目。

技师工作室既要带领成员埋头实干，也要指导成员善于总结，要发挥工作室领衔人的示范引领作用，通过个别辅导和集体学习等方式，鼓励和引导成员积极思考、分析和总结提炼，将自己所做的事情、所解决的问题显性化地呈现出来，更好地展现为企业创造的价值和自己的个人价值。

【案例】

"孔利明创新工作室"是中国宝武集团宝钢股份第一个技师工作室，创建于1989年，也是上海市001号劳模创新工作室。工作室在全国劳模、当代工人发明家孔利明的带领下，紧紧依靠生产一线职工，围绕企业设备使用维护、生产经营过程中的疑难杂症进行攻关，重点提高一线职工技能和岗位创新能力，31年来累计创造了专利543项，技术秘密1 800多项，创经济效益7.2亿元，培育了一大批踏实肯干、技能精湛的优秀员工，为企业的快速发展提供了源源不断的高素质技能型人才。

在孔利明的工作室里，有一位青年员工毛俊，在汽车修理岗位上工作了17年，虽然心灵手巧，技能水平也不错，可就是不善于把自己的经验知识进行归纳总结。在工作室创新氛围的感染以及孔利明的悉心指导下，他的工作能力得到了大幅提升，近年来整理总结现场案例119个，编写《奔驰4141型排故手册》，使现场人员的技能水平得到了大幅提升。在孔利明的全程辅导和跟踪下，他进步迅速，在短短3年时间内完成了发明专利由0到15项的突破，获得企业认定的技术秘密达104项，创造经济效益3 800多万元。他的发明成果相继取得了第22、23届全国发明展金奖，第10届国际发明展银奖，上海市第32届优秀发明选拔赛金奖，获得了宝武工匠"提名奖"和"曾乐创新奖"，成为孔利明创新工作室里新一代领军人物。

6. 共建结盟活动

技师工作室除了加强自身建设以外，开展工作室与外部单位、团体之间的交流与合作是提升工作室能级、扩大工作室覆盖范围和影响力的一项重要活动。目前这种外部交流与合作活动主要包括结对共建、联合共建、联盟共建三种形式。

（1）结对共建。结对共建是技师工作室之间的一种合作共建方式，通过专业关联或行业关联的技师工作室之间建立一对一的定向合作机制，开展有针对性的技术咨询、经验共享与技术交流，达到相互促进的目的。

（2）联合共建。联合共建是指校企合作共建或者院企合作共建。企业的技师工作室可以发挥自身对科技应用场景的挖掘与策划能力和高技能人才集聚的特点，利用技工院校和科研院所在教学资源、技术研发方面的优势，有针对性地选择合作研发、联合培养和团队共建项目，促进科技成果的应用转化和技能人才的实践能力培养，实现优势互补、共同发展，共享成果和效益。

【案例】

王金山、蒋雪英等工艺大师与苏州技师学院合作，在全国率先推出"传统工艺技术大师传承班"，专门开设了缂丝、刺绣、玉雕、木雕4个类型的"高级工+大专课程"，采用小班化教学，由大师对其一对一指导。学校不仅提供大师作品展示区，各专业理论与实践一体化教学区等1 000平方米的教学场所，而且与大师共同开发了专业课程，全面培养实用型技能人才。

苏州市电子信息技工学校也专门开设了"非物质文化遗产——苏帮菜传承班"。该校邀请苏帮菜传承人到校收徒传艺，为非物质文化遗产传承搭建了新的平台。

（3）联盟共建。联盟共建是技师工作室之间开展交流与合作活动的一种新的形式。工作室联盟以"共建、共享、共赢、共进"为准则，具有跨区域、跨类型、跨行业、跨单位的特点。通过多家工作室的结盟共建，联合开展技术攻关、技能培训、技术交流等活动，实现技术创新、管理创新、服务创新、制度创新上的新突破。通过供需对接，实现上下产业链、相关产业链的融会贯通、资源互补和信息共享，有利于促进技术难题的联合攻关，激发创新创造活力，推动企事业高技能人才培养及科技成果转化推广，实现共同繁荣和集群发展。

【案例】

上海市徐汇区总工会集结并打造了一个由区内上海市劳模创新工作室、上海市工匠创新工作室、上海市职工（技师、巾帼）创新工作室等组成的职工创新工作室联盟。这个联盟由33家创新工作室组成，横跨医卫、教育、建筑、食品、物业、电子、社区治理、电信、艺术品、家居、市容绿化等10多个行业。这些工作室的领衔人中，有全国劳模7人、上海市劳模11人、各级工匠11人。通过工作室联盟，不断拓宽各种联智联技、联手联动、互学互鉴、互帮互助等渠道和平台，不断激发每个工作室之间乃至于联盟整体的创新动力，提升创新能力，增强创新活力，扩大创新成果，彰显创新合力，最大限度发挥每个工作室在技术创新、管理创新、服务创新、制度创新和综合创新方面的示范引领作用，为区域高质量发展聚能、赋能。

五、技师工作室运作中遇到的典型问题和对策举措

1. 如何平衡技师工作室任务和岗位工作之间的冲突

大多数企业办的技师工作室领衔人和成员都是兼职的，除了作为工作室领衔人和成员履责以外，他们在企业中主要承担着自己部门和岗位的本职工作。有的工作室由于成员岗位工作繁忙，无暇顾及工作室安排的攻关、总结和培训任务，工作室活动难以开展；有的工作室本身就建在车间，把车间的日常生产运行工作当成了工作室的目标任务，以至于工作室定位模糊，形同虚设；有的工作室组织松散，领衔人由于资源和授权不足，所能完成的工作往往浮于表面。

针对以上问题，可以从以下方面考虑对策举措。

（1）将技师工作室的任务同单位发展目标相结合。技师工作室在开展课题攻关、教学培训等活动时，应紧密聚焦于单位的发展战略和规划目标，聚焦于生产、服务、教学中的痛点和难点问题，只有获得单位行政部门的认同和支持，才能获取更多的资

源和授权去推进相关工作。

技师工作室在团队组建时，要使成员的结构具有代表性，既要选择创新意愿足、攻关能力强、技能基础好的人员，又要覆盖合理的专业范围和区域范围，可以让一些能够提供职能支撑和技术支撑的管理者和专家加入工作室团队中，作为行政顾问或者技术顾问，从而让工作室团队具备与单位核心工作紧密衔接的能力，具备协作解决关键复杂问题的能力。只有将工作室任务同单位目标任务相对接，才能让创新攻关和人才培养更好地服务于单位的发展，服务于岗位的需求，从而减少在工作时间分配上的冲突，让工作室的目标任务得到更畅通的贯彻落实。

（2）将技师工作室的工作同个人的发展前景相结合。有的技师工作室反映，团队成员在创新总结和培训工作中需要花费不少时间和精力，在一些成员中难免会产生一些懈怠和推脱的问题。这正是工作室团队建设的发力点。通过工作室领衔人的言传身教和引领示范，以及有效的评价激励制度的设计，让每个人从工作室的课题任务中得到职业能力的提升，从工作室的绩效成果中得到职业发展的前景，就能让他们真正产生获得感和成就感，激发他们的主观能动性，从原来的"要我做"变成"我要做"，从而提升工作室的凝聚力和创新发展的潜能。

（3）将技师工作室的运作同日常生产经营相区分。有的技师工作室由于成员结构紧凑，本身就是企业或加工车间内的一个行政单元，其优势是执行力强、资源和授权充分，但缺点是容易把行政部门的日常管理运营和工作室的管理运作相混淆，造成工作目标失焦，覆盖面受限。对于这类情况，可以考虑整合同类车间或工段的人员，联合组建工作室，既能发挥工作室的人才集聚效应，又能扩大工作室的覆盖范围，避免工作室的管理变成班组管理或工段管理，更有效地发挥技能人才培养和集智创新攻关的作用。

2. 如何保障技师工作室的生命力和可持续发展潜力

重创建、轻管理往往是一些技师工作室的通病。有的工作室申报认定后虽然挂了领衔人，但创新成效和人才培养却缺乏后劲，造成工作室的发展缺乏生命力，难以持续健康发展。其中，既有工作室领衔人本身岗位工作和事务性工作繁忙，或者缺少管理经验，造成工作室日常管理和活动未能得到有效开展的因素，也有工作室体系支撑薄弱，与企业的人才培养和技术创新体系融合度不足，造成工作室在人员、经费、激励等硬资源和制度、职能等软资源配套上得不到保障。

为了保持技师工作室的生命力和可持续发展，除了所在单位的资源保障以外，工作室自身可以重点关注以下方面的工作。

（1）加强人才选育，培养技师工作室发展后劲。人才既是技师工作室的培养对象，也是工作室可持续发展的核心要素。有的工作室完全依靠领衔人在单打独斗，有的工作室缺少人员支撑，后备力量薄弱，这些都会制约工作室的发展壮大。工作室领衔人要把技能人才的孵化当成一项重要工作，善于发现人、培养人、发展人。一方面，通过发现和选拔有潜质的技能人才加入工作室团队，可以扩大工作室的工作覆盖面，壮大工作室的创新攻关力量；另一方面，通过工作室成员的合理分工，发挥众人所长，可以协助工作室领衔人进行工作室日常管理和协调，有条件的还可以落实兼职或专职助理，协助开展培训学习活动，参与归档整理和成果、经验的总结归纳等工作，从而减轻工作室领衔人的负担，使其有时间带领团队更加专注于技术攻关、技能传承和成果推广。

（2）争取体系支撑，共同推动技师工作室发展。企业中的大部分技师工作室属于工会或人力资源部门指导下成立的群众性活动组织，人、财、物、权等资源有限，因此，工作室应尽可能与企业的工会、人力资源部门、行政管理部门、技术管理部门等建立联系沟通机制，让工作室主动融入企业的发展体系，主动参与现场难题的技术攻关，新技术、新产品、新工艺等研发改造项目的策划和实施，以及职工技能和创新能力的培训指导，努力成为企业技能人才培养的孵化站、岗位创新攻关的先锋队，争取在课题选题立项、技术攻关协作、成果评估推广、人才培养计划等方面得到各方支撑和认同，为工作室发展提供外部保障，使工作室迈入良性循环。

（3）完善评价机制，调动技师工作室成员的积极性。科学合理的考核评价是调动技师工作室成员积极性的有效方式，只有全体成员形成合力，才能让工作室创造出更大的价值。技师工作室成员多为各单位（车间、班组）技能骨干，他们的本职工作较为繁忙，基本上都是兼职在参与工作室的任务和活动。如果评价机制过于单一，只以创新成果为导向，或重考核、轻激励，则不利于提升工作室的凝聚力，不利于工作室的长效发展。因此，技师工作室应建立起多维度的评价机制，全方位反映工作室成员参与创新攻关、带教培训、成果推广等方面的贡献，可以通过诸如积分奖励制等方式对成员进行客观评价，以正向激励为主，并在制度上落实奖励兑现的来源和方式，形成长效化激励机制。同时，激励的形式不仅仅局限于一次性的物质奖励上，更重要的是要体现在对其个人职业发展的牵引上。例如，工作室对成员评价的结果可以作为其职级晋升、培训深造、评先推优等职业发展机会和表彰奖励的重要依据，工作室成员的身份和贡献可以有助于其在技能人才发展通道上享有优先地位等。通过这种对成员自我价值实现层面的赋能，真正做到持续、有效地激发工作室全体成员的内驱力，从而保障工作室的可持续发展。

【案例】

在河南洛阳,"河洛工匠"工作室的主要任务是发挥"河洛大工匠"在带徒传技、技能攻关、技艺传承等方面的重要作用,面向企业、行业、院校职工及相关人员开展培训、研修、攻关、交流等活动,将技术技能革新成果和绝技绝活加以推广,重点围绕战略性新兴产业、高新技术企业、先进制造业、经济社会发展急需紧缺行业组织实施。这些"河洛工匠"工作室,将会获得政府给予的每个项目十万元资金支持。

工作室内部从薪酬制度、职称评审、技能培训、建设经费补贴、成果奖励等方面优化奖励机制、建设创新文化。比如中信重工实施"金蓝领"工程,突破一级工到八级工的传统晋升通道,为技能工人设立 11 个阶梯式技能等级;中钢集团耐火材料有限公司设计了工匠、首席员工、岗位带头人、生产骨干四级晋升阶梯,为不同职业阶段的职工设计了职业发展的努力目标。

在优化激励机制方面,一拖集团实施了"人人提建议,建议有奖励;人人搞创新,创新得奖金"的激励机制。中车洛阳公司工匠工作室的培训活动费用由公司教育经费列支;被聘为工作室负责人的,按季度发给聘用津贴;工作室成员参与科技攻关和技术革新,可从成果转化所得收益中通过奖金等多种形式获取报酬。这些都是保障工作室生命力、提高成员积极性和可持续发展潜力的途径和方法。

3. 如何发挥技师工作室活力并体现技师工作室品牌特色

目前各类由技师以上高技能人才领衔的技师工作室数量在全国范围内已经达到上万家,分布在不同区域、不同行业、不同企业和院校中。这些工作室在各行各业中都不同程度地发挥出了重要的引领示范作用,但有些工作室也面临着运作中缺乏活力和特色,创新成果难以得到宣传推广,在行业和领域内缺少影响力的问题。有的传统工艺行业的工作室虽然具有独立法人地位,但采用了以盈利为目的的市场化运作后,也造成了对原有传统技艺人才队伍的削弱。

针对以上问题,可以从以下方面思考对策。

(1) 聚焦主攻领域,形成技师工作室专业特色。技师工作室领衔人是工作室的核心,工作室要形成自己的专业特色,主要着力点就是紧紧围绕领衔人所在的产业领域内的重点战略、重点项目、重点工程、重点任务,将产业转型升级和自身技术技能特长相结合,形成工作室的专业化主攻方向,推动工作室的特色品牌建设。

企业设立的技师工作室可以围绕行业和企业内的发展战略、生产瓶颈和技术难题，挖掘突破提升的方向，尤其是在新工艺、新材料、新技术、新产品方面培育工作室特色攻关领域，形成一批引领行业技术进步和发展的创新成果。

院校设立的技师工作室可以结合重点教学任务、人才培育计划和技能竞赛项目，逐步建立自己的培训特色和优势。尤其是在世界技能大赛、全国职业技能大赛的推动下，以及国家产业转型升级的背景下，培育新时代能工巧匠和适应战略性新兴产业发展需求的高技能人才，将成为院校工作室品牌建设的重要突破口。

个体设立的技师工作室主要集中在传统工艺领域，这类工作室既有市场化属性，又承载着技艺传承的使命，可以借助政府对工作室的支撑和扶持，加大对传统技艺和作品的宣传和推广力度，努力将特色技艺继承并发扬光大，在行业内形成影响力，从而提升工作室品牌价值、文化价值和市场价值。

（2）加强推广合作，提升技师工作室品牌效应。技师工作室不仅是企业高技能人才开展内部创新攻关和人才培养的平台，也是企业对外合作交流、推广展示成果的窗口。增进工作室内外人员之间的交流与合作，成果之间的推介和共享，不仅有助于开拓视野、相互借鉴、激发创新创造活力，而且有利于创新成果的转化和推广，扩大工作室的经济价值和社会价值，从而进一步提升工作室的影响力和知名度。

技师工作室既可以主动作为，也可以借助单位工会或人力资源部门牵线搭桥，积极组织开展同单位内外优秀工作室之间互访交流，开展校企合作，有条件有规模的还可以探索形成工作室联盟，在技术难题联合攻关、科技成果转化应用、技能人才带教培训等方面发挥各自特长，实现优势互补，从而充分发挥跨单位、跨区域、跨行业之间合作交流的桥梁和纽带作用，为创新攻关赋能，为人才培养助力。

技师工作室产出的优秀创新成果除了在本单位、本部门应用以外，应及时进行知识产权的申报认证，通过参加各类创新成果交流和展示活动，积极向外推广和宣传，有市场前景的，应及时启动产品化、标准化工作，让更多的创新成果得到转化和推广，从而使工作室在更广范围内为企业、为社会创造更大价值，发挥出更显著的品牌效应。

【案例】

中国宝武集团宝钢股份"金国平电炉连铸创新工作室"既是国家级技能大师工作室，也是上海市劳模创新工作室。工作室由全国劳模、电气设备技能大师金国平领衔，以钢厂智慧制造技术应用攻关和高技能人才培养为特色，承担着电炉炼钢自动化、智能化装备的技术攻关和改造任务。工作室自成立以来，已带领创新团队共获得国家专利25项、企业技术秘密认定70项、先进操作法8项,创造经济效益1.8亿元。

工作室紧密结合制造业高质量发展转型升级的要求,以及公司智慧制造发展战略,全面参与公司智能化装备改造项目的规划和实施工作,成为公司智慧制造工作的重要组织者和推动者。工作室近年来先后策划实施了电炉测温取样机器人改造、钢坯标号机器人改造、结晶器自动加渣系统改造、钢坯长度智能复检系统开发、电炉操作集控中心改造、电炉智慧生产运行监控系统开发等一系列智能化改造和数字化转型项目,并且培养了一支既能操作维护机器人,又能熟练进行软件编程和开展数据分析的复合型高技能人才队伍,为钢厂的智能化发展做出了重要贡献,被中国宝武集团授予认定为首批"智能技术应用攻关工作室"。

第 5 章 实践总结与专业技术论文撰写

实践是检验真理的唯一标准。实践总结就是将在生产经营服务活动中的经验、方法、技巧等进行系统性总结，其核心就是实事求是地诠释实践过程与结果。技能就是技术与能力的集成，技术是技能的基础与载体，能力是技能的实践与升华。技能类专业技术论文就是将生产经营活动中的技能成长实践及成果，汇集总结为具有一定理论基础与应用价值的专业性文字集成，可复制、可传承、可借鉴、可应用，是展现高技能人才成长心路历程的载体，也是展现高技能人才实践成果的平台。

第 1 节 实践总结的撰写

一、实践总结的意义与方法

实践出真知。实践的本质就是人类自觉自我的一切行为，是人们进行探索现实世界一切客观物质的社会性活动。实践伴随了整个人类社会的进步与发展，没有实践就不会有当今人类社会的成就。总结是事后对某一阶段的工作或某项工作的完成情况，包括取得的成绩、存在的问题，以及得到的经验和教训进行回顾与分析，为今后的工作提供帮助和借鉴的一种书面材料。实践总结，顾名思义就是将实践活动中的全过程进行记录的一种载体与方法，其目的就是还原实践的全部要素，强调的是真实、可靠、有据、可追溯。实践是必经之路，总结是实践的升华，两者密不可分。没有实践何来总结，有实践而无总结就是虎头蛇尾、半途而废。不具备实践总结能力，就不是合格的高技能人才。

1. 实践总结的意义

毛泽东主席在其名篇《实践论》中指出:"马克思主义者认为人类的生产活动是最基本的实践活动,是决定其他一切活动的东西。"实践总结的意义在于不断总结前人和自身在实践中的利弊得失,在遵循普遍科学原理的基础上,寻找解决问题的最佳方式;而且要充分运用实践过程,充分验证所选用方法的合理性、正确性。有时候对于实践结果而言,反而实践过程更为重要。

人类实践发展的无止境,决定了认知发展的无止境。没有实践就不会有认知,即便理解实践也不能正确理解认知。认知产生于实践的需要,实践的目的在于改变世界以满足人类的需要。要改变世界必须认识世界,实践及其发展的需要是认识、认知产生的根源和发展的动力。近现代实践的发展促使科学成果层出不穷,甚至促成新学科的诞生,同时诸多新职业、新业态、新工种也是随着实践而衍生,实践更是先进制造业、现代服务业发展的厚土。

实践是认知的目的,认知必须满足实践的需要,为实践及其总结所服务。实践提供了认知的可能,只有实践才能提供认知所必需的信息,只有实践才使人们获得并不断发展对信息加工的能力,即思维能力,也就是总结能力。实践是检验真理的唯一标准,凡是符合客观的真理性认知,通过实践必然会成功地转化为客观的现实。反之,凡是错误的认知,在实践中必然遭到失败。

对于高技能人才而言,所有的技艺都源于实践,没有实践的纸上谈兵,犹如无根之水无源可循。有了实践必须及时总结、固化,没有进行总结的实践犹如无根之萍。因此,具备实践总结能力是衡量高技能人才能力的试金石,更能够助力高技能人才进一步发展,适应新时代技能人才岗位的需求。实践总结是做好各项工作的重要环节,通过总结报告可全面系统地了解以往的工作情况,可正确认识以往工作中的优缺点,可明确下一步工作的方向,少走弯路,少犯错误,提高工作效益。

2. 实践总结的方法

实践总结是认识世界的重要手段,是由感性认识上升到理性认识的必经之路。通过总结,使零星、肤浅、表面的感性认识上升到全面、系统、本质的理性认识上来,寻找出工作和事物发展的规律,从而掌握并运用这些规律。实践总结的方法有很多,高技能人才所实践的对象较为特殊,就是所在岗位的工作环境、工作内容,无论是先进制造业还是现代服务业,实践总结的基石都源于自身工作岗位及其衍生物。因此,高技能人才的实践总结方法也就有了一定的空间维度,基于各自行业属性又有着相对独立的特征。无论何种行业门类，都必须在符合实践的客观物质性、主观能动性、社会历史性的基础上选择适合的实践总结方法。常见的实践总结方法及特点见表 5-1。

表 5-1　　　　　　　　　　　实践总结方法及特点

实践总结方法	主要特点	应用载体
阶段性总结	阶段性总结是针对课题中一个阶段进行的实践过程回顾检查、分析评价，目的是总结经验、汲取教训、找出差距、提高能力等	技术小结、技术报告等
专题总结	专题总结是针对课题中一个专项或一个重要阶段（节点）的回顾检查、分析评价，用以对所经历的实践过程总结，承上启下，是介于阶段性总结与课题总结之间的过渡性实践总结	技术总结、技术报告等
课题总结	课题总结是针对课题全部及全过程的全面回顾检查、分析评价，是对实践过程的全面总结，是阐述开发目的、技术原理、成果验证及认定的总结性文字，是对课题进行结论性验证的成果报告	技术总结、技术报告等
事件总结	事件总结是针对某些突发事件及其处置过程的实践总结，其特点就是突发性、偶然性，是对突发事件产生的原因、处置过程及固化措施等方面的总结，常用于事故的再分析	技术报告

对于高技能人才而言，无论采用何种实践总结方法都必须根据实践对象的属性进行选定，若总结方法不合理，则耗工费时、事倍功半、得不偿失。

3. 实践总结的载体

载体是实践总结的直观体现，也是关于实践总结的书面材料，必须遵循客观性、真实性、合理性、科学性、有效性等方面要求，必须真实表述实践过程，严禁造假。实践总结的载体有多种，就高技能人才而言，常用的载体主要包括技术总结、技术小结、技术报告等（见表 5-2）。

表 5-2　　　　　　　　　　　实践总结载体及特点

实践总结载体	主要特点	应用领域
技术总结	技术总结是针对课题的全面性总结，从课题立项、背景技术、实践过程及技术活动、取得成效及验证方法等方面全面阐述，数据客观真实，成效对比准确，结论清晰，过程可追溯，从本质而言是技术论文的缩减版，适用于课题总结方面	技术改造、技术攻关、服务创新、工艺革新等
技术小结	技术小结是针对某个岗位、某项课题所涉及技术活动具有结论性的实践总结，其内容广度、深度低于技术总结，适用于个人工作技术小结、阶段性技术小结等方面	技术改造、技术攻关、服务创新等
技术报告	技术报告是描述技术活动过程、进展和结果的技术文档，要求客观真实反映所研究技术活动的背景、过程和结论，尤其适用于突发事件总结	事故报告、事件报告、流程报告等

从内容而言,技术总结是最为全面的实践总结载体,需要数据及验证过程的支撑。技术小结内容相对简洁,更适用于生产服务现场的技能实践总结。技术报告内容指向性较强,适用于单一事件、单一课题的实践总结。

二、实践总结的内容、特点与形式

1. 实践总结的内容

无论从事先进制造业还是现代服务业的技能岗位,其所对应的实践总结大同小异,必须由项目(课题)概况、引用标准、技术原则、研究目标及主要经济技术指标、相关单位的成果鉴定报告及质检报告、知识产权情况、项目(课题)技术结论等组成(见表5-3)。

表5-3　　　　　　　　　　实践总结的内容

组成部分	主要内容及特点	要求
项目(课题)概况	对项目(课题)进行简要介绍,重点阐述背景技术、立项原因及目的等	围绕主题简明扼要说明
引用标准	对项目(课题)所应用的国家标准、行业标准、团体标准、企业标准进行针对性说明,涉及强制性标准的必须合规,尽量使用国家标准	采用最新版标准,标明标准出处及版本号
技术原则	对项目(课题)所依据的技术原则进行说明,重点是保证技术原则和项目(课题)实践相一致,应从实用性、创新性、可拓展性三方面考量	选用的技术原则明确后不可变更
研究目标及主要经济技术指标	对项目(课题)所实践研究的目标及经济技术指标进行详细说明,指标要合理,切忌好高骛远,要以行业先进水平、同期最优水平为目标,不可臆想揣测	指标应量化,明确指标后不得变更
相关单位的成果鉴定报告及质检报告	项目(课题)的技术鉴定单位具有相应的资质,质检报告具有权威性,单位内部的技术鉴定流程须合规,所涉及的数据须保证真实有效	鉴定报告与质检报告需盖章有效
知识产权情况	由项目(课题)实践所衍生提炼形成的专利、技术(企业)秘密、著作权(含软件著作权)、先进工法(操作法)等申请受理情况,并以专利授权、秘密认定、著作权登记、工法命名为准	处于申请状态及课题项目实施前已确认的知识产权无效
项目(课题)技术结论	对项目(课题)实践结论进行说明,该结论是建立在数据基础上,符合所应用标准、技术原则,达到设定的经济技术指标	结论所应用的数据必须可供追溯

实践总结除必须符合前述基本组成内容外,可根据高技能人才所处行业、单位的具体要求增加相关内容,但实践总结中的所有内容必须紧扣项目(课题)的实践主题,没有关联性的内容不应出现其中,更不能臆造、编造,必须保证实践总结的真实

性、客观性、合理性，切忌无端重复变更引用标准、技术原则和经济技术指标。

2. 实践总结的特点

高技能人才的实践总结都是围绕生产服务活动中项目（课题）所进行的。虽然项目（课题）的内容大相径庭，研究领域的深度、广度及成果属性各有所长，但大多具有自我性、真实性、回顾性、客观性、经验性、指导性、理论性、目的性、时效性等特点（见表5-4）。

表 5-4　　　　　　　　　　　　实践总结的特点

特点	主要特征
自我性	实践总结是对自身实践活动进行回顾的产物，是以自身工作实践为素材，用第一人称进行撰写，所取得成绩、做法、经验、教训等各方面，都具有明显自我性的特征；但以我为主的自我性不是自高自大
真实性	真实性是实践总结的灵魂。总结回顾、分析评价都要用事实说话，从本单位（或本人）自身的实践活动中选取素材，并从前述材料中提炼观点，得出结论。以自身的实践活动为依据，所列举的事例和数据都必须完全可靠，确凿无误，任何夸大、缩小、随意杜撰、歪曲事实、移花接木、张冠李戴的做法都会使实践总结失去应有的价值
回顾性	对项目（课题）所进行的实践活动进行回顾与总结，可以是阶段性回顾，也可以是全流程回顾；可以是某个组成部分的专题回顾，也可以是全面回顾
客观性	实践总结是对已完成的实践活动进行全面回顾、检查的过程，因此总结具备极强客观性。总结是对实际工作再认识的过程，是对前一阶段工作的回顾。总结的内容必须完全忠于自身的客观实践，其材料必须以客观事实为依据，要真实、客观地分析情况、总结经验
经验性	经验是实践总结中的产物，也是今后实践的资源，对实践总结必须从理论的高度概括经验教训，可复制、可传承
指导性	实践总结以回顾思考的方式对自身以往实践做理性认识，找出事物本质和发展规律，取得经验，避免失误，为今后的实践工作提供有益的指导
理论性	实践总结不是记流水账，不能停留在对实践过程做一般的陈述，而应以实事求是、科学严谨的态度，认真评论实践过程中的得失，对相关事实材料进行科学分析，就事论理，揭示出实践过程中规律性的结论。从本质而言，总结是对前一阶段工作的经验、教训的分析研究，由此上升到理论的高度，从而提高认识，以正确的认识来把握客观事物，更好地指导今后的实际工作
目的性	没有目的的实践总结就是信马由缰，横冲直撞。任何实践活动都必须有明确的目标，根据目标选择适用的方法，收集相应的素材与数据。目的性对于实践总结具有不可替代性
时效性	实践总结必须具备一定的时效性，时过境迁则"黄花菜都凉了"，尤其涉及知识产权应第一时间公开，避免在新颖性方面被破坏。因此，在实践活动完成后需要尽快形成实践总结

无论采用何种实践总结方法和载体，都必须严格遵循实践总结的特点及要求，尤其是真实性、客观性、目的性、时效性方面。

3. 实践总结的形式

实践总结就是对过去一定时期的工作、学习或思想等情况进行回顾、分析，并做出客观评价，具有一定结论的文字集成。实践总结也是某一时期、某一项目及某些工作告一段落或全部完成后及时进行回顾检查、分析评价，从而肯定成绩、得到经验、找出差距、得出教训和一些规律性认识的一种书面材料。实践总结对已做过的工作进行回顾、分析，并提到理论高度，肯定已取得的成绩，明确应汲取的教训，以便今后做得更好。实践总结的形式见表5-5。

表 5-5　　　　　　　　　实践总结的形式

分类方式	主要形式
按内容分	学习总结、生产总结、工作总结、教学总结、会议总结、技术总结等
按时间分	年度总结、半年度总结、季度总结、月度总结、周总结等
按范围分	全区域性总结、地区性总结、行业性总结、部门性总结、班组总结等
按性质分	综合（全面）总结、专题总结等
按属性分	项目（课题）总结、阶段性总结等
按目标分	技术改造总结、技术攻关总结、工艺革新总结、师徒带教总结等

从内容、时间、范围、性质、属性、目标等角度可划分出不同类型的实践总结，选择正确合理的总结形式是完成实践总结的第一步。无论采用何种形式，都必须与实践内容相一致，切记张冠李戴。如：综合总结又称全面总结，是对某一时期各项工作的全面回顾和检查，进而总结经验与教训。专题总结是对某项工作或某方面问题进行专项的阶段性总结，尤以总结推广成功经验为多。对于高技能人才而言，技术改造总结、技术攻关总结、工艺革新总结、师徒带教总结、技术总结等最为常见。

三、实践总结的撰写要求与示例

1. 实践总结的撰写要求

高技能人才撰写实践总结，无论何种行业、采用何种形式，都需要遵循相应的基本要求，从实践目的、实践内容、实践结果等方面进行总结（见表5-6）。

撰写实践总结应遵循五个方面的基本原则。

（1）树立正确的指导思想。必须以新时代党的方针、政策、路线为依据，明确实践总结的导向，正确对待实践总结的工作特点，总结出能够指导现实的有价值的经验。

表 5-6　　　　　　　　　　　　　实践总结的撰写要求

组成	主要内容及特点	具体要求
实践目的	介绍实践的目的和意义、实践单位或部门的概况及发展情况、主要解决哪些问题等	通常以前言或引言形式，不单列标题及序号
实践内容	介绍实践安排概况，包括时间、内容、场所等，然后按照安排顺序逐项介绍具体实践流程与实践工作内容、专业知识与专业技能在实践过程中的应用等	平铺直叙地描述实践内容，不得使用修辞手法，关注实践细节方面
实践结果	围绕实践目的要求，重点介绍实践中对所发现问题的分析、思考，提出解决问题的对策、建议及实施结果等	用数据说话，引用数据真实可靠

（2）坚持实事求是原则。实事求是、一切从实际出发，这是实践总结的基本原则。但在实践总结撰写时，违反这一原则的情况却屡见不鲜，"三分工作七分吹"仍有一定市场。夸大成绩、掩饰不足、报喜不报忧，这是高技能人才实践总结中的大忌。

（3）注意共性、把握个性。实践总结不是文学作品，要客观真实反映实践过程中的各要素，反馈实践目的与实践成果，具有鲜明的个性和独到价值，要有独到的发现、独到的体会、新鲜的角度、新颖的材料。

（4）详略得当，突出重点。实践总结中最常见的问题就是总想把一切成绩（技术成果）都写进去，不肯舍弃所有的正面材料，结果臃肿拖沓、毫无重点，不能给人留下深刻印象。因此，实践总结的选材不能贪多求全、主次不分，要根据实际情况和实践目的，重点选择既能显示本单位、本地区、本项目课题特点，又有一定普遍性的材料，详细具体地进行总结提炼。对于一般性的材料则可简略或舍弃。

（5）文字简明、行文准确、素材真实。俗话说内行看门道，外行看热闹，实践总结不是只给自己看的，还要给别人看，而且具有一定记录与传承的用意。因此，实践总结要用第一人称撰写，且要文字简明、行文准确、语言通顺、言简意赅，让业内人士一看就懂。所引用的素材也应真实可靠，不得杜撰。

2. 实践总结的架构

实践总结的架构主要由标题、开头（开篇）、正文、尾部等部分组成（见表5-7）。所谓架构就是实践总结报告的格式。架构须规范化，避免信马由缰、自行其是。无论采用何种方式进行实践总结，都需按照架构进行撰写。

表 5-7　　　　　　　　　　　实践总结的架构

组成部分	主要内容及特点
标题	常见的是由单位名称、时间、主要内容、文种组成，也可只是内容的概括
开头（开篇）	主要用来概述基本情况，包括单位名称、工作性质、主要任务、时代背景、指导思想，以及总目的、主要内容提示等。作为开头（开篇），要注意简明扼要，文字不可过多
正文	是总结的主要部分，包括实践背景技术、实践过程简述、取得成绩和做法、经验和教训、今后打算等方面。正文篇幅大、内容多，要特别注意层次分明、条理清楚，要合理选择图片
尾部	是总结的结束，应在总结经验教训的基础上，提出今后的方向、任务和措施，表明决心，展望前景。尾部应与开头相呼应，篇幅不应过长。有些内容在正文主体部分已表述过了，就不必再在尾部重复出现

需要注意的是，正文还可细分为前言、主体、结尾三部分。前言一般简明扼要地概述基本情况，交代背景，点明主旨或说明成绩，为主体内容的展开做必要的铺垫。主体是实践总结的核心部分，包括做法和体会、成绩和问题、经验和教训等，要求在全面回顾工作情况的基础上，深刻、透彻地分析取得成绩的原因、条件、做法以及存在问题的根源和教训，揭示工作中带有规律性的东西。回顾要全面，分析要透彻。结尾可概述全文，说明实践成效，也可提出今后努力方向或改进意见。

3. 实践总结的撰写技巧

掌握实践总结的撰写技巧（见表 5-8）可事半功倍。

表 5-8　　　　　　　　　　　实践总结的撰写技巧

撰写框架		主要内容及特点
标题		单标题由单位名称、时间、主要内容、文种组成。对于技能实践总结宜采用双标题，正标题点明总结的主旨或重心，副标题具体说明总结的内容和文种
正文结构	纵式结构	按照实践活动过程安排内容，把总结按照时间顺序划分为几个阶段，分别叙述每个阶段的成绩（技术成果）、做法、经验、体会，可明确描述实践活动的全过程
	横式结构	按照实践所涉及的项目性质和规律的不同，分门别类地依次展开总结，使各层次之间呈现相互并列的态势，最能直观体现各层次的内容，且鲜明集中
	纵横式结构	确定实践总结内容时，既要考虑到时间的先后顺序，体现项目（课题）实践的发展过程，又要注意内容的逻辑关系，从几个方面回顾、分析、评价、总结经验教训。大多是先采用纵式结构，写实践发展的各个过程阶段的情况或问题，然后用横式结构，系统总结经验或教训。这样的结构脉络清晰、观点鲜明、材料翔实、过程明了、结果验证明确，适合于技术攻关总结、技术改造总结及技术总结的撰写

续表

撰写框架		主要内容及特点
行文方式	贯通式	适用于篇幅短小、内容较为单一的实践总结,从行文结构上看就是一篇短文,全文之中不用外部标志来显示层次,适用于事故、事件报告等的撰写
	小标题式	将主体内容分为若干层次,每层加一个概括核心内容的小标题,重心突出、条理清楚、逻辑关系明确、脉络清晰,适用技术攻关总结、技术改造总结的撰写
	序数式	将主体内容分为若干层次,各层用"一、二、三……"的序号排列,层次一目了然,突出主题与主线逻辑关系,适用于各类篇幅较大的技术总结等的撰写
结论		结论要有切实可靠的依据,有在实践过程中产生的实际数据,或是符合大众认知的普遍科学原理。结论要有验证的过程,建议进行本单位、本行业或国内外对照

任何技巧都是建立在熟能生巧的基础上,写好实践总结,应勤于思索、善于总结,需从项目(课题)的实际出发,全面详尽阐述实践过程中的得与失。对于高技能人才而言,撰写实践总结是有一定难度的,难在两方面:一是总(过往已完成的项目实践),二是结(实践过程中工作的经验、教训、规律)。必须正确处理好两者关系,"总"是结的依据,"结"是总的概括。

4. 实践总结撰写示例

实践总结是对一定时期内的工作加以总结回顾、分析和研究,肯定成绩,找出问题,得出经验教训,探寻项目(课题)实践的发展规律,用于指导下一阶段工作的一种书面文体。实践总结所要解决和回答的中心问题,不是某一时期要做什么、如何去做、做到什么程度的问题,而是对项目(课题)所对应工作实施结果的总鉴定和总结论,是对以往工作实践的一种理性认识。因此,撰写实践总结也是有一定规律可循,但不可盲目复刻使用,要有针对性地表述。

【示例】现代服务业实践总结

某会展策划企业成为某大型国际会展项目的合作伙伴,参与该会展的执行工作,会展如期结束后,要求员工撰写实践总结(见表5-9)。

表5-9　　　　　　　　　　　　实践总结示例

项目	内容
实践总结载体	技术总结
实践总结目的	国际会展项目策划及执行工作总结
报告正文结构	纵横式结构,突出会展策划项目的独立性与策划思路的逻辑关系

续表

项目			内容
报告行文方式			小标题式，对所表述的会展策划执行中的相关项目依次编号
实践总结内容	标题		采用单标题形式——国际会展策划及执行工作总结
	开头		本次国际会展项目简况，对业内会展策划及执行工作的认知、工作总结的目的、主要内容提示等
	正文	前言	简明扼要概述个人在本次会展项目中的基本情况、岗位职责、自身优势与特点，点明主旨或说明成绩，以及所引用标准、技术原则等
		主体	1) 本次国际会展项目的周围环境、客流物流情况等 2) 本次国际会展项目的主要内容、流程及相关程序 3) 本次国际会展项目策划与执行的主要工作方法及体会 4) 本次国际会展项目中突发意外事件的处置与结果 5) 本次国际会展项目中可以提炼知识产权的内容及进程
		结尾	简明概述全文，说明个人工作成效（获奖、著作权等信息）
	尾部		今后会展工作方向、任务和措施，表明决心，展望前景，与开头相呼应
实践总结结论			简要说明本次会展项目的得失，展现个人能力、所获经验和对会展行业前景的认知，重点是今后从事该项工作的优势和愿景

【示例】先进制造业技术攻关实践总结

某钢铁联合企业为打破国外技术壁垒、实现大飞机起落架用高等级钢材国产化，在对金属冶炼工序中有害元素控制技术实施技术攻关中取得了积极的成效。该企业冶炼岗位的员工据此撰写技术攻关实践总结（见表5-10）。

表5-10　　　　　　　　　　技术攻关实践总结示例

项目			内容
实践总结载体			技术攻关总结
实践总结目的			提升金属冶炼工序中有害元素控制技术水平，实现高等级钢材国产化
正文结构			纵式结构，以时间顺序说明技术攻关的主线脉络
行文方式			序数式，对有害元素控制技术所涉及的各部分进行分层次说明
实践总结内容	标题		采用双标题形式，其中主标题——降低某牌号钢电炉冶炼中的有害元素含量；副标题——某企业某号电炉冶炼控制技术攻关总结
	开头		简要介绍某牌号高等级钢材的元素、特点、用途及国内外冶炼技术，说明技术攻关的意义与目标、主要内容提示，以及所引用标准、技术原则等
	正文	前言	1) 背景技术，简要说明该牌号钢材冶炼流程及特点 2) 技术攻关所研究目标及主要经济技术指标等

续表

项目			内容
实践总结内容	正文	主体	1）某牌号高等级钢材冶炼中有害元素的种类，含量及其破坏性 2）国内外同类企业有害元素控制的方法及技术特点 3）电炉冶炼中前述有害元素控制技术的难点、痛点 4）技术攻关采取的主要方法、措施（注意涉密及保密要求） 5）技术攻关获得的成果（经济效益、社会效益），从节能减排、绿色双碳方面进行说明
		结尾	1）简明概述全文，说明个人（团队）工作成效 2）成果验证，技术攻关实现经济技术指标在业内处于何种水平 3）相关单位的成果鉴定报告及质检报告等 4）知识产权，有无提炼形成专利、技术秘密、先进操作法等 5）获奖信息，在国内外是否获得奖项
	尾部		1）国内外该牌号高等级钢材的冶炼发展趋势与展望 2）今后本企业金属冶炼中有害元素控制技术的发展方向
实践总结结论			1）某牌号高等级钢材冶炼工序中有害控制技术攻关的结论 2）个人或团队在技术攻关中的作用

第 2 节　专业技术论文概述

一、专业技术论文的定义

论文，就是对各个学术领域的研究及描述学术研究过程、介绍研究成果、进行正确总结和客观表达的文字形态。就论文的属性而言，论文既是探讨问题进行学术研究的一种手段，又是描述学术研究成果、进行学术交流的一种工具。

专业技术论文就是对各专业技术领域中所进行的科学发明、学术研究、技术攻关、应用实践等方面过程与结果的描述与总结，也是应用领域中技术问题交流的载体。

技能类专业技术论文是以技能成果为对象，采用专业技术语言、科学逻辑思维方式，按照一定的写作格式撰写，经过正规严格的审查后公开发表的论文。撰写技能类专业技术论文的目的是报告自己的研究成果，说明论文撰写者对某一问题的观点和看法，接受同行的评议和审查，以在讨论和争论中接近真理，揭示引发问题的原因，论证解决问题方法的合理性、有效性。

技能类专业技术论文是对各相关专业领域中技术与能力的总结，侧重于对实践过程中事件、事物、事实的阐述，并深层次地阐明解决技术问题的措施与方法。技能类专业技术论文一方面既可以是对实践过程中的阶段性总结，又可以是全过程的总结；另一方面侧重于在应用领域中的技术改进与持续完善，所体现的是技术与能力叠加后的组合效能。

二、专业技术论文的特点

论文主要用来记录科学研究的进行过程和描述科学研究成果，因此论文具有学术性、科学性、专业性等方面的特点。而技能类专业技术论文，由于其研究的对象、应用的领域、阐述的问题具有相对独立的特征，故更侧重于科学性、专业性、规范性、客观性、创新性、实践性和整体性（见表5-11）。

表 5-11　　　　　　　　　　技能类专业技术论文的特点

特点		相关要求
科学性	科学性是论文的灵魂，没有科学性的论文就没有生命力	内容必须遵循科学规律，体现科学真实性，必须符合逻辑推理、论证反驳等思维规律，得出的结论在逻辑上行得通，没有违反大众普遍认知科学原理方面的悖论，且文理通顺、内容缜密、逻辑严密
专业性	专业性是区别不同类型论文的主要标志，也是论文分类的主要依据	根据专业分门别类撰写，不同专业的论文其所研究、论证的对象不同得出的结果也不同。当多个专业交叉时要坚持专业性，避免被无序同化；撰写中切忌套用模板，应量身定制，充分体现专业领域中个性化、差异化特性
规范性	规范性是衡量论文质量的主要依据	一是遵守学术规范，按规定方式撰写，不得天马行空、自成一体；二是遵守技术标准，符合国家、行业等标准的要求，不能与强制性标准相抵触；三是遵守社会道德规范，不抄袭剽窃，遵守公序良俗，引用文献应标明出处；四是遵守国家法律法规，不得与现行法律法规相抵触
客观性	客观性即真实客观，不带个人偏见，不主观臆断，论证严谨，论据详尽充分，这是论文最基础的要求	研究问题应从客观实际出发，揭示事物发展的客观规律，并具有现实意义及应用价值；论文中所涉及的数据可靠、试验过程可重复、可核实可验证，论据充分，论证严密，推理符合逻辑，数据处理合理，计算正确，结论客观有效
创新性	创新性是衡量技能类专业技术论文价值的根本标准	创新包括新理论、新方法、新技术、创造性模仿，以及在已知技术领域开发出新的应用成果。应做到选题新、方法新、资料信息新，发现前人没发现或没解决的问题，推翻某一专业技术领域中的某种陈旧观点，并提出新的见解；能体现出新的观点、新的方法，有独到的见解和宽广的视野

续表

特点		相关要求
实践性	实践性是技能类专业技术论文的主要特征，也是论文价值的具体体现	实践是主体的行为，是实践意识的表现形式。理论与实践相结合，取得实际的应用成效，旨在诠释发现问题、解决问题、固化措施全过程，实现培养实践与应用能力的目标
整体性	整体性是技能类专业技术论文的逻辑关系的主要体现	不是把研究对象进行简单划分、分别研究论证后机械叠加，而是要把所研究论证的对象由各个构成要素形成的有机整体，从整体与要素的相互依赖、相互联系、相互制约、相互作用的关系中揭示研究论证对象的整体性质和运动规律。不拘泥于局部限制，应具有大局观

掌握技能类专业技术论文的主要特点，融会贯通，明确取舍，有助于形成具有针对性的论文撰写思路，可进一步明确论文阐述的重点，厘清逻辑关系，夯实论文基础。

三、专业技术论文的分类

论文的基本属性有两方面的特征，一是内容的规定性，论文必须是记录科学研究成果；二是功能上的应用性，论文是别人了解自己研究成果的媒介。正因为论文的这两个基本属性，故论文在写作时，必须采用便于传递特定内容和方便别人理解的表达形式，这就是论文写作的真正意义，也是论文分类的基础。常用的论文包括学年论文、毕业论文、学位论文、科技论文、成果论文等。技能类专业技术论文是科技论文与成果论文的叠加组合，按照所研究的对象属性，可分为技术研发类、技术开发类、技术改进类、事件探究类、实践综述类等论文类型。

1. 技术研发类论文

技术研发是研发人员或研发机构根据市场现实或潜在的需求，通过一定的技术路线，采用适当的材料方法和手段，筛选出具有能满足市场需求或能更好地满足市场需求的新产品、新技术、新服务的过程。而将技术研发全过程或者其中一个相对独立阶段的技术特征、成果，按照规定的格式要求撰写的符合客观事物规律、逻辑正确的文字就是技术研发类论文。

2. 技术开发类论文

技术开发是将新的科研成果有效地应用于新产品、新材料、新工艺、新服务的生产、试验及验证的过程。技术开发是把科学技术转化为社会生产力的必要步骤，更是科研成果产业化的必备途径。而技术开发类论文就是全过程阐述开发目的、技术原理、成果验证及认定的总结性文字。从技术应用角度而言，技术开发是技术研发的产业化应用阶段，是技术研发的再论证，两者在逻辑上构成整体性。

3. 技术改进类论文

技术改进类论文是技能类专业技术论文中最为常见的一种，也是高技能人才最愿意撰写的类型，更能体现出论文的创新性、实践性、专业性。技术改进类论文就是将技术研发、技术开发所形成的新产品、新材料、新工艺、新服务在生产经营活动中所出现的不适用之处进一步优化改进的技术总结。从本质上而言，技术改进是技术研发和技术开发成果在实践中的磨合，更接地气，是技术应用领域的再优化与升华，是高技能人才自身价值与职业素养的综合体现。

4. 事件探究类论文

事件探究类论文是技能类专业技术论文中较为常见的一种，也为高技能人才所喜闻乐见。事件探究就是针对在生产经营活动中的"疑难杂症"进行跟踪、排查、分析厘清事件所产生的原因及改善措施，其侧重于技术难点、生产瓶颈点、设备故障点、服务瑕疵点的现象排查与因果论证，是对现场经验积累、方法措施选用、固化总结提炼能力及高技能人才职业素养的综合考量。

5. 实践综述类论文

实践综述类论文常用于具有相对独立性的新产品、新工艺、新材料、新服务从研发到应用以及常见问题和改善措施的技术总结，是技术研发、技术开发、技术改进、事件探究等方面的有机整合，既可以是全流程的总结，也可以是某个阶段、某个局部功能、某个专题技术的总结，全面阐述所涉及技术领域的内涵及客观规律，尤其适用于集成技术的实践与应用。

对于高技能人才而言，无论是制造业还是服务业，以撰写技术改进和事件探究类论文为宜，具备丰富工作经验与知识储备后可积极参与技术研发、技术开发和实践综合类论文的撰写，可以将积累的实际应用认知与前沿技术相结合，避免设计思路与实际应用间的偏差，更好地满足生产经营活动和社会生活发展的需求。

6. 论文类型的应用示例

对于高技能人才而言，根据技能实践及成果的内容属性，选定适合的论文撰写类型（见表5-12），对于顺利完成技能类专业技术论文撰写至关重要，也有利于选题、论述等环节的有序展开。

表 5-12　　论文类型的应用

类型	适用范围及特点	应用举例
技术研发类	技术研发全过程或者其中一个相对独立阶段的技术特征、成果	某型号钢种轧制精度控制技术研发
技术开发类	阐述开发目的、技术原理、成果验证及认定的总结性文字,是技术研发的再论证	某金融衍生产品客户维护系统开发及应用
技术改进类	是技术研发和技术开发成果在实践中的磨合,对不适用之处进一步优化改进的技术总结	某型号汽车转向器装配精度的工艺改进
事件探究类	侧重于技术难点、生产瓶颈点、设备故障点、服务瑕疵点的现象排查与要因论证	特大城市交通枢纽信号灯常见故障及处置
实践综述类	从研发到应用以及常见问题和改善措施的技术总结,既是全流程的总结,也是某个阶段、某个局部功能、某个专题技术的总结,尤其适用于集成技术的实践与应用	矿山用高强度支架维护技术综述

第 3 节　专业技术论文的选题

一、论文选题的要求

1. 论文选题的原则

论文选题,就是在撰写论文前选择要进行研究论证的问题。明确论文选题一定要厘清课题、论题、标题这三者的区别。课题是项目的名称,论题是所论证的主题,标题是论文的名称,三者具有严谨的逻辑关系,相互不可混淆。选题不仅是论文的一个题目和规定一个范围,也是明确进行科学研究、技术论证、成果验证的过程,必须经过深思熟虑、互相比较、反复推敲、精心策划、反复论证才能敲定。一旦明确了论文选题,则表示论文的轮廓与架构已大致成形。

论文选题应围绕论文的研究对象、研究目的、研究范围、研究方法选定,不能偏离论文所阐述的核心思想。论文选题应遵循以下原则。

(1) 目的性原则。技能实践是一项实践性与研究性相结合的工作,选题时首先要明确技能实践及其研究目标，要给自己设定一个相对明确的研究方向，且必须保证课题方向契合技能发展的前景与可行性、所在单位的课题条件和个人兴趣。

（2）科学性原则。要考虑选题是否有科学价值，论点及论据材料是否经得起技能实践检验，同时要考虑收集、整理材料的方式是否科学合理及满足经济性要求。

（3）可行性原则。要考虑技能实践中采用的技术方案是否切实可行，是否具备技能实践所需的软硬件条件，课题研究过程中各阶段时间与人力资源、物力资源等分配是否合理。

（4）实用性原则。要考虑课题所研究的技能实践成果是否在生产经营活动中得到有效的使用验证，是否切实解决了生产服务等经营活动中的问题，是否具有经济效益和社会效益。

（5）先进性原则。要考虑课题中提炼的技能实践成果在所处行业领域中的真实水平，所提供技术方案的含金量，必须避免低端无效的重复性研究，要突出技能在课题研究中的重要作用。

对于技能类专业技术论文的选题而言，通过选题可以大致了解到作者的技术研究方向和专业能力水平。选题是论文撰写至关重要的第一步，也是决定论文质量、效能的关键因素。

2. 论文标题的基本要求

就技能类技术论文而言，写好论文的第一步就是根据论文选题选定适合的标题。论文标题是论文选题的直接反映。论文标题要求确切、醒目、简洁、好读好记、概念明确、层次分明。标题在用词上必须能确切地概括论文的论点或中心内容，能够准确反映研究的范围和达到的深度等，使审稿者、读者可以从中获取有效信息。所谓文题相符，就是要含义明确和言简意赅，能够起到画龙点睛的效果，让人一望即知，而且能够立刻引起人们阅读或摘录、参考的兴趣。

论文标题的基本要求见表 5-13。

表 5-13　　　　　　　　　论文标题的基本要求

基本要求	内容
简明扼要	标题字数不能过多，一般不超过 20 个字，能让读者一目了然，看得明明白白
恰当准确	标题能够准确清晰地反应论文主要内容，词语恰如其分
规范合理	标题词语涉及语法不多，但要规范合理，不能产生任何歧义
语法规范	标题不宜使用完成短句，应将专业术语或针对性词汇按照语法规则安排成序，不应采用主谓宾形式构成完整句型

续表

基本要求	内容
用词规范	标题中避免采用化学式、方程式、数学式及不常用的符号，同时非规范性的缩略语、非专业性术语应避免出现，网络热词应慎用
慎用副标题	能用一个主标题说明论文的主要内容，就尽量避免采用副标题，采用副标题不利于编制索引

二、论文选题的方法

技能类专业技术论文选题要根据论文的类型确定，常用的方法包括同步选题法、阶段分析法、交叉选择法、机遇线索法、追溯验证法、小题大做法、知识迁移法、旧瓶装新酒法等。无论哪一种选题方法，一定要理论与实践相结合。要注意选题的先进性与实用价值，要能够全过程阐明事件并作出正确的结论，要选择具有现实意义的题目。同时选题应导向正确、思想健康，符合公序良俗，不存在抄袭、剽窃行为，更要突出技能在成果研究中的重要性。

1. 同步选题法

即论文选题应顺应科学技术发展的趋势，要和科技发展和技能实践发展的主流相同步，就是"蹭热度"。采用同步选题法，需要很高的信息敏感度和信息收集量。争取较早地参与技术攻关与技能实践中的热点问题研究，是实现同步选题的关键。应注意层次性、相关性、时效性、前沿性，适应当前科学技术发展与技能实践发展的主流。

2. 阶段分析法

即根据生产经营活动的数据统计，明确某一专业领域所处的发展阶段，根据阶段特征与需求最终确定论文选题。选题时应首先了解该行业、专业、领域中技能实践的发展历史，明确当前课题研究所处的阶段，然后根据各阶段的不同特点，选择、确定研究课题，进行针对性的考量。

3. 交叉选择法

当前各行业、专业领域都向高精尖方向发展，各行业、各专业技能实践之间的差异越来越大，同一行业中的各专业领域之间的关联性、依赖性越来越紧密，而且边缘性问题、兼容性问题也层出不穷。采用单一技术方案不能及时处置问题，需运用多种专业技术方案才能加以应对，就是将现有相关技术资源进行有机整合，多角度审视判断技术方案的有效性。

4. 机遇线索法

众多科学发展与技能实践的历史表明，不经意间的灵光一现，能发现意想不到的现象和问题。所以，当论文选题工作遇到阻塞、停滞不前的时候，不妨回头仔细审视遇到的问题与细节，梳理现有技术资源，与技能实践相对应，从细节管窥并验证技术方法的合理性、有效性，或许就会发现更广阔更有价值的论文选题。本方法的关键是在于及时捕捉并把握好机遇，重视细节上的线索，对线索进行梳理后进行利用与拓展。

5. 追溯验证法

即采用事故树原理，从技能实践成果出发，对技能实践的过程进行逆向反推，逐次揭示造成问题的各层次原因并进行技术验证。追溯验证法要求整个技能实践过程需做到痕迹管理可追溯，这样论文的客观性可得到有效体现，但追溯验证法数据采集负荷较重。

6. 小题大做法

技能类专业技术论文宜小不宜大，只要对于技能实践研究足够深入，能提出新见解、采用新方法、提取新思路，小题目也能解决企业生产经营活动中的难点、热点、堵点。小题大做法的重点就是挖掘课题的深度，实现小选题带动新突破的目标，对共性问题进行全面剖视，以点带面论证技术方法。

7. 知识迁移法

通过多年的技能实践积累，对本行业、本专业、本领域已有系统的理解和掌握，但有时候现有较为成熟的技术方案可能一时不能有效解决新的问题，这时候就可以借鉴相近行业专业领域的技术方法。这是对已有知识的一种延伸和拓展，是一种有效的知识迁移，容易形成一些新的观点。迁移得当往往会激发思维的创造力和开拓性。

8. 旧瓶装新酒法

即采用新方法解决老问题，旧瓶指的是相对陈旧的选题，即针对同一选题已经有多篇论文发表，新酒指的是相对较新的技术方案或者通过调研采集的数据和案例所形成新的认知。该方法把握技术发展新趋势，注重技术更新迭代中的应用问题跨界，体现的是技能实践的持续性。

就技能类专业技术论文而言，论文选题应始终围绕技能实践展开，并按照技能实践所研究的内容及其主要经济技术指标、课题特征、所采用的技术方案，进一步明确选题方法、论文类型、撰写思路，最终确定论文的选题，并构建论文撰写大纲。

论文选题方法的应用示例见表5-14。

表 5-14　　　　　　　　　　论文选题方法的应用示例

选题方法	论文类型	主要特点	选题举例
同步选题法	技术研发类、技术开发类、技术改进类	把握技术发展趋势中的热点，结合工作事件中的难点，就是"蹭热度"	量子通信基站故障处置
阶段分析法	技术研发类、技术开发类、技术改进类、事件探究类	针对工作实践中的不同阶段，按照各阶段不同的特点进行针对性的考量	高职实训阶段安全分析
交叉选择法	技术开发类、技术改进类、实践综述类	将现有相关技术资源进行有机整合，多角度审视判断技术方案的有效性	轨道交通信号控制技术
机遇线索法	技术研发类、技术开发类、技术改进类	梳理现有技术资源，与工作实践相对应，从细节管窥验证技术方法	索道雷电故障处置技术
追溯验证法	事件探究类、实践综述类	根据问题逆向反推，逐次揭示造成问题的各层次原因并进行技术验证	高架桥侧翻事故分析
小题大做法	事件探究类、实践综述类	从深度挖掘选题，对共性问题进行全面剖视，以点带面论证技术方法	小区门禁故障处置技术
知识迁移法	技术开发类、技术改进类	对已有知识的延伸拓展，是有效的知识迁移，会激发思维的创造力和开拓性	非接触式测温技术应用
旧瓶装新酒法	技术开发类、技术改进类	推陈出新，把握技术发展新趋势，注重技术更新迭代中的应用问题跨界	脚手架拆卸中安全防护

三、论文选题的误区

技能类技术论文需始终围绕技能成长实践的成果展开，主要是反映高技能人才在企业生产、服务等经营活动中的智慧，其特点鲜明，与学科论文、毕业论文等专业技术论文有着显著的差异。虽然高技能人才现场攻关革新经验丰富，但理论知识储备相对不足，尤其是在知识更新与迭代方面短板明显。因此，在进行技能类技术论文选题时应避免"踩坑""踏雷"，才能保证论文选题的合理、有效。

技能类专业技术论文选题常有以下误区。

1. 选题难度太大

进行论文选题需要有知难而进的勇气和信心，也要量力而行，切勿盲目追求难度，不要专注于技术前沿、学术价值较高、角度较新、内容较新、技巧较强的课题，这种精神虽值得肯定，但难度较大，如果脱离了实际能力，到最后会无从下手。

2. 选题范围过大

选题应在技能实践过程之内，不应贪大求全，"高大上"未必适用。范围过大既把握不住重点，又难以深入细致进行分析，容易造成泛泛而谈，更容易在规定时间内无法完成论文撰写。对于范围较大的选题，最好细化成若干个具有关联性又相对独立的子课题，分别完成论文撰写。

3. 选题过于简单

论文选题不要太小、太具体、太抽象。选题太简单，则内容就会太少，不能体现出个人的能力，也不能达到论文的写作效果。论文选题的大小是相对的，并没有一个严格的标准，需要结合技能实践与个人能力、课题资源来确定。

4. 选题脱离实际

论文选题不能脱离生产经营活动实际，切忌选择不着边际、让人看不懂的课题，避免盲目跨界，也不要选择自己没搞懂或没条件搞懂的课题。一个适合的选题对整篇技能类技术论文而言有着不可替代的作用。论文的读者首先看到的是题目，选题合理就能吸引读者阅读。

5. 选题存在争议性

客观、真实、可操作是对于技能类专业技术论文的基本要求，弄虚作假和形式主义是论文选题及撰写的大忌。考虑到高技能人才的文化知识及专业技术储备的实际情况，应避免存在争议或不确定发展方向的选题，要保证论文选题与内容的严谨性和客观性。简而言之，专业的人做专业的事，应在自己工作且熟悉的领域确定选题。

6. 选题故步自封、闭门造车

技能类专业技术论文源于现场技能实践的总结，是写给别人看的文字集成，应充分利用互联网时代的信息优势，切忌故步自封、闭门造车，为论文而论文，为选题而选题，这与论文撰写的初衷背道而驰。

7. 选题过时陈旧

技能类专业论文选题要接地气，要结合当前社会发展的需要，切忌选择已经淘汰落伍的技术、设备、服务等进行选题立项。哪怕选择前人研究过的课题方向，也要做到"老题新作"，用发展的眼光与技术解决老问题。要深入挖掘，使选题显得更有深度，避免选题无效重复。

第4节 专业技术论文的架构

一、专业技术论文的组成

技能类专业技术论文通常由标题、署名、目录、摘要、关键词、前言、正文、参考文献、附录、致谢等组成。

1. 标题

标题是论文的题目，是论文的核心和总纲，是对论文内容的高度概括，也是标志索引、查阅文献的重要线索。论文标题通常分为一般题目、副标题、主标题等。论文的标题要求准确恰当、简明扼要、醒目规范、便于检索，一般在20字以内。

2. 署名

署名的作用是声明作者对论文拥有著作权，且愿意文责自负，同时便于读者与作者联系。署名包括作者的工作单位及联系方式等信息。

3. 目录

目录是论文中主要章节与段落的简表，短篇论文不必列目录。目录应具有层次感，页码逐项标明，并包括参考文献、附录、索引等辅助性部分的页码，便于查找。

4. 摘要

摘要用精练的语言概括地表达论文内容，是对论文内容不加注释和评论的简短陈述，是论文内容的摘录及高度概括，主要阐述论文涉及工作的内容、目的及其重要性，所使用的方法，研究成果与观点，结论及其意义。摘要是一篇具有独立性和完整性的短文，应短、精、完整，可引用、推广。摘要字数少可几十字，多则以不超过三百字为宜。

5. 关键词

关键词是为了满足文献标引或检索工作的需要，从标题、摘要和正文中萃取，表示全文主题内容信息条目的单词、词组或术语，是对表述论文的中心内容有实质意义的词汇，是在论文中使用最关键、最贴切主题和出现频率最高的词，一般列出3~8个。

6. 前言

前言又称引言、导言、序言，是论文的开场白，引出后续的正文。前言要概括出论文意图和作者观点，说明选题的目的和意义，并指出论文涉及的范围。前言应紧扣主题，言简意赅，一般以 500~600 字为宜。前言不可与摘要雷同，不要写成摘要的注释，教科书中已有的知识在前言中不必赘述。

7. 正文

正文包括绪论、本论、结论三部分。绪论是论文的开篇。本论是论文的主体，应包括论点、论据、论证过程，就是用论据经论证来证明论点，表述其技术成果的核心部分，一般要分为多个部分和若干层次论述，并要求设置小标题或数字序号，以显示论文脉络与思路。本论的层次不宜过多，一般不超过五级。结论是实施结果和理论分析的逻辑发展，是将论文所涉及的各项数据、结果，经过判断、推理、归纳等逻辑分析过程而得到对事物的本质和规律的认识，是整篇论文的总论点。结论应做到准确、完整、明确、精练、有事实、有依据、客观公正，切忌模棱两可、贬低他人。

8. 参考文献

论文中凡是引用前人（含作者本人）已发表的文献中的观点、数据和材料等，都要在论文中出现的地方予以标明，并在论文末尾处列出参考文献。通常参考文献只著录最必要、最新的文献，一般只著录公开发表的文献，且应采用标准化的著录格式。

9. 附录

附录一般收纳烦琐的信息、庞大的数据，如重要的原始数据、数学推导、计算程序、注释、框图、统计表、结构图等。在对正文篇幅有要求的情况下，可添加附录，方便读者阅读时参考。附录要求内容精简，不要使用与正文没有直接关系或不重要的信息。

10. 致谢

致谢是对该篇论文形成所涉及的相关人员的感谢，通常在论文结束时以书面形式表示。致谢用词不要太夸张，语言要真诚。

二、专业技术论文的格式

论文格式是指进行论文撰写时的样式要求以及写作标准，也就是论文达到可公之于众的标准样式和内容要求。对于技能类专业技术论文而言，必须遵循论文格式的共性要求,同时应与所阐述的技能实践方面的专业内容相契合。

1. 论文格式的基本要求

论文采用 A4（210 mm×297 mm）纸规格排版打印,页边距按照上 2.8 cm、下 2.5 cm、左 3 cm、右 2.5 cm 设定,行间距取多倍行距（一般设置为 1.25~1.5 倍）,字符间距为默认值（缩放率 100%,间距为标准值）。

论文所采用汉字字体无特殊要求时一般采用宋体,英文采用 Times New Roman 字体。第一层次题序和标题采用小三号黑体字,第二层次题序和标题采用四号黑体字,第三层次及以下题序和标题与第二层次同,正文采用小四号宋体字。

论文各页均加页脚,页码从正文开始在页脚按阿拉伯数字并采用小五号宋体字连续编排,且位置居中。

2. 论文格式的具体要求

本书中仅介绍较为通用的论文撰写格式（见表 5-15）。技能类专业技术论文格式应根据论文的类型、发表单位要求,采用符合相关规定的格式。

表 5-15　　　　　　　　　　论文格式的具体要求

组成	具体格式要求
标题	主标题采用二号黑体字、加粗、居中 副标题采用小二号字,标题下侧换行居中,文字前加破折号
署名	作者署名置于标题下方,团体作者的执笔人可标注于篇首页脚位置,采用五号仿宋体并居中
目录	需另起一页,"目录"两字采用三号黑体字并居中,"目"与"录"之间空两格,第一级层次采用小三号宋体字,其他级层次采用四号宋体字
摘要	"摘要"两字采用三号黑体字,居中,上下各空一行。摘要内容采用小四号宋体字,且摘要不分段落
关键词	"关键词"三字采用四号宋体字,内容采用小四号宋体字
前言	采用小四号宋体字,段首设置"首行缩进"两字符,行距设置为 1.25~1.5 倍
正文	需另起一页,正文文字一般采用小四号宋体,段首设置"首行缩进"两字符,行距一般设置为 1.25~1.5 倍 正文中的全部标题层次应整齐清晰,相同的层次应采用统一的字体表示。第一级为"1""2""3"等,第二级为"1.1""1.2""1.3"等,第三级为"1.1.1""1.1.2"等 正文中的"注释"两字采用四号黑体字,注释内容采用五号宋体字
参考文献	一律放在正文后并另起一页,在正文中要有引用标注;"参考文献"四字采用四号黑体字,内容采用五号宋体字
附录	"附录"两字采用四号黑体字,附录内容采用五号宋体字
致谢	"致谢"两字采用四号黑体字,致谢内容采用五号宋体字

第5节　专业技术论文的撰写

一、论文的撰写准备

磨刀不误砍柴工，技能类专业技术论文撰写前的准备工作越充分，素材、数据越扎实，研究过程越翔实，论文撰写则水到渠成。论文撰写的准备工作主要包括：定选题、拟提纲、整素材、理数据、再集成。

1. 论文选题准备

合理把握论文的深度、广度及难度，量力而行，从可行性、创新性、实用性等三个方面进行选题准备。可行性就是选题应具体、明确，且大小合适、难度适中、细致具体，切忌模糊不清、大而空泛、面面俱到。创新性就是论文在理论、观点、研究方法和应用领域等方面的创新，需检索论文创新点与现有技术关联性，避免"撞车"。实用性就是紧密联系实际工作，做自己熟悉的课题，充分体现实践中再认识、再飞跃的过程。

2. 论文提纲准备

先根据选题拟定提纲，形成论文的基本框架，通常按照提出问题、分析问题、解决问题和总结提炼四部分展开。首先，明确论文提纲论点或内容的逻辑关系，提纲要层次分明，条理清晰，材料与观点相统一。其次，明确提纲论点对充分支撑选题的针对性和有效性，需做到选题能够由论文提纲论点展开说明，或根据论文提纲能充分论证选题。最后，明确论文提纲各个部分的比例及篇幅长短，各章节应相对合理。

3. 论文素材准备

首先根据选题广泛地收集相适应的各类素材，尽可能地做到选题所涉及的研究全过程、全领域应收尽收。对于收集的素材要及时细致阅读，认真鉴别，区分正误。其次，对收集的素材进行整理，就是将相关素材分配到论文中所对应的相关部分，分门别类地一一对照排查整理，查遗补漏，进一步完善。最后，对所收集的素材真实性和可靠性进行辨析，尽可能地使用第一手材料或最新素材，以增加论文的可信度和时效性。

4. 论文数据准备

首先根据选题要求厘清课题研究全过程的相关数据，分门别类地收集准备。其次，根据论文提纲的设置，按照各阶段性节点要求进一步厘清已收集的数据，明确取舍。最后，将选用的数据按照图表形式予以汇总，相关的计算公式予以复核，核验数据的准确性并按规定要求予以修正。

5. 论文前期集成

判定论文选题的合理性和论文提纲的针对性，并根据选题及提纲要求最终决定相关材料、数据的取舍。凡与主题无关或关联度不大的材料均可舍弃，不要吝惜。前期集成时首先要结合论文核心主题，也就是技能成长实践成果的要素明确集成的目标，其次要兼顾论文各组成部分的实际需要，切忌患得患失，觉得都需要而不舍弃冗余。

二、论文的撰写方法

论文的撰写方法有很多，如调查法、观察法、实验法、文献研究法等。对于技能类专业技术论文而言，现场生产经营活动中的实践性决定了撰写方法偏重于实践经验总结与成果提炼，因此其主要撰写方法有点石成金法、巧串项链法、主干生枝法等。

1. 点石成金法

注重对日常工作经验的总结和新知识、新技能的学习，按照论文选题要求，对研究对象做经常性的揣摩与复盘，进行成熟经验方法的借鉴与移植，从中发掘解决问题的新方法、新措施，以点带面，一通百通。其核心在于找到适合的突破点，较适用于技术研发、技术开发、技术改进类论文的撰写。

2. 巧串项链法

注重对研究对象的数据采集、整理，按照论文提纲要求，根据研究过程各阶段侧重点的不同，将相关数据、素材分门别类地梳理、总结，然后围绕鲜明的主题，依据数据素材间的内在联系、逻辑关系，首尾串接相连，形成一个完整的数据链。其核心是形成具有鲜明逻辑关系的数据链，较适用于技术研发、技术开发、技术改进、事件探究类论文的撰写。

3. 主干生枝法

类似管理学中的事件树。在明确论文的主题后，围绕此主题，按照论文逻辑关系，逐次衍生出若干层级分论点、小论点，随后采用逆向思维，通过这些分论点、小论点反向论证主题。通过正向设定主题及反向再论证能够保证论文的整体结构合理、逻辑严谨、思路清晰、论证严密、行文流畅。其核心在于明确论文的主干，且需保证主干的合理性，在技能类专业技术论文中可广泛应用，尤其是事件探究和实践综述类论文的撰写。

4. 逻辑推理验证法

根据实践过程的相互逻辑关系，进行推理验证，而且推理验证可以是正向进行，也可以是逆向实施，用以检验论文所阐述的论点及其论证过程的合理性、有效性。牛顿曾说："反证法是数学家最精当的武器之一。"反证法是一种逆向的思维，是采用问题导向原则进行的一种验证方法。其特点就是为了说明论文论点及论据是正确的，但不从正面直接说明，而是通过证明它的反面都是错误的，从而断定论文本身正确合理。该方法逻辑性强，尤其适用于技术研发、事件探究和实践综述类论文的撰写。

5. 快捷集成五步法

就是将整篇论文拆分为具有逻辑关系的五个部分，即"背景技术→存在问题→解决方案→实施成效→附件附录"（见表5-16）。

表5-16　　　　　　　　快捷集成五步法主要结构及应用

结构	主要内容	用途
背景技术	课题立项的缘由、业内相关技术等	阐明立项的重要性
存在问题	课题所涉及技能实践中存在的问题	分析问题原因及症结所在
解决方案	解决问题的技术方案及其特征	论述技术方案及其可行性
实施成效	以数据验证技术方案的实施效果	阐明技能实践的具体成效
附件附录	工艺流程、知识产权、获奖证明等	证实论文真实性和含金量

快捷集成五步法以问题导向与现场实施及验证为主线，平铺直叙地反映课题从立项到结题的全过程，结构简洁、数据鲜明、易于撰写。该方法适用于技术研发、技术开发、技术改进、事件探究和实践综述类论文。

6. 论文撰写方法的误区

技能类专业技术论文的特点是源于现场技能实践，因此其研究对象大多为工作现场的技能问题，反映的问题比较直观，主要运用直观性思维进行写作表达，较少采用抽象性思维进行抽象语言的表达。所以，需要根据论文所研究的课题对象特点，选择适合的撰写方法。其选择标准是一种理性的尺度，选择的过程也是判断、推理、归纳和演绎的过程。既不能贪大求全，也不能投机取巧，更不能剑走偏锋，一定要循序渐进，否则就很容易走入误区。

目前，技能类专业技术论文撰写方法中的常见误区包括：

（1）机械照搬。主要表现在不管是否契合论文的主题，对参考文献的照搬照抄，尤其是在高技能人才理论基础等方面的短板上，囫囵吞枣、望文生义，不分青红皂白地引用，弄巧成拙，直接导致整篇论文中核心部分大多不是课题研究的内容。应正确运用"拿来主义"，在理解的基础上进行挑选，取人之长补己之短。

（2）逻辑混乱。逻辑混乱是论文撰写方法中的常见问题，主要表现在前后顺序颠三倒四，素材内容张冠李戴，论文节点中断，论文论点离散，导致整篇论文缺乏缜密的逻辑关系，前言不搭后语。

（3）表达方式凌乱。主要体现在表达方式不合理，在论文中反复通过同一个观点进行循环阐释，同一个意思反复絮叨，实际上只需要把论文的观点交代清楚，然后罗列理由，并为每一个理由提供论据就可以，没有必要针对某一个观点反复阐述。有的论文中大量采用形容词，造成整篇论文的语言主观性过大，降低了论文的客观性，甚至掉入主观性评价陷阱。

（4）论文体裁错误。论文不是散文，也不是杂文，采用文艺作品的语言点缀学术论文，企图使技能类专业技术论文具有文艺作品的魅力，是错误的撰写方法。文艺作品的力量在于以情感人、以美动人，而论文的力量则在于用事实说话，以理服人。

（5）缺少论点论证。论文核心就是"论"，论据支撑论点，论证证实论点。大量地运用描写语言和叙述语言来撰写论文，而对于研究对象的分析、论述的语言极少，其结果形成了"论文不论"的理论贫乏症，导致论文行文松散、内容重复啰唆、问题描述不清等各种问题。

三、论文的撰写思路

1. 论文撰写的总体思路

工欲善其事，必先利其器。谋定正确合理的思路是决定论文撰写质量与效能的第一要务，也是保证论文顺利完成的基石。万事开头难，撰写一篇论文的起点就是理顺思路、明确方法。论文的思路通常按照"总→分→总"三步法设定，即：

第一步总纲概括，对所研究对象涉及的研究观点、研究重点、研究方式、研究结论先进行概括，作用是理顺流程、步骤，便于逐次推进；第二步分析论证，对研究过程、研究结论进行解析、评价，目的就是阐明选题及论点、论据的合理性；第三步总结回顾，对研究课题（论文选题）和研究进程进行整合、验证，进一步提出优化改进方向与进一步研究的切入点,对论文进行归纳与校核。

2. 论文思路的框架结构

技能类专业技术论文的撰写思路并非一成不变,在论文撰写的过程中可根据实际情况进行合理调整,但中心主题和基本格局不宜变动。论文撰写思路始终秉承以论文选题为中心,论文提纲为框架,在紧扣主题的前提下提出问题、分析问题、解决问题和总结提炼四个过程逐次展开。

第一步:提出问题(是什么),就是对研究对象所涉及问题的概念界定、问题研究重要性或意义的介绍。

第二步:分析问题(为什么),就是对研究对象所涉及问题的现状、利弊及其产生的原因与危害性等方面进行剖析、解读。

第三步:解决问题(怎么办),就是结合论文中的相关论点,提出解决问题的途径、对策与建议。

第四步:总结提炼(就这么办),就是对研究过程进行全面总结、验证,对相关对策措施进行固化提炼。

在确定论文撰写思路时应紧扣论文的研究重点进行展开,不能偏题、跑题,既要有详尽充分的实践经验,又要一定的理论基础,更要有推广应用的参考价值。

3. 论文思路的误区

正所谓"心之所向,素履以往",在进行技能类专业技术论文撰写时,最为关键的环节就是论文的写作思路。但形成论文的写作思路是一回事,把写作思路表述出来又是另外一回事,往往想得很明白,但撰写时却无从下笔,这就说明论文的思路进入误区了,而思路误区往往又是因为逻辑上出现了偏差。

常见的论文思路误区如下。

(1)"推不出"。逻辑证明中论证方式的最基本的规则就是"论据必须能够推出论题",要求论证者对论题提供充足的论据,"推不出"就是无法实现论据对论题的支撑。

(2)"偷换概念"。这一误区是违反同一律对概念运用的要求所犯的逻辑错误,张冠李戴,论文写作思路凌乱。

(3)"偷换论题,避实就虚"。这一误区也是违反同一律对判断运用的要求所犯的逻辑错误,体现在故意回避论文中论点所对应的问题,顾左右而言他。

(4)"以偏概全"。即仅根据少数事例得出一般性结论的简单化的归纳方法。由于任何实例都不难找到,因此在严谨的技能实践思维中,仅仅依靠例子只能提出初步的假说，而不能证明技能实践的成果。

（5）"机械类比"。在运用类比推理时，仅仅根据事物为数很少的又不具备典型性的共同属性，就推断类比对象具有与已知属性相关性程度不高的另一属性，这种情况在现场技术改进类论文中比较多见。

（6）"双重标准"。在同一问题上对不同对象采取不同的是非标准和取舍标准，看似是为了保证论文数据的真实性、有效性，实则是以混淆是非，达到有利于自己的目的，从本质上说就是弄虚作假。

在技能类专业技术论文撰写中，应避免步入论文的思路误区，应本着科学、严谨、实事求是的态度，始终围绕论文所研究的主题展开，明确论点论据，为论文的撰写理顺思路。

四、论文的撰写技巧

论文撰写是一个系统工程，不同于文章写作。从本质上说，论文就是观点、图文、材料的集成。观点是论文的灵魂，图文是论文的外在表现，材料是撰写论文的基础。材料和观点是论文的内容，图文是论文的形式，形式是表现内容的，内容要通过形式来表现，三者的完美结合就是内容和形式的统一。因此，从观点、图文、材料三方面着手，掌握一定的撰写技巧则事半功倍。

1. 观点明确

客观辩证，不回避不同观点，从论文选题到成果结论，处处有观点。讨论观点时不要强词夺理，力戒片面性、主观性、随意性，应有验证、有比较，通过百家争鸣才能认识真理。

2. 围绕主题

切忌走捷径，不要纠结于似是而非、大而全的素材中，应选择有代表性的典型素材，根据论文选题需要，予以适当安排，懂得取舍，使论文的主题思想得到鲜明突出的表现。

3. 理顺思路

论文的论点应能正确反映客观事物的基本规律，研究对象和研究过程必须反映客观事物的实际情况、内部联系、逻辑关系，应符合人们的认识规律，切忌闭门造车、编造臆想。

4. 架构合理

论点、论据完整而统一，论文中各组成要素应始终围绕论文的核心主题，且布局规范无缺省，行文顺序应符合技能实践中的研究过程，前后呼应、图文并茂。

5. 层次分明

按照论文的选题与提纲，对素材与图文依据重要性合理安排布局，按轻重缓急依次表达，前后连贯，有条不紊。图片所提供的图案信息要与论文内容相契合，能够为论文论点和论证提供充分的支撑。

6. 体裁正确

论文的体裁是论述，应以研究对象（事物）的内部逻辑关系来安排行文布局，且以说理论证为主，辅以大量的参数、图表。

7. 文字规范

论文的文字要自然流畅，不要华丽雕琢，目的是"文以载道"。论文应平铺直叙，图文合乎逻辑，层次分明，朴素真实，分寸恰当，切忌跌宕起伏。

8. 检索及时

检索的目的是及时把握业内的同类技术。大数据时代应充分利用现有资源，依据论文选题收集整理相关素材，同时借鉴现有成熟的技术，避免走弯路、入歧途，也能避免选题"撞车"现象。

技能类专业技术论文的撰写犹如建造房屋，要选好址（明确选题）、制好图（拟定思路）、夯基础（收集材料）、立起架（搭建提纲）、垒实墙（论点论据论证）、细装修（润色修改）。简而言之，撰写论文就要方向明确、观点正确、框架通透、图文并茂、实例验证、首尾呼应。

五、论文中的公式应用

1. 论文中公式的作用

公式就是用数学符号表示各个量之间的一定关系的式子（模型），能普遍应用于同类事物的方式方法，如定理、定律公式和计算公式等。专业技术论文中为推导、证明逻辑关系的合理性、研究成果的正确性，通常会采用计算公式。

论文中公式运用至关重要，一定程度上提升了论文的科学性、专业性和规范性。

2. 论文中公式的具体要求

技能类专业技术论文大多为现场实践性课题，对于理论计算而言适应性不强，通常可采用经验公式。经验公式就是在科学实验和生产实践中，从一组实验数据出发，寻求得到一个近似表达式。经验公式一般由拟合得到，没有完整的理论推导过程，更趋向于应用。因此在经验公式的运用中，最关键的就是公式的完整性和精确度，切忌无序套用毫无关联性的公式，更不能编造公式，所引用的公式必须符合普遍认知的科学原理，且工程计算合理有效。

论文中的公式应定义清晰、表述流畅，与论文阐述的内容逻辑关系紧密，且需明确理论与技术的边界条件，不应出现含糊不清、缺乏具体度量衡（单位）的内容。

公式一般另行居中，公式末不加标点。公式较长需要转行时最好在"=（等号）"后转行，若不能在"=（等号）"后转行则须在"+""-"等运算符号后转行，转行时运算符号不得重复使用。

对于技能类专业技术论文而言，需要引用的或重要的公式可以编号，一般情况则不要求对公式进行编号。有编号的公式略靠左排，公式编号排在右侧，编号形式为"式（1）"。公式下面有说明时，应顶格书写。文中引述公式时，应使用"见式（1）"的叙述方式。

3. 论文中公式应用示例（见图 5-1）

$$L \leqslant d\sin\left[\frac{180°}{z} - \arcsin\left(\frac{\beta}{d}\right)\right] \qquad 式(1)$$

式中　L——三面刃铣刀宽度，mm；

　　　d——花键小径，mm；

　　　z——花键齿数；

　　　β——花键键宽，mm。

图 5-1　论文中公式应用示例

公式中的各项内容必须齐全。图 5-1 中，L、d、z、β 等为公式中出现的物理量（变量为斜体，常量为正体）。每项物理量破折号后为该物理量的解释，之后为该物理量的单位，用逗号隔开。

六、论文中的图片应用

1. 论文中图片的作用与分类

论文图片大多是以插图或附图等形式在文本中体现，图片的形式对论文内容的表达和整个版面的美化具有重要的影响。因此，在论文的撰写中，一方面要秉承图案的科学性，与论文阐述主题的关联性，另一方面应对图案内容及其表达形式与方法给予足够的重视，切忌画蛇添足、风马牛不相及。

技能类专业技术论文中常见的图片主要有照片、工程图、金相图片、计算机截图等，各有特色且在论文中的作用不能相互替代。

（1）照片。照片主要描绘论文中生产经营活动实践的过程，如研究对象的结构特征、实施前后的外观及特征对比等方面。

（2）工程图。工程图主要反映研究对象的相互位置关系、形位公差等工程技术特征，包括结构图（装配图）、零件图、流程图、系统图等，一般采用经图片转换后的CAD图，2D、3D均可，图样上所标注的技术参数应准确，标注方式符合专业要求。

（3）金相图片。金相图片是将金属试样进行切割、镶嵌、磨光、抛光、腐蚀处理后，使金属显露出其晶粒、晶界、缺陷、夹杂等微观晶体结构，并在OM（光学显微镜）下进行显微摄像得到的图片，主要反映金属组织结构特征。

（4）计算机截图。计算机截图就是计算机自定义截取的屏幕图片，主要用于反映系统操作流程的相关环节。

2. 论文中图片的具体要求

照片应清晰，分辨率符合要求，能够体现研究对象的前后变化。工程图应绘制规范，符合制图有关国家标准，线条清晰、粗细均匀；图形比例适当，图中文字及标注齐全清晰，且标注的指引线起止点准确，线条与文字不得重叠。金相图片放大倍数符合要求，能够清晰反映金属组织的细部特征。

计算机截图的要求有：截取CAD格式工程图时，应先把底色设置成白色，线条设置成黑色，然后再截取；系统流程类截图要有针对性，根据论文内容截取全屏或局部，若只需要关注一个对话框，则截取此对话框即可，而不必截取全屏。截图后应先保存为单个图片文件，格式为TIFF或JPG，然后再插入论文正文的文档中。

论文中的图片与文本应呼应，按照先见文、后见图的原则，在正文的适当位置以"如图×所示"对图进行引导，图紧接其后。图片应包括图号、图名、图形三部分，如一幅图分为若干个分图，需加分图名；若都需加图注，要将分图按照从左至右顺序接排图注序号，图注文字应放于正文图名下方。图片应连续编号。

论文中图片的取舍要有必要性和充分性的考虑：图片的内容要紧扣论文文字所表述的内涵；图片应具有良好的表达与说明及释义作用，且表达效率要高，令人一目了然；图片中不具备直接阐述意义的图素（文字、参数、图案）不应出现；图片的形式要新颖，应用方式灵活多样，不拘泥于常规，尽量避免产生似曾相识的感觉，尤其是不能出现重复性图案。

3. 论文中图片的排版要求

论文发表时对图片排版的要求如下。

（1）图片格式。一般要求图片为 TIFF 格式，并存为独立文件，若是 JPG 格式应转换为 TIFF 格式。

（2）色彩要求。一般要求为 CMYK 色彩，可通过图像/模式将 RGB 色彩转为 CMYK 色彩。

（3）图片大小。此项非常重要，注意这里指的是图片的物理尺寸（单位是 cm，而非像素），用于印刷排版。

（4）图片分辨率。对于论文非常重要，图片分辨率和像素大小直接相关，易和前述图片大小相混淆。一般要求线图至少达到 1 000 dpi，彩照达到 300 dpi，两者的混合图片达到 500 dpi。

4. 论文中图片应用示例（见图 5-2）

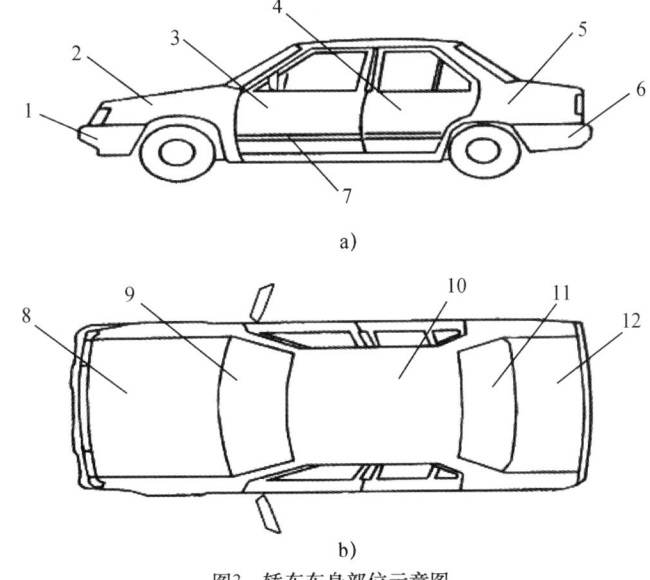

图3　轿车车身部位示意图
a)左视图　b)顶视图

1—前保险杠　2—左前翼子板　3—左前门　4—左后门　5—左后翼子板　6—后保险杠
7—车门防撞条　8—发动机罩　9—前风挡玻璃　10—车顶　11—后风挡玻璃　12—行李箱盖

图 5-2　论文中图片应用示例

七、论文中的表格应用

1. 论文中表格的常用类型

表格既是一种可视化交流模式，又是一种数据整理组织及表述的主要手段，在论文中能直观展现研究对象的实验测量和计算数据等核心内容，可读性强，因具有鲜明的定量表达量化信息的功能而被广泛采用。表格在种类、结构、灵活性、标注法、表达方法以及使用方面存在很大差异。技能类专业技术论文中的表格通常放置在带有编号和标题的浮动区域内，以此区别于论文的正文部分。

技能类专业技术论文多采用"三线表"。完整的三线表由表号、表名、表头、表体、备注组成。三线表通常只有三条线，即顶线、底线和栏目线，其中顶线和底线为粗线，栏目线为细线。通常三线表并不一定只有三条线，必要时可加辅助线，但无论添加多少条辅助线，仍称为三线表。此外，可根据论文所引用的数据特点，选定相适合的图表，如饼图、柱状图、散点图、因果分析图等。

2. 论文中表格的基本要求

表格应与论文正文内容相呼应，按照先见文、后见表的原则，在正文的适当位置以"见表×"对表格进行引导，表格紧接其后。表格应连续编号。表格应设计科学合理、逻辑清晰正确，通常应有确切精炼的表名，一般采用横表头，且表头的每一栏都应填入相应的内容，不得缺省。表格的内容要与正文有紧密联系，表中数字、百分比等资料要仔细核对，并与正文相对应，不应缺省。

3. 论文中表格应用示例（见图5-3）

技能类专业技术论文正文或附录中的表格的编排基本要求为：表头包括表号、表名和计量单位，用黑体5号，在表体上方与表格线等宽度编排。表号居左，表名居中。

八、论文中的文献应用

1. 论文中文献的作用

文献是通过一定的方法和手段，运用一定的意义表达和记录体系，记录在一定载体上的，具有历史价值和研究价值的知识传承。文献范围很宽，一切记录知识和信息的载体都可以称为文献，包括图书、期刊、会议文献、科技报告、学位论文、专利文献、标准文献、报纸文章、光盘、音像磁带等。

……具体内容见冷轧机计划检修通知单（见表 9-5）。

表 9-5　　　　　　　　　　冷轧机计划检修通知单

检修部位	检修内容	作业工种
轧制机构	拆除轧辊，更换工作机架滑板，校正轧制中心线及机架与机座间运动间隙、轧辊与齿条啮合间隙等	钳工 3 人、起重工 1 人
进给回转机构	齿轮箱开盖，整体更换芯棒卡盘装置，更换失效蜗轮、挂轮、滚轮及滚动轴承，调整进给及回转凸轮运动间隙，校正蜗轮副啮合间隙，合盖紧固等	钳工 3 人、起重工 1 人
液压系统	更换柱塞泵，更换液压油并清理油箱，更换滤芯，清洗管路及过滤器，更换溢流阀、减压阀、换向阀及密封件，调试等	钳工 2 人

图 5-3　论文中表格应用示例

论文实质上就是一个对研究对象的表述载体，文献则是此载体中不可或缺的一部分，两者相互依存、相互促进。通过对文献的合理运用，不仅可以提高论文的科学性、专业性，还能减少对现有知识体系的重复研究，避免不必要的资源消耗，同时也反映论文的学术接受度和作者的严谨科学态度和综合素质，更反映论文本身的内涵和价值。

2. 论文中文献的分类

目前，国内文献分类的依据是 GB/T 7714—2015《信息与文献　参考文献著录规则》。常见文献类型和文献载体标识代码见表 5-17 和表 5-18。

表 5-17　　　　　　　　　常见文献类型和标识代码

文献类型	普通图书	会议录	报纸	期刊	学位论文
标识代码	M	C	N	J	D
文献类型	报告	标准	汇编	专利	档案
标识代码	R	S	G	P	A

表 5-18　　　　　　　　　电子资源载体和标识代码

电子资源载体类型	联机网络	光盘	磁带	磁盘
标识代码	OL	CD	MT	DK

3. 论文中文献的要求

撰写论文时，只需列出论文作者已直接阅读、在论文撰写过程中主要参考过的文献。所列参考文献按照论文引用顺序进行编排，采用中括号的数字连续编号（序号），序号左顶格书写。参考文献按 GB/T 7714—2015《信息与文献　参考文献著录规则》

著录，每条参考文献条目最后用英文句号结束。

对于技能类专业技术论文而言，要正确列出相关的参考文献，不必大段抄录原文，只摘引其中与论文本身具有逻辑关系的最重要的观点与数据即可，从而可以大幅节约论文的篇幅。凡是引用参考文献的成果（包括观点、方法、数据、图表和其他资料）均需要在文中引用参考文献的地方予以标注，并在文后参考文献表中列出，这是对文献及其作者的尊重，更是一种对前人学术成果应有的态度。

4. 论文中常用参考文献著录格式示例

（1）普通图书著录格式示例

［1］郑浩峻，张秀丽. 足式机器人生物控制方法与应用［M］. 北京：清华大学出版社，2011.

［2］胡承正，周详，缪灵. 理论物理概论：上［M］. 武汉：武汉大学出版社，2010：112.

（2）期刊中析出文献著录格式示例

［3］李旭东，宗光华，毕树生，等. 生物工程微操作机器人视觉系统的研究［J］. 北京航空航天大学学报，2002，28（3）：249-252.

（3）报告著录格式示例

［4］冯西桥. 核反应堆压力容器的LBB分析［R］. 北京：清华大学核能技术设计研究院，1997.

（4）学位论文著录格式示例

［5］马欢. 人类活动影响下海河流域典型区水循环变化分析［D］. 北京：北京大学，2011.

［6］周坤玲. 四足仿生机器人高速步态规划方法研究［D］. 北京：北京交通大学，2013.

（5）专利著录格式示例

［7］周耀. 一种用于S31254无缝钢管的热挤压制管生产方法：ZL201910414356.2［P］. 2022-10-21.

（6）电子资源著录格式示例

［8］萧钰. 出版业信息化迈入快车道［EB/OL］.（2001-12-19）［2002-04-15］. http://www.reader.com/news/20011219/200112190019.html.

技能类专业技术论文作者多为生产经营实践中的高技能人才。高技能人才现场工作经验丰富但理论功底相对欠缺，尤其是建立与论文直接相关的知识体系能力不足。

因此，合理准确地运用各类文献，可有效地弥补短板，提升论文的技术含量。

九、论文中的知识产权

1. 论文中知识产权的定义

知识产权是基于创造成果和工商标记依法产生的权利的统称，主要包括著作权、专利权和注册商标专用权等。技能类专业技术论文的知识产权也涉及著作权、专利权和注册商标专用权。著作权一方面是作者对于所撰写的专业技术论文依法享有著作权，另一方面论文中所引用的各类文献的原著者仍依法享有对其原著的著作权，且论文作者应在论文中对所引用的文献进行准确标注。涉及运用人物肖像时，应提前得到肖像权授权。涉及引用商标标志时，也应提前得到注册商标专用权所有人的授权许可。

2. 论文知识产权中新颖性的界定

对于技能类专业技术论文而言，拥有知识产权是衡量论文科技含量与效益的标尺。论文作者应及时将措施、方法、装备等方面的研究成果提炼形成专利、技术秘密、先进操作法、著作权等，一方面能够有效地固化成果、保护成果，另一方面能够促进自身综合素养和企业市场竞争力的提升。但是知识产权的申请方式、保护方式大相径庭，其中专利权与论文发表存在时间上的逻辑关系。

《中华人民共和国专利法》第二十二条规定："授予专利权的发明和实用新型，应当具备新颖性、创造性和实用性。新颖性，是指该发明或者实用新型不属于现有技术；也没有任何单位或者个人就同样的发明或者实用新型在申请日以前向国务院专利行政部门提出过申请，并记载在申请日以后公布的专利申请文件或者公告的专利文件中。"

公开与否，是区别新旧发明、新旧实用新型，以及判断发明或实用新型是否具有新颖性的重要根据。所谓公开，主要是指通过书面公开、使用公开或口头公开三种方式，公开发明或者实用新型的实质内容，以达到为人们所知晓的目的。在实际操作中，审查一项发明或者实用新型是否具有新颖性，往往靠文献检索。查阅已批准的专利中是否包括申请专利的发明或实用新型，查阅公开发表的文献中是否包括申请专利的发明或实用新型。

《中华人民共和国专利法》第二十四条规定："申请专利的发明创造在申请日以前六个月内，有下列情形之一的，不丧失新颖性：（一）在国家出现紧急状态或者非常情况时，为公共利益目的首次公开的；（二）在中国政府主办或者承认的国际展览会上首次展出的；（三）在规定的学术会议或者技术会议上首次发表的；（四）他人未经申请人同意而泄露其内容的。"由于《中华人民共和国专利法》规定的不丧失新颖性的宽限期，多数国家不予承认，国内的宽限期也并不是给申请人的一种优先权，因此为了万无一失，应尽可能在完成发明创造之后，尽早提出专利申请。建议先申请专利再申报论文，或将专利作为论文的一项支撑。只有厘清知识产权在技能类专业技术论文的功能与定位，才能充分发挥知识产权在论文中的作用。

3. 论文中知识产权的典型类型

技能类专业技术论文所涉及的知识产权主要包括发明专利、实用新型专利、外观设计专利、技术秘密、先进操作法、著作权等。

（1）发明专利。发明专利是指对产品、方法或者其改进所提出的新的技术方案，包括产品发明和方法发明两类。产品发明是指创造出包含新技术方案的物品，例如：对机器、设备、工具、用品等物品进行改进而做出的发明创造。方法发明是指利用规律使用、制造或测试产品的新的步骤和手段。例如：适用于某种物品的加工方法、测试方法、制造工艺等。

发明可以是产生新的产品或方法，也可以是对现有产品或方法的改进。当前我国的发明中对现有技术的改进占大多数，如为现有产品添加新的技术特征，或对某些技术特征进行新的组合等，只要这种添加和组合能够产生新的技术效果、解决技术问题，就属于发明，能够获得专利权保护。

（2）实用新型专利。实用新型专利是指对产品的形状、构造或者其结合所提出的适于实用的新的技术方案。实用新型专利的创造性和技术水平要求较发明专利低，但实用价值大。实用新型专利只保护产品，且该产品应当是经过工业方法制造的、占据一定空间的实体。一切有关方法（包括产品的用途）以及未经人工制造的自然存在的物品，都不属于实用新型专利的保护客体。

实用新型专利所指的产品形状，是指可以观察到的确定的空间形状。无确定形状的产品，如气态、液态、粉末状、颗粒状的物质或材料，其形状不能作为实用新型产品的形状特征。实用新型专利所指的产品构造，是指产品的各个组成部分的安排、组织和相互关系。

（3）外观设计专利。外观设计专利是指对产品的形状、图案或其结合以及色彩与形状、图案的结合所做出的富有美感并适于工业应用的新设计，简而言之，外观设计就是工业品的外观设计，也就是工业品的式样。工业产品外观设计的三大要素是外观形状、外观图案、色彩。

1）外观形状。外观形状是指对产品造型的设计，也就是指产品外部的点、线、面的移动、变化、组合而呈现的外表轮廓，即对产品的结构、外形等同时进行设计、制造的结果。

2) 外观图案。外观图案是指由任何线条、文字、符号、色块的排列或组合而在产品的表面构成的图形。产品的外观图案应当是固定、可见的，而不应是时有时无的或者需要在特定的条件下才能看见。

3) 色彩。色彩是指用于产品上的颜色或者颜色的组合，制造该产品所用材料的本色不是外观设计的色彩。产品的色彩不能独立构成外观设计，除非产品色彩变化的本身已形成一种图案。

（4）技术秘密。技术秘密也称企业秘密，主要是指凭借经验或技能所产生，在工业化生产中适用的技术情报、数据或知识，包括产品配方、工艺流程、技术秘诀、设计、图样（含草图）、试验数据和记录、计算机程序等，而且这些技术信息尚未获得专利等其他知识产权保护，或者企业通过内部保护而不愿公开申请专利，比如美国可口可乐的配方、攀钢的重轨技术等。其特点就是权利人已采取严格的保密措施，不为公众所知悉。

（5）先进操作法。先进操作法也称先进工法，是指生产、服务基层一线岗位员工，在生产、服务作业过程中，经总结、提炼、形成并被实践证明具有独创性、先进性、普及推广性价值的操作方法。先进操作法就是基层员工解决工作现场难题的工艺技术方案，也是高技能人才展现技艺的载体，而且先进操作法可以转换为专利申报。

（6）著作权。在我国著作权即指版权，是指自然人、法人或者其他组织对文学、艺术和科学作品享有的财产权利和精神权利的总称。对于高技能人才而言，所涉及的著作权主要包括工程设计图、产品设计图、示意图等图形作品和模型作品，以及计算机软件、培训教材等。

4. 论文中知识产权的适用范围

技能类专业技术论文所涉及的各类知识产权既有交集，更有差异，所阐述的内容及适用范围各不相同。因此，应根据论文的论点和技能实践的要素，选择适合的知识产权用以提升论文的技术含量和质量，切忌为了论文而任意选择不适宜的知识产权，导致风马牛不相及的弊端。如何选定符合技能类专业技术论文要求的知识产权，就要从论文所论述的内容着手，分门别类地选定（见表5-19）。

表5-19　　　　　　　　　论文中知识产权的适用范围

知识产权类型	特点	适用范围
发明专利	产品发明、方法发明，可公开	新产品、新方法、新工艺、新技术等
实用新型专利	产品形状、构造及组合，可公开	结构类技术优化、设备改进、工装器具改进等

续表

知识产权类型	特点	适用范围
外观设计专利	工业品外观形状、外观图案、色彩，可公开	工业品设计及其衍生品
技术秘密	技术情报、数据或知识，不公开	技术诀窍或商业机密
先进操作法	基层一线解决问题的方法，可公开	操作方法、施工方法、检测方法、服务方法等
著作权	图形和模型作品、计算机软件、培训教材，可公开	工程及产品设计图、计算机程序、培训教材、手机软件等

第6节　专业技术论文的答辩

一、论文答辩的作用

完成专业技术论文撰写并非大功告成，其后就将面对令多数论文作者惴惴不安的环节——答辩。

论文答辩就是评委通过作者的介绍对论文的内容进行认知和评价，对某些不清楚的部分请作者进行当面陈述。论文答辩是高技能人才成长的必经之路，对评价高技能人才学习能力、实践能力、总结能力、创新能力、视野格局等方面具有不可替代的作用。

论文答辩是评价论文真实性的有效手段，是考核与评价论文质量的标尺，是补充完善论文及勘误的重要方式，是增长知识、交流信息、深化专业见解的良好时机。高技能人才应正确对待论文答辩，克服恐惧心理，在论文答辩中进一步锻炼自身的应变能力，提升心理承受力。

二、论文答辩的要求

1. 表达能力

应熟悉论文的内容，破除紧张心理，把握论文的核心观点和关键要素，逻辑思维缜密。创新成果应该是答辩中阐述的重点，应能脱稿，侃侃而谈，详细阐述全过程及重点细节。

2. 应变能力

答辩前多做预案，从容面对评委提问。答辩中既能全面阐述论文的内容结构，又要突出重点及个人的独到见解。答辩前反复诵读论文，模拟答辩场景，对论文中的薄弱环节以及当前技术中的热点进行针对性的准备。在答辩中面对评委提问和质疑，要实事求是地面对，积极有效阐述理由，适时主动出击，切忌夸大其词、语焉不详。

3. 书写绘图能力

这是高技能人才的基本功。必须掌握论文所涉及的各类元器件，尤其是标准件的绘图方法。现场绘图也是评委经常采用的考察方式。用快速绘图弥补在文字上的缺失与不足，用图样、图案及模型样品来进一步阐述论文中的技术特征，往往事半功倍。

4. 触类旁通能力

这是对高技能人才视野与格局的考量。答辩前针对论文中的主要技术方法收集相关联的素材，尤其涉及交叉技术的论文，更应全面收集最新技术信息。重视制造业中机电一体化技术、气液电集成技术以及数字化技术、人工智能技术，重视服务业物联网技术与人工智能技术。在答辩中能够触类旁通，举一反三，相互借鉴比较，彰显扎实的基本功及学习实践能力。

5. 特殊技能

每一个行业都有各自的独门技艺，高技能人才也应具备"绝活"。能用"绝活"进一步展现论文的核心内容，则是点睛之笔。对于服务业而言，技能"绝活"更多，而且与生活息息相关，合理使用肢体语言动作，更易打动评委。

6. 时间控制能力

论文答辩是有时间限制的，不能超时。因此，在答辩前应对论文的主要观点解读时间进行有效分配，在能够全面阐明论文核心观点的基础上，留足回答评委提问的时间。不能因为担心评委会提问就滔滔不绝，大幅占用答辩论述时间，一旦被评委打断，在高度紧张状态下很容易出现大脑瞬间空白与思路障碍现象。

三、论文答辩中的误区

论文答辩能否顺利通过，关键在于论文质量，就技能类专业技术论文而言，就是看解决技能实践中问题的合理性和有效性。答辩要有针对性，素材资料准备充分。答

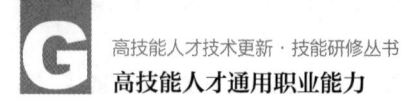

辩前准备不足，答辩中患得患失、过分紧张，答辩态度不端正，都是影响论文答辩的误区。

1. 答辩主题不清

答辩前准备不足，相关素材收集不充分，对论文的主要内容及观点熟悉程度不够，答辩时介绍论文内容不清不楚，往往表现为逐字逐句的诵读论文，毫无主次感。

2. 表达能力欠缺

没有及时准确理解评委的提问要求，要么机械地回答，毫无逻辑性；要么顾左右而言他，不能准确抓住论文的重点，避重就轻，甚至答非所问。表达能力的欠缺从本质上还是对论文的掌握程度不够，以及专业知识技能储备不够所致。

3. 缺乏自信

不少作者本来答辩前准备得不错，但就是对自己缺乏信心，害怕答不好，患得患失，结果一开始介绍论文时就怯场，头也不敢抬，讲话声音小得可怜，只求尽快结束自己的讲话。回答评委提问时更是紧张过度，脑子里一片空白，连常识性问题都无法回答。

4. 介绍冗长

介绍自己撰写的论文时，应该重点突出，简洁明了。有些作者生怕别人不能理解论文，恨不得把全篇论文的内容都讲出来，结果看似面面俱到，实则主次不分、冗长乏味。其实评委对论文内容早已心中有数，只需重点介绍论文的精华部分就可以了。

5. 厚此薄彼

对于自己熟悉的内容介绍详细，但是对于自己的短板问题则避重就轻。其实评委逮的就是你的短板，越言语闪烁，越会逮住不放。因此在答辩前的准备阶段，不应厚此薄彼，更应补短板、夯基础，才能在面对评委的提问时游刃有余。

6. 不肯认错

任何论文都不可能十全十美，总会有一些缺点或不足之处，这是很正常的现象。高技能人才在本单位大多具有一定的技能地位，容易忽视不同的建议，对论文的不足没有清醒和正确的认识，看到评委找出论文的缺点，觉得丢面子。当评委提出论文的缺点时，其实是给予一次现场纠错的机会，应及时想方设法地去弥补，而不要千方百计为自己狡辩，不肯认错。

四、论文答辩的技巧

自信是论文答辩的基础，而自信源于对论文内容的肯定。论文答辩其实很简单，无须滔滔不绝的高谈阔论，只需要作者对论文所涉及的选题、论点、论据、论证过程进行阶段性阐述，并对评委提出的疑问进行针对性的解答。答辩从本质上而言是给高技能人才一次展现实践成果的机会，换而言之就是将论文作为一个故事讲给评委听，论文作者讲透，评委听懂，这就是评价论文答辩成绩的标准。因此，要学会从评委角度出发，去重新审视自身所撰写的专业技术论文，换位思考一下，查遗补缺。答辩时应态度端正、语气谦和、调整心态、不急不躁，面对评委提出的如下问题，应掌握相应的答辩技巧。

1. 论文采用了哪些与本专业相关的研究方法？

应开门见山地明确论文选题所使用的研究方法和实践方式，再结合具体内容全面细致阐述，切忌"空洞无物"，更不能冗长。

2. 论文的核心概念是什么？

要用自己的语言高度集中概括论文的核心内容，观点准确鲜明、语言简洁，突出技能实践在论文内容中的作用。

3. 为什么选择这个主题（选题）？

应结合个人原因与论文撰写等两个方面展开陈述，语言清晰，逻辑分明，重点说明自身技能实践与论文的关联性，突出论文选题的合理性。

4. 论文的主要理论基础是什么？

这是高技能人才普遍存在的短板。要用准确的专业术语指出理论基础，并结合具体内容举例陈述，尽量采用标准公式或生产实践中提炼的经验公式，逻辑缜密、推导合理。

5. 论文结论是否具有可行性与操作性？

这是高技能人才的长处，完全可以结合具体工作情况展开论述，强调现场的应用价值，尤其是技能对解决问题的积极作用。语言要平实，不要绝对化。

6. 研究此课题的意义和目的是什么？

这是开放性的提问，具有宽广的答复空间，也是在考量高技能人才的视野。要用精练的语言，结合实际工作情况说明该课题的意义与目的，用前后对比数据、获奖成果等来支撑。

7. 论文的创新之处是什么？

应善于挖掘、提炼，突出创新点。论文涉及的改进之处都是创新点，要能进一步提炼升华，形成知识产权。但创新点不局限于知识产权，可通过与已有技术的对比说明论文的创新点，尤其是能够将技能作用提炼形成先进操作法（工作法）更是点睛之笔，更容易得到评委的认可。

8. 论文主题的发展趋势在哪里？

这也是个开放性的问题，主要考量论文作者对行业领域内外专业技术的积累和储备，应结合个人认知情况与行业技术发展具体阐述体会与感受，实话实说，切忌夸夸其谈。

论文的答辩技巧因人而异、因文而异，不能机械地照搬照抄，而要灵活运用。关键是论文必须由自己撰写，论文的内容要了然于胸，准备工作要翔实充分。

第7节　专业技术论文与技能实践

一、论文与技能实践间的关系

裴斯泰洛齐有句名言："知识与实践就像手艺一样，两者必须结合。"实践出真知，论文来源于实践，论文是实践过程的系统总结，论文是实践成果的载体，论文是实践能力的升华。现场生产服务经营活动的实践，为高技能人才植根工作现场发现问题、分析问题、解决问题、总结固化问题，最终形成技能类专业技术论文提供了广阔的平台和丰富的资源。

高技能人才是新时代中国特色社会主义建设的主力军，是各行各业中技能员工的翘楚。实践是检验真理的唯一标准，从实践中来，到实践中去，不能纸上谈兵而遗忘了实践根基。更不能为了论文而论文，为了创新而论文，为了证书而论文。高技能人才必须在技能成长实践中践行工匠精神的初心和使命。

二、技能实践在论文中的作用

技能,是高技能人才的标志;实践,是高技能人才成长的基石,是技能类专业技术论文的源头。高技能人才的优势就是在多年工作实践中所积累的丰富经验。将在工作实践中发现问题、解决问题方法措施、攻坚克难的体会感悟,进行严谨的专业性总结提炼,就是论文。而技能实践的专业性阐述、科学性论证,就是技能类专业技术论文的核心。能够把技能成长实践成果,及时总结转换为系统性文字,这是对高技能人才工作能力及专业素养的考验,是实现技能有序传承的重要一环。高技能人才应立足本职岗位,勤发现、勤分析、勤改进、勤总结、勤提炼,将日常工作中的亮点及时汇总,为撰写论文积累有效的素材,在生产实践中提升个人综合素养,促进企业人才梯队建设。

从一篇技能类专业技术论文入手,就能管窥论文作者的工作能力与实践经验。正确理解论文与技能实践的关系,将论文写在全面建设社会主义现代化国家新征程中,这是新时代赋予高技能人才的使命与担当。

三、论文中技能实践提炼方法

技能实践的提炼方法应围绕现场技能实践过程展开,并要符合技能实践所对应的各个行业、各个阶段的实际情况,不能越俎代庖、张冠李戴。对于高技能人才而言,技能实践应接地气,注重细节,遵循问题导向原则,从技能实践中的问题点入手,在符合技能实践逻辑关系的基础上循序渐进,按照技能类专业技术论文形成的各环节进行针对性提炼,从建立知识体系着手,最终形成科学严谨且具有专业性技术的文字集成。

1. 建立知识体系

知识体系也称知识结构,就是经过专门学习培训后所拥有的知识体系的构成情况与结合方式。合理的知识结构是进入现代社会职业岗位的必要条件,是人才成长的基础。高技能人才的知识体系主要由理论知识、专业技能及社会能力等组成。岗位学习是建立和完善知识体系的主要方法,是技能实践成长的基础,是顺利完成技能类专业技术论文的基石。

2. 善于分类记忆

建立技能实践的知识体系后,首先就是对已知知识结构进行分类。分类可以按照技能实践流程步骤进行细分,也可按照专业领域分工进行分类。在熟知每个专业、流程的内容后依次往下分类。在脑海里刻画出图像,可以是树状图,也可以是其他的图表方式,然后就是加强记忆。只有自己记住的东西,才能成为自身的知识体系的一部分,因为只有记在脑中的东西才会伴随自身成长不断地更新、升华、进步,实现技能实践的融合认知。

3. 适时添枝散叶

对现有知识体系分类后,依据技能实践的目标及时找到现有知识体系中心,明确该知识体系中涉及技能实践成长的源头,围绕这个知识体系的中心和源头就能实现技能实践的有序提炼。简而言之,知识体系的中心和源头犹如技能实践的主心骨,后续就将主心骨所关联的知识点全都融入,每个知识点都像神经一样蕴含着大量的信息。融会贯通这些信息,及时记录在技能实践中的每一次现象、每一次思考、每一次收获,集腋成裘,最终所形成的就是技能实践的全过程系统信息集成。但对于技能实践中已知的机械性的客观信息,不必重复记录。

4. 勇于打破结构

知识体系的建立与完善、技能实践成长都是一个漫长的过程,在这个过程中会不断地遭遇到新的信息,那么必然会对原来的知识结构造成或多或少的影响,有时这种影响还会对已认知的知识体系造成冲击,甚至颠覆已有观念。此时,就要学会辨识新信息对于技能实践成长的准确性、合理性、有效性、针对性,不能故步自封、坐井观天,要学会适时打破知识结构,不断接受新的事物,从而防止大脑僵化、知识体系固化。在对新事物新信息的接受过程中,将以往模糊不清的地方重新真实地刻画出来,进一步加深记忆,这就是知识更新。

5. 系统收集素材

对于高技能人才而言,将技能实践总结形成论文,难以开题是普遍性的问题。其实当明确论文研究对象之后,第一时间需要着手的就是系统收集素材,有时素材的收集先于开题。无论是寻找在线素材,还是收集现场技能实践的参数,寻找相关过程内容的笔记,或试图找到参考文献资料,都必须紧密围绕论文的主题展开。初始阶段收集的材料越详细越好,随后结合开题对所收集的素材进行梳理整合,凡与论文主题关联度不大的素材应及时剔除,留下的素材必须是论文撰写中不可或缺的部分,同时又是能够充分体现技能实践价值的部分。

6. 懂得适时调整

论文撰写是一个系统工程,不可能一蹴而就,在已知知识体系的结构框架下,相关的技能实践素材与文献资料需要及时调整,切忌一成不变,纠结于素材的取舍。在撰写论文的过程中,必须先明确论文所表达的要义,并解释每一个参数,然后通过理性论证的逻辑框架覆盖所有的技能实践信息,并根据论文撰写目的适时调整。需要说明的是,调整的对象是论文的表述方式而不是参数资料本身,切忌弄虚作假。

四、技能实践提炼示例

【示例】先进制造业技能实践提炼

某钢铁联合企业打破国外技术壁垒,实现某牌号核电站用高等级无缝钢管,在高温挤压制管工序中出现端部开裂及荒管表面裂纹,影响到产品的成材率,增加了生产成本。为此,该企业组织基层操作岗位员工与技术主管展开技术攻关,通过工艺调整、设备改进、操作优化等方面,有效减少了高温制管中的不合格率。该企业的基层操作岗位员工根据上述课题攻关进程,着手撰写技能类专业技术论文一篇,其技能实践提炼要点见表5-20。

表5-20　　　　先进制造业技能实践提炼要点

环节	主要内容
论文选题方法	追溯验证法
确定论文主题	降低某牌号核电用管高温挤压制管工序中的端部裂纹发生率
确定论文类型	事件探究类论文
论文撰写思路	总纲概括(端部裂纹)→分析论证(要因及方法)→总结回顾
系统收集素材	国内外同类产品的生产工艺技术参数、用户的技术要求、本企业生产中的端部裂纹发生率等
论文撰写方法	快捷集成五步法
背景技术	国内外核电用管高温挤压制管工艺技术及特点,国产化的重要性
存在问题	高温挤压制管工序中的端部裂纹发生的原因及后果
解决方案	从工艺、设备、操作三方面着手执行解决端部裂纹的技术方案,并对该方案进行论证,现场应用的过程信息等
实施成效	实施前后的端部裂纹参数对比、经济效益、社会效益
附件附录	生产工艺单、知识产权证明、单位效益证明、获奖证书等

【示例】现代服务业技能实践

某特大型城市的国际会展中心承担着国内外会展功能,每年会展日不少于250天。会展期间,人流量大且客源组成结构复杂。因此,保障会展期间的安全性对于会展顺利进行至关重要。在地方政府专业监管部门及会展中心管理部门的检查中，屡次发现会展中心存在消防安全隐患。会展中心安保部门组织专项整治，优化管理制度，改善设施布局，加强违章行为治理，使消防安全管理能力得到明显提升。根据上述专项改进情况，形成技能类专业技术论文一篇，其技能实践提炼要点见表5-21。

表5-21　　　　　　　　　现代服务业技能实践提炼要点

环节	主要内容
论文选题方法	小题大做法
确定论文主题	降低某会展中心消防隐患发生率
确定论文类型	实践综述类论文
论文撰写思路	总纲概括（消防隐患）→分析论证（要因及方法）→总结回顾
系统收集素材	国内外会展中心消防设施技术参数及消防管理的制度方法
论文撰写方法	快捷集成五步法
背景技术	国内外会展中心消防设施及消防管理的相关素材
存在问题	会展中心消防设施、安全疏散、用火用电管理等方面的问题
解决方案	从人的不安全行为、物不安全状态、管理缺陷、环境缺陷等方面着手分析要因，制订解决方案
实施成效	实施前后的消防安全管理水平参数对比，经济效益、社会效益
附件附录	消防安全整治通知单、消防安全管理制度及日常检查表、知识产权证明、获奖证书等

第 6 章
知识产权与专利基础知识

随着经济与社会的发展，人们对知识产权的重视程度在不断地增长。知识产权作为企业最重要的智力资产，是促进企业科技创新、提升核心竞争力的重要源泉，对提高产品质量和产品科技水平起到重要作用。而产品质量和先进性的大幅提升，也反过来促进企业对知识产权的开发、保护和运用，提高了企业科技创新能力和核心竞争力，使产品在市场竞争中处于领先地位，保证了企业的可持续发展。

第 1 节　知识产权与专利制度

一、知识产权的定义与特征

1. 知识产权的定义

知识产权是指一种无形财产权，是智力劳动者取得的成果并由智力劳动者依法对其成果享有的权利。知识产权包括工业产权和著作权两大部分。工业产权是指人们在生产实践中基于智力劳动所产生的一种特殊权利，它是知识产权的重要组成部分。著作权是作者依法对自己在文学、艺术、科学、工程技术等方面的作品所享有的权利。在不同背景或者不同语境的日常使用中，"知识产权"一词可以存在不同的含义：第一种含义是指知识产权之民事权利本身，例如"A 公司拥有 86 项自主知识产权"，就是指 A 公司拥有 86 项自主知识产权，如专利权、注册商标专用权等；第二种含义是指知识产权之权利客体或对象,例如"明年将重点推进科技创新与自主知识产权的实施",实际指的就是实施已经获得知识产权权利的发明创造或技术成果;第三种含义是指知识产权之法律制度,例如"知识产权已经为一项重要的民事法律制度"。

2. 知识产权的特征

(1)专有性。知识产权的权利主体,依法享有独占使用智力成果的权利。权利人以外的任何人,不得享有或使用该项权利。

(2)地域性。知识产权只在特定国家或地区的地域范围内有效,除签有国际公约或双边互惠协定外。由一国法律所保护的某项权利,只在该国范围内发生法律效力。

(3)时间性。依法产生的知识产权,一般只在法律规定的期限内有效。但各国法律对保护期限的长短可能不同,只有进行国际申请时,才会统一保护期限。

(4)绝对权。在某些方面类似于物权中的所有权,可以直接使用、收益、处分,以及为他人支配(在不发生占有问题的情况下),具有排他性和转移性等。

(5)法律限制。知识产权虽然被法律承认具有排他的独占性,但由于人的智力成果具有高度的公共性,在社会中与文化和产业的发展有密切联系,不适合被任何人长期独占。所以法律对知识产权规定了各种积极和消极的条件,对其进行了法律限制。

综上定义和特征,归纳知识产权具备以下几个特点:特定国家机关、特定法律、特定人、特定条件、特定发明创造、特定程序、特定保护、特定激励效果、特定权利。

二、知识产权的表现形式

根据我国民法典的相关界定,知识产权包括著作权、专利权、注册商标专用权、发现权、发明权和其他科技成果权。相对于高技能人才而言,涉及的知识产权形式主要有以下几种。

1. 专利(专利权)

专利权是国家根据发明人或者设计人的申请,以向社会公开发明创造内容或设计的内容为前提,由政府根据法定程序于特定、有限期间内授予专利申请人的一种排他性权利。根据我国专利法的规定,专利包括发明、实用新型和外观设计三种。其中,发明专利权的保护期限为20年,实用新型专利权的保护期限为10年,外观设计专利权的保护期限为15年。(注:专利法意义上"发明"或"实用新型"保护的是该专利技术的具体技术方案,以权利要求书确定的范围为准,而并非直接的专利产品。)

2. 技术秘密

技术秘密是能为权利人带来经济利益、经过权利人采取了保密措施的且不为公众所知悉的一种技术信息，其属于商业秘密范畴。

技术秘密主要是凭借经验或技能产生的，在工业化生产中适用的技术情报、数据或知识，包括产品配方、工艺流程、技术秘诀、设计、图样（含草图）、试验数据和记录、计算机程序等，而且这些技术信息尚未向社会公众公开，即尚未获得专利等其他知识产权保护。理论上技术秘密的含金量远高于专利的含金量，只有在技术秘密即将被同行突破前，才会解密并申请专利以继续得到一定期限的保护，由无限期保护转为有期限保护。

3. 著作权

生产一线创新的成果，可以通过技术论文之类的信息载体为媒介公开发表，方能得到社会承认而成为生产力，造福于人类并留传后世。发表技术论文也是技能人才展现自我见识的主要途径之一。在我国，著作权又称版权，是指法律保护文学、艺术、科学领域的原创作品，未获作者同意，别人不能复制或使用。目前，作者的署名权、修改权和保护作品完整权的保护期限不受限制，除此之外的著作权保护期限为作者终生及其死亡后50年。

三、专利的定义、特性及其申请的目的

1. 定义

"专利"一词在世界各国没有一个明确的注释，通常泛指以下三种意思。

（1）专利权。在一定时期内享有的独占使用及支配自己发明创造的权利。主要强调的是一种专有权，他人未经授权，无权实施本人享有的专利权。

（2）专利技术。专利法所保护的实质性发明创造，是受国家认可的，并且在公开的基础上受到法律保护的，具有独创性的专有技术、发明创造，也可理解为专利产品。

（3）专利文献。是由专利局颁发，能够确认申请人对自己的发明创造享有的专利权的公文证书，或者是具体记载发明创造内容的文献，是一种具体看得到的文件。

2. 特性

专利的特性一般指申请之前的申请特性和获得权利之后的得权特性。申请特性分为新颖性、创造性和实用性，得权特性分为排他性、区域性和时间性。

（1）申请特性

1）新颖性。简单判断标准为"我和你不一样"，也就是在是否具有新颖性的判断时进行"一对一"的比较，即"我就单独和你比，跟他没关系"。具体定义是指该发

明或者实用新型不属于现有技术；也没有任何单位或者个人就同样的发明或者实用新型在申请日以前向国务院专利行政部门提出过申请，并记载在申请日以后公布的专利申请文件或者公告的专利文件中。需要特别关注的是，如果要求保护的发明或者实用新型与对比文件的区别仅仅是所属技术领域"惯用手段的直接置换"的发明或者实用新型，则该发明或实用新型不具备新颖性，如"焊接"和"铆接"即为惯用手段的直接置换，虽然也是"我就单独和你比，跟他没关系"，但其也不具备新颖性。

通常，可以这样判断发明或实用新型不具备新颖性。

其一，存在置换基础，有相对应特征。

其二，在各自方案中所起的作用相同。

其三，均为本领域解决相同技术问题惯常采用的技术手段。

其四，与其他技术特征的关系不应被改变和没有关联。

特殊情况下，也有不丧失新颖性的"宽限期"。若申请专利的发明创造在申请日以前 6 个月内，有下列情形之一的，不丧失新颖性。

——在中国政府主办或者承认的国际展览会上首次展出的。

——在规定的学术会议或者技术会议上首次发表的。这里所称学术会议或者技术会议，是指国务院有关主管部门或者全国性学术团体组织召开的学术会议或者技术会议。

——他人未经申请人同意而泄露其内容的。

【案例】

杂交水稻为什么在国内外都不能申请专利？

专利技术申请的三个条件是新颖性、创造性、实用性。其中新颖性是指现有技术中所没有的，并且从来没有被公布过、使用过。

但是，在杂交水稻大获成功的那个年代，我国国人的专利保护意识不强。我国的很多新闻媒体在报纸、杂志上进行了很多有关杂交水稻的报道甚至发表了相关论文，从而破坏了专利申请的新颖性，导致杂交水稻因公开而成为现有技术，再也无法申请专利。

2）创造性。创造性评价是在新颖性评价之后进行的。只有具备新颖性的条件下才考虑创造性。简单判断标准为"我和你们加起来不一样"，也就是"一对多"的组合比较，即"我和你们每一个单独对比已经都不一样，我还和你们加起来对比也不一

样"。具体定义是指与现有技术相比,该发明具有突出的实质性特点和显著的进步。如图 6-1 所示,现有技术 3 建立在现有技术 1 和现有技术 2 基础上,但现有技术 3 具有实质性特点和进步。

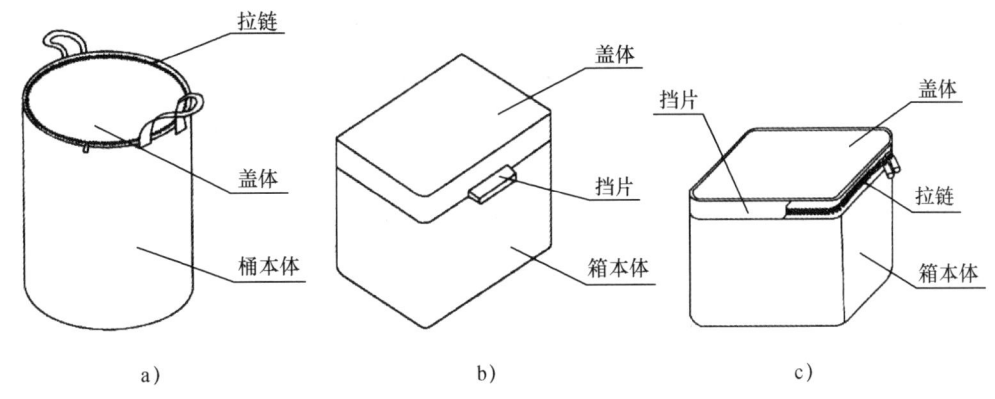

图 6-1 现有技术中的创造性
a) 现有技术 1 b) 现有技术 2 c) 现有技术 3

3) 实用性。实用性的简单判断标准为"实现的可能性和能重复实现",和怎么实现的或有没有实现无关。具体定义是指该发明或者实用新型能够制造或者使用,并且能够产生积极效果。

不具有实用性的典型情形:无法实现,如可看见鬼的眼镜;纯手工技艺(不具有产业可应用性);无再现性,如偶然烧制出的陶瓷物品;违背自然规律,如永动机;利用独一无二的自然条件的发明,如敦煌石窟;人体或动物的非治疗目的的外科手术方法;无积极效果,如在自然河道中洗矿的方法、测量人体在极端情况下的生物参数的方法。

在专利申请中,中国和多数国家都实行的是先申请制,即同样的发明创造若有两件或两件以上提出专利申请的,专利权授予最先提出专利申请的人。目前,仅在美国、菲律宾实行先发明制,即就同样的发明创造提出两件或两件以上专利申请的,专利权授予最先完成发明的人。

(2) 得权特性

1) 排他性。指在一定时间(专利权有效期内)和区域(法律管辖区)内,任何单位或个人未经专利权人许可都不得实施其专利,即不得以生产经营为目的地制造、使用、许诺销售、销售、进口其专利产品。但是,如果技术技能人员为了进一步研究创新创造,自行制作、剖析并使用的,不属于侵权行为。

2) 区域性(地域性)。指专利权是一种有区域范围限制的权利,这里的地域是以国家为单位。如果一项发明创造在中国申请了专利并获得专利权,只能在中国获得专利保护。如要在别的国家获得保护,就要依据该国的法律向该国也提出专利申请以获得在该国的专利权,即 PCT 国际专利。目前,在中华人民共和国境内申请的专利尚不能在香港特别行政区、澳门特别行政区及台湾省获得保护。

3)时间性。指专利权只有在法律规定的期限内才有效。专利权的有效保护期限结束以后,专利权人所享有的专利权便自动丧失,不能续展。发明便随着保护期限的结束而成为社会公有的财富,其他任何公众便可以自由地使用该发明来创造产品。专利受法律保护的期限的长短由有关国家的专利法或有关国际公约规定。

3. 专利申请的目的

(1)企业宣传。在宣传广告或产品时打上专利标志,消费者认为这种商品更具可靠性、信用性,提高企业的知名度。

(2)技术保护。防止他人模仿本企业开发的新技术、新产品。

(3)无形资产。纯技术一旦被授予专利权就变成了工业产权,形成了无形资产,具有了价值,可作为商品出售或转让。

(4)荣誉价值。提升企业荣誉与价值,也有利于个人评定职称、评优争先等。

(5)政策奖励。享受国家或地方政策对专利申请者的奖励或补助等。

(6)独占市场。一种产品只要被授予专利,就等于在市场上具有了独占权。

【案例】中国发明 VCD(激光压缩视盘)播放机,却被国外联合消灭

20 世纪 90 年代,中国一家企业发明了 VCD 播放机,由于没有申请专利,几年后全国出现了几百家 VCD 播放机生产企业。在国内企业不断地通过价格战来卖出 VCD 播放机的时候,国外并没有闲着,他们联合起来制定了一个新的标准,也就是后来的 DVD(数字激光视盘)播放机。

什么都比不过 DVD 播放机,VCD 播放机注定只有死路一条,还争什么争?于是 VCD 播放机大战迅速结束,国内企业再一次地一拥而上,用国外的技术标准制造 DVD 播放机,只要能赚钱就行。但是这次想赚钱就不是那么容易的了,DVD 播放机各项专利一共掌握在六个公司和联盟手中,每一个都要专利费,最后每台 DVD 播放机仅仅专利费就高达 10 美元,有的甚至达到 20 美元。而当时的 DVD 播放机的出口价格不过是 30~40 美元一台,也就是说价格中大部分都是专利费。当时中国占据了全球 90% 的 DVD 播放机产量,每年仅专利费就高达 15 亿美元。至于利润,当时有一句话:生产是死，不生产也是死。关键的原因就是 VCD 播放机没有申请专利。

4. 专利与反垄断法

"没有合法的垄断就不会创造更多的智力成果，就不会产生更多的知识信息，但是有了合法的垄断往往又不能使太多的智力成果被充分利用，又不能使太多的知识信息被广泛传播"，知识产权保护制度理想的最优化定位就是寻找出两者之间的最佳平衡点。

知识产权制度是一种合法垄断制度，也应当是一种合理、合情的垄断制度。合理、合情、合法的垄断制度应当建筑在利益平衡的基石上，利益平衡的基石又随着客观情势的变化，尤其是科学技术的进步、知识创新和知识扩散程度的变化而相应调整。知识产权保护制度的目标功能就是从法律的层面、以法律的权威来协调各方面的冲突因素，调制各方面的利益平衡，使之共存于相容的系统优化状态，推动全社会的科技进步、文化繁荣和经济发展，促进全方位的知识创新和知识扩散。可以说，保护权利人的知识产权只是知识产权制度设计和实务推动的中间目标，推动全社会的知识创新、知识扩散才是知识产权保护的终极目标。

专利法与反垄断法存在目的和功能上的一致性，它们都是为了促进创新和增进消费者的福利。但是二者也存在潜在冲突，即个人利益与社会利益的博弈与平衡。二者之间的冲突实质上反映的是专利权的私权利益与反垄断法维护的社会整体利益之间的矛盾冲突。鉴于二者之间关系的两面性，《中华人民共和国反垄断法》第五十五条规定：经营者依照有关知识产权的法律、行政法规规定行使知识产权的行为，不适用本法；但是，经营者滥用知识产权，排除、限制竞争的行为，适用本法。这实际上也是从两方面表明了反垄断法对知识产权的态度，即一方面是对知识产权正当行使行为的豁免，另一方面是对知识产权滥用行为的规管。

四、专利制度的实质和专利申请的本质

1. 专利制度的实质

专利制度的实质以"公开"换"权利"。公开即申请人必须将发明创造向公众公开，让他人有研究和做出新的发明的机会。权利即国家授予专利权人一定时间、一定地域的排他权。《中华人民共和国专利法》第十一条指出：发明和实用新型专利权被授予后，除本法另有规定的以外，任何单位或者个人未经专利权人许可，都不得实施

其专利。所谓申请专利权，相当于国家与发明创造的申请人之间签订的一种"合同"，即你同意公开，我给你保护。

2. 专利申请的本质

专利申请的本质是通过把技术方案用法律的形式保护起来，形成一种有价值的资产，在规定的时间内对其进行保护，以鼓励开发者，然后推动社会进步。

五、职务发明与非职务发明

1. 职务发明的概念

（1）执行本单位任务时完成的发明创造。即：在本职工作中完成的发明创造；履行本单位交付的本职工作之外的任务所作出的发明创造；退休、调离原单位后或者劳动、人事关系终止后 1 年内作出的、与其在原单位承担的本职工作或者原单位分配的任务有关的发明创造。

（2）主要是利用本单位的物质技术条件完成的发明创造。这里所指的本单位，包括：正式工作单位；临时工作单位，如作为雇员/职员、作为享受薪酬的顾问、作为正式工作单位派出人员等。物质技术条件是指资金、设备、零部件、原材料或者不对外公开的技术资料等，包括水电、房屋、办公条件、人力资源等。

职务发明的专利权人是单位。单位可以依法处置其职务发明创造申请专利的权利和专利权，促进相关发明创造的实施和运用。但是，如果单位认为该技术是行业核心技术，或者行业尚未完全成熟、有待于进一步研究开发的技术，同时也不想过早地成为专利而被公开，单位可以主张暂时不做专利申请，继而转为企业技术秘密先行保护；同样，该专利权的处分权均为单位所有，发明人不具有处分权。

职务发明的申请人和专利权人均是单位，根据《中华人民共和国专利法实施细则》相关奖励条例的规定，单位的发明人具有被奖励的权利，不是申请人和专利权人。根据著作权法相关规定，单位的发明人具有署名的权利，即在专利文件中写明自己是发明人或者设计人的权利。

2. 非职务发明的概念

所谓非职务发明是指在本职工作范围之外、没有得到单位的任何帮助、不属于单位交给的任务、没有任何其他合同约定情况下的发明创造。

非职务发明创造，申请专利的权利属于发明人或者设计人。申请被批准后，该发明人或者设计人为专利权人。

六、专利权人与发明人的权利

1. 专利权人的权利

(1) 可以实施自己的专利(也称独占实施权)。

(2) 可以允许其他单位和个人实施其专利(许可权)。

(3) 可以要求侵权者停止侵权行为,专利权人因专利权受到侵犯而经济上受到损失的,可以要求侵权者赔偿(请求保护权)。

(4) 可以转让其专利(转让权)。

(5) 可以放弃其专利(放弃权)。

(6) 可以在专利产品或者该产品的包装上标明专利标记和专利号(标记权)。

2. 发明人的权利

(1) 署名权。

(2) 被授予奖励权。

被授予专利权的单位应当对职务发明创造的发明人或者设计人给予奖励;发明创造专利实施后,根据其推广应用的范围和取得的经济效益,对发明人或者设计人给予合理的报酬。国家鼓励被授予专利权的单位实行产权激励,采取股权、期权、分红等方式,使发明人或者设计人合理分享创新收益。

被授予专利权的单位可以与发明人、设计人约定或者在其依法制定的规章制度中规定专利法规定的奖励、报酬的方式和数额。同时,企业、事业单位给予发明人或者设计人的奖励、报酬,还需按照国家有关财务、会计制度的规定进行处理。

如果被授予专利权的单位未与发明人、设计人约定,也未在其依法制定的规章制度中规定专利法规定的奖励的方式和数额的,应当自专利权公告之日起3个月内发给发明人或者设计人奖金。一般,一项发明专利的奖金最低不少于3 000元;一项实用新型专利或者外观设计专利的奖金最低不少于1 000元。

此外,由于发明人或者设计人的建议被其所属单位采纳而完成的发明创造,被授予专利权的单位应当从优发给奖金。

如果被授予专利权的单位未与发明人、设计人约定,也未在其依法制定的规章制度中规定专利法规定的报酬的方式和数额的,在专利权有效期限内,实施发明创造专利后,每年应当从实施该项发明或者实用新型专利的营业利润中提取不低于2%或者从实施该项外观设计专利的营业利润中提取不低于2%,作为报酬给予发明人或者设计人,或者参照上述比例,给予发明人或者设计人一次性报酬;被授予专利权的单位许可其他单位或者个人实施其专利的,应当从收取的使用费中提取不低于10%,作为报酬给予发明人或者设计人。

七、推广应用与强制许可

1. 推广应用

国有企事业单位的发明专利,对国家利益或者公共利益具有重大意义的,国务院有关主管部门和省、自治区、直辖市人民政府报经国务院批准,可以决定在批准的范围内推广应用,允许指定的单位实施,由实施单位按照国家规定向专利权人支付使用费。

2. 强制许可

有下列情形之一的,国务院专利行政部门根据具备实施条件的单位或者个人的申请,可以给予实施发明专利或者实用新型专利的强制许可。

(1) 专利权人自专利权被授予之日起满三年,且自提出专利申请之日起满四年,无正当理由未实施或者未充分实施其专利的。

(2) 专利权人行使专利权的行为被依法认定为垄断行为,为消除或者减少该行为对竞争产生的不利影响的。

(3) 在国家出现紧急状态或者非常情况时,或者为了公共利益的目的,国务院专利行政部门可以给予实施发明专利或者实用新型专利的强制许可。

(4) 为了公共健康目的,对取得专利权的药品,国务院专利行政部门可以给予制造并将其出口到符合中华人民共和国参加的有关国际条约规定的国家或者地区的强制许可。

(5) 一项取得专利权的发明或者实用新型比前已经取得专利权的发明或者实用新型具有显著经济意义的重大技术进步,其实施又有赖于前一发明或者实用新型的实施的,国务院专利行政部门根据后一专利权人的申请,可以给予实施前一发明或者实用新型的强制许可。

在依照前款规定给予实施强制许可的情形下,国务院专利行政部门根据前一专利权人的申请,也可以给予实施后一发明或者实用新型的强制许可。

八、专利申请的审批流程

专利申请流程一般包括受理、初审、专利申请公布、专利申请实质审查和授权五个阶段。在初审阶段,国务院专利行政部门主要进行以下方面的审查工作:保密审查;是否明显违反国家法律、社会公德或妨碍公共利益;是否属于不授予专利权的主题;

是否明显缺乏技术内容不能构成技术方案；是否明显缺乏单一性。如果是实用新型专利申请，还要审查申请是否明显与已有专利相同。

专利申请审批流程图如图 6-2 所示。

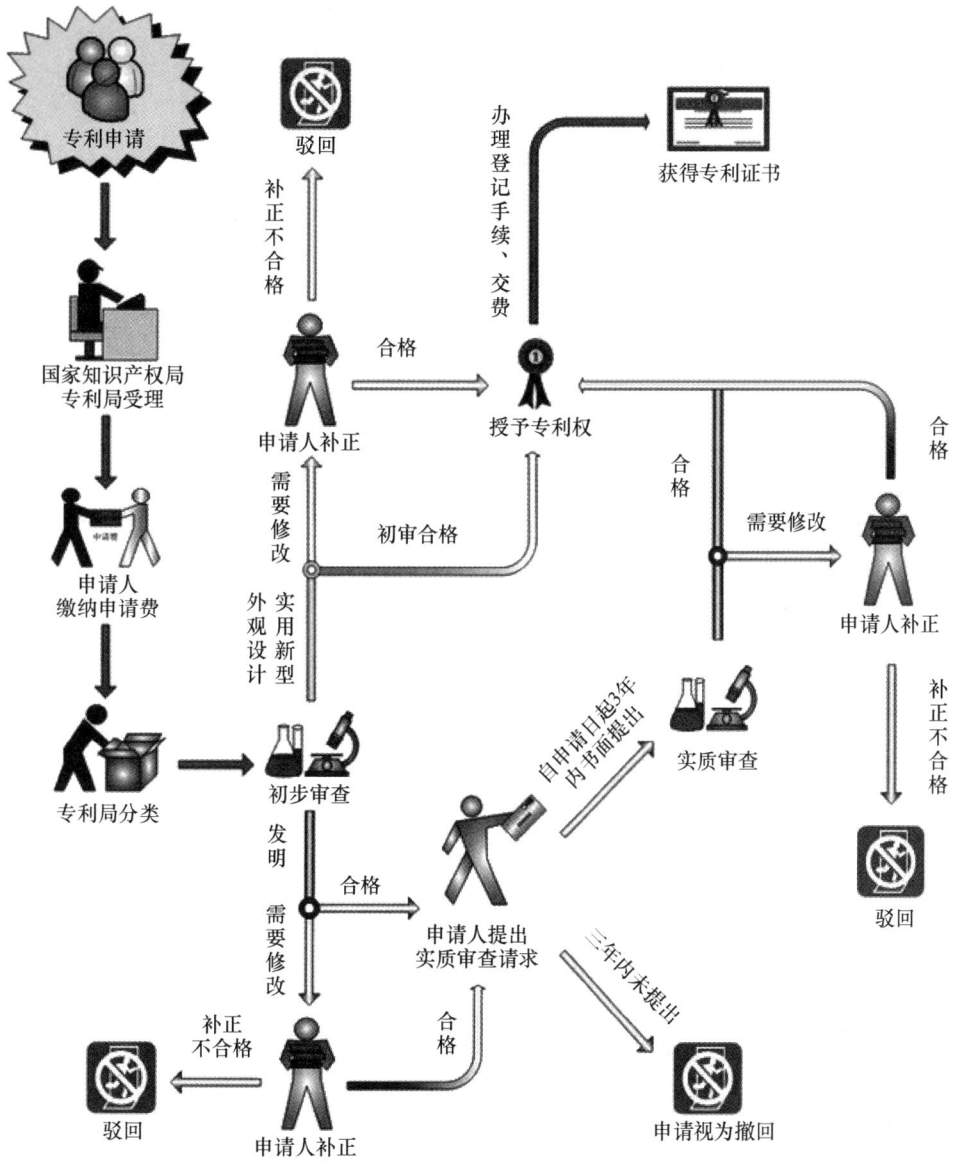

图 6-2　专利申请审批流程图

第2节 专利检索

一、专利检索的目的

专利检索是专利申请前的一个程序,它并不是必需的,却是有必要的。根据国外专利机构的数据调查,有66%以上的发明专利最后是不能获得授权的,这里面绝大多数都是因为存在先公开的文献,缺乏新颖性而致。

专利检索行业里也称"专利查新",就是在申请专利之前需要检索所有的已公开的专利信息,防止盲目重复研究申请(一旦重复申请即有可能侵犯他人的在先专利权)。专利检索同时还能判断所要申请的技术成果获得专利权的前景。

专利检索可登录国家知识产权局网站专利检索系统实施检索,网址为http://www.sipo.gov.cn/。该网站检索系统收录了自1985年9月10日以来公布的全部中国专利信息,包括发明、实用新型和外观设计三种专利的著录项目及摘要,并可浏览各种说明书全文及外观设计图形。

二、专利检索的意义

专利检索的意义在于通过必要的检索,使单位或个人了解世界专利的动态,避免重复开发与资金浪费。

任何单位或个人都不能保证自己的想法是世界上独一无二的,你能想到的发明专利,别人很有可能也已想到,所以任何单位或个人在申请专利前,都应认真检索——自己的想法是否已经被别人实现,专利是否已经出现在世界各大专利局的数据库中而不自知,通过做申请前的初步专利检索来完善申请方案。通过申请前的初步检索,可以获得一些相关的对比文件,其中很有可能包含着可以借鉴之处,这有助于申请人完善技术方案,以更好地提出技术方案,获得最佳的保护效果。即使申请的专利获得授权后也需进行专利检索,这样能时刻跟踪授权专利的法律状态和行业技术发展,维护自己的专利权,做好专利被侵权诉讼的充分准备。

三、专利检索的方法

专利检索的方式很多。若采用纸质件检索,所查资料一般最不容易出错,最具有证据效力，但其在专利检索过程中效率低。软件检索包括微缩胶片式、磁介质和光盘检索，微缩胶片式、磁介质和光盘专利文献具有所占空间小、存储密度高、保存寿命长、易于复制等优点，其中光盘检索虽然较快，但是光盘检索的有限共享性限制了其使用范围，而且更新的速度也有一定的限制。计算机网络专利检索以其无可比拟的数据优势及检索方便快捷、不受时空限制等特点受到用户的青睐，成为目前专利检索的主要方式。本节主要介绍计算机网络专利检索。

1. 计算机字段检索

从检索入口可以选择进行单字段检索或多字段限定检索。每个检索字段均可进行模糊检索，用半角格式的"%"可以代表任意一个字母、数字或字；也可使用多个模糊字符，且可在输入检索字符串的任何位置使用，首位置可省略。

检索字段泛指每一类可被检索的专利信息著录项目。进行计算机检索时，根据专利数据库中各种字段的输入格式，在相应的检索入口中正确输入提问词进行检索，如主题词或关键词。在计算机检索中，只要专利记录中有著录项目字段，均可进行相应检索。可供检索的不仅有"分类号""人名"和"号码"等字段，而且还有"申请日期""公布日期"及"参考文件"等字段。

常用的检索字段示例见表6-1。

表 6-1　　　　　　　　　　常用的检索字段示例

序号	字段	举例
1	专利分类号	A47J27/02
2	专利权人（申请人）	KODAK
	发明人	John Michael
3	专利文献号	US5123456
4	专利申请号	CN97197738
5	主题词	计算机 OR 电脑 AND 鼠标
6	优先权项	US09/282046

计算机网络专利检索也是有不足之处的，主要表现在：一是专利数据库追溯检索时间短，目前只提供1970年以后的专利信息；二是系统的可靠性尚未能持续保持在高水平的状态，各种设备如出现故障将造成检索失败，带来时间和经济上的损失；三是要求检索人员有较宽的知识面、较高的外语水平及对不同数据库的了解，而发明人或申请人自身往往不能全面具备这些能力；四是检索的适应性有时较差，当用户有一个明确的信息需求时，利用计算机检索能获得较高的检索质量和效果，但在需求不明朗或含糊不清时，检索效果常常不理想，尤其在互联网上检索时，有时会受网络速度和

其他原因等的影响。

2. 国际专利分类表（IPC）导航检索

国际专利分类表（IPC）导航检索即利用 IPC 中各部、大类、小类，逐级查询到感兴趣的类目，点击此类目名称，可得到该类目下的专利检索结果。

IPC 导航检索同时提供关键词检索，即在选中某类目下，在发明名称和摘要等范围内再进行关键词检索，提高检索的准确性。

（1）IPC 中的部

A：人类生活需要

B：作业、运输

C：化学、冶金

D：纺织和造纸

E：固定构造

F：机械工程、照明、加热、武器、爆破

G：物理

H：电学

（2）IPC 中各部、大类、小类，大组、小组阶梯（见图 6-3、图 6-4）

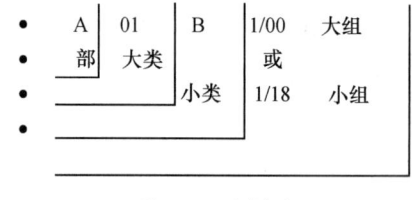

图 6-3　阶梯图

（3）示例

部和大类：

A21　焙烤

部、大类和小类：

A21B　食品烤炉；焙烤用机械或设备

部、大类、小类、大组和小组：

A21B 1/00　食品烤炉

A21B 2/00　使用高频或红外加热的焙烤设备

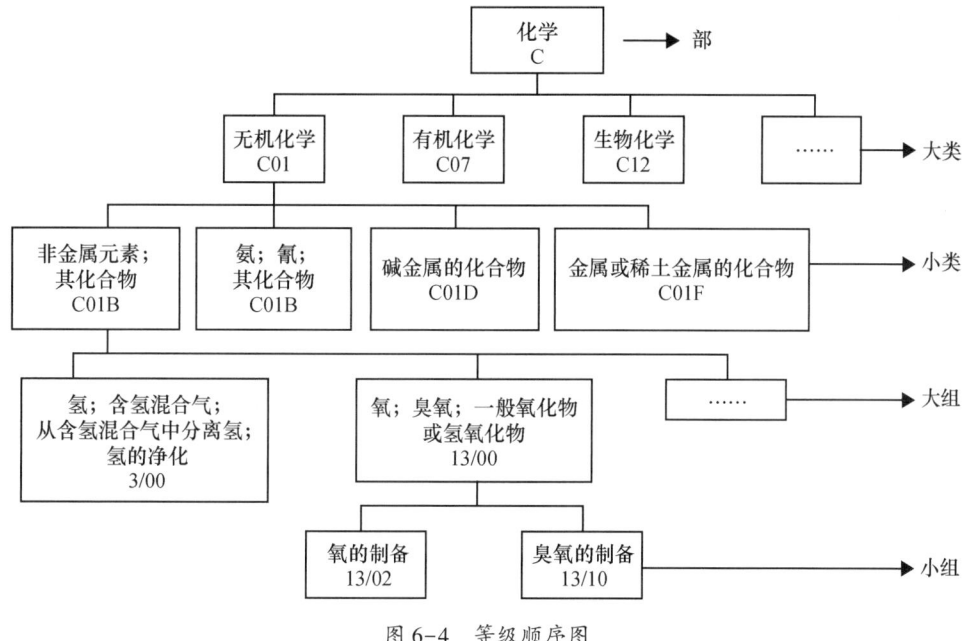

图 6-4 等级顺序图

3. 组合式命令检索

组合式命令检索就是利用布尔逻辑算符实现对多个检索词的联合检索。

（1）逻辑与（"AND"）。假设 A 和 B 是两个检索词，则用 "A AND B" 或 "A * B" 表示 A 与 B 必须同时存在。运用"逻辑与"表达式，可增强检索的专指性，缩小检索范围。

（2）逻辑或（"OR"）。用 "A OR B" 或 "A+B" 表示 A 或 B 中任何一个词存在都可以。运用"逻辑或"表达式，有助于提高查全率。

（3）逻辑非（"NOT"）。用 "A NOT B" 或 "A-B" 表示 A 必须存在，但不能有 B。"逻辑非"表达式主要用于排除那些与检索意图无关的文献，增强检索的准确性。

用这些逻辑算符将检索词组构成检索提问式，计算机将根据提问式与系统中的记录进行匹配。当两者相符时则命中，并自动输出该文献记录。"AND""OR""NOT"大小写均可。

检索式示例如下。

示例1：茶杯 or 水杯 or 茶缸 or 玻璃杯 and 壶 not 不锈钢杯子

示例2：箱体 or 罐体 or 筒体 or 储存盒子 and 储物柜 not 容置腔体

示例3：腈纶的制备（关键词法）

腈纶同义词：腈纶、聚丙烯腈纤维、丙烯腈系纤维、丙烯腈共聚物纤维、丙烯腈聚合物纤维。

制备同义词：制备、制造、生产。

检索策略：

S1：腈纶 or（%丙烯腈 and 纤维）

S2：（制备 or 制造 or 生产）

S3：S1 and S2

即（腈纶 or（%丙烯腈 and 纤维））and（制备 or 制造 or 生产）

示例4：腈纶的制备（分类号法）

经分析，与腈纶制备相关的分类号主要为 D01F6/18 和 D01F08/8。

检索策略：D01F6/18 or D01F08/8

第3节　技术交底书的撰写

一、专利挖掘技巧

1. 专利挖掘的原则

"我师傅是这样做的，我师傅的师傅也是这样做的，所以我也这样做的！"这就是大部分一线生产人员的思路。这种想法缺乏创新精神，缺少一种不断优化和改进的主动性和积极性。

"一个故障点就是一个启发点，一个启发点就是一个创新点。"故障就是一个变故劣化到失效的过程，技术人员要去发现这个过程，在过程中利用自己的技术进行状态跟踪并处理，将损失降低到最小。只要感觉自己的想法跟现有技术有区别，就可以顺藤摸瓜，看看该差别是不是解决了一定的技术上未能解决的问题，是不是具备了一定的技术上的效果，如果确实问题得到了解决而且具有一定的效果，就可以做略微深入的试验。研发技术人员普遍存在低估自己研发成果的问题，应该本着"宁可错挖一千，不漏网一项"的原则挖掘科研成果中的专利申请素材。

2. 挖掘思路的问题导向

以问题为导向挖掘专利素材，可重点聚焦：

（1）能否克服原来的缺点？

（2）能否增加技术上的功能？
（3）能否降低成本？
（4）能否简化结构？
（5）是否更加易于制造？
（6）故障率能否降低？
（7）安全是否更可靠？
（8）是否更加节能环保？

从中找出可形成专利的素材与内容。

二、技术交底书的概念与作用

技术交底书适用于发明或实用新型专利的申请。外观设计专利申请一般不需要提供技术交底书。

1. 技术交底书的概念

技术交底书是指在进行专利申请之前，发明人需要预先准备用于完成专利申请文件的文稿。该文稿是发明人对其发明内容及其相关技术的详细描述，是撰写专利申请文件的依据，是反映发明或实用新型的技术内容的书面材料。一份完整的技术交底书即为专利申请文件的说明书，也可称为技术说明书。

2. 技术交底书的作用

技术交底书是发明人把要申请专利的发明创造内容以书面形式提交给专利代理机构的参考文件，使专利代理人更容易理解发明人发明构思的特点和具体内容。一份内容全面、符合要求的技术交底书将有助于提高专利代理人的专利申请文件撰写质量和效率，更好地为发明人争取后续的权益。当然，也可以不邀请专利代理机构进行专利申请，但是申请人就需要自己撰写专利说明书，专利说明书的撰写要求比技术交底书更高。

三、技术交底书撰写的原则与方法

1. 技术交底书的撰写原则

重点突出背景问题。对本专利申请的发明点、改进点优先进行详细描述。

2. 技术交底书的撰写方法

可采用看图说话的方式撰写，先绘制直观的思路逻辑图，再对思路逻辑图进行解释说明即可，然后描述每个技术特征的优点、意义或价值。在撰写每个具体技术特征点时，要写清楚该技术点解决的技术问题、采用的技术手段，以及相应地达到的技术效果。确保形成三者之间的严格一一对应关系，这样逻辑性、原因关系很强烈，有利于提高将来专利审查答辩成功率，从而提高专利授权概率。

技术交底的思路逻辑图如图6-5所示。

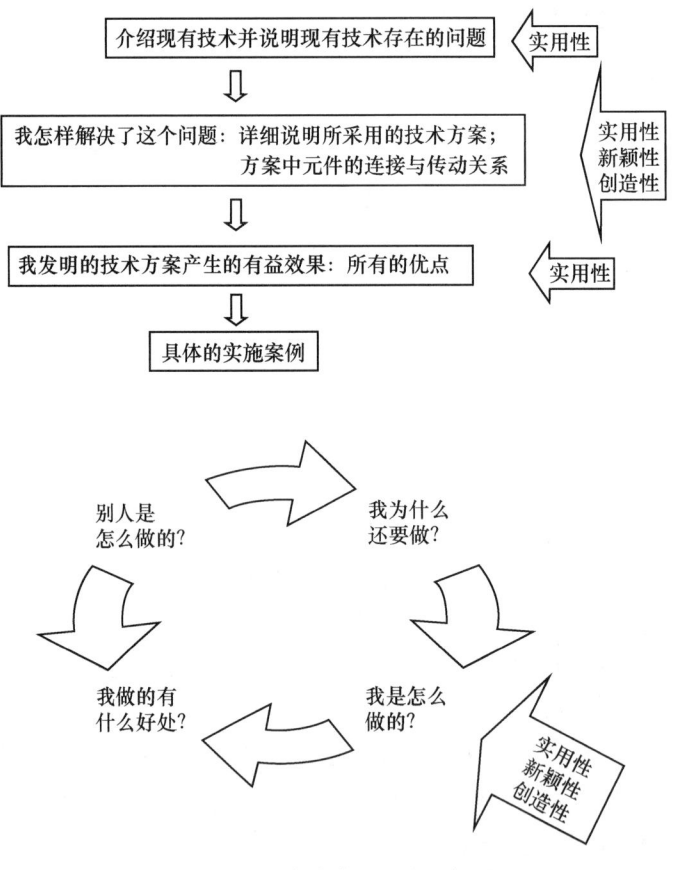

图6-5 技术交底的思路逻辑图

撰写技术交底书的时候，要始终把自己当作所属技术领域的技术人员，始终认为自己的交底书是写给所属技术领域的技术人员看的，且所属技术领域的技术人员肯定能看懂。所属技术领域的技术人员也可称为本领域的技术人员，是指一种假设的"人"，假定他知晓申请日或者优先权日之前发明所属技术领域所有的普通技术知识，能够获知该领域中所有的现有技术，并且具有该日期之前常规实验手段能力，但他不具有创造能力。

了解所属技术领域的技术人员概念的目的在于通过规范判断者所具有的知识和能力界限，统一对专利申请以及现有技术文献的理解，以及对创造性高度的要求，减少创造性判断过程中主观因素的影响。因为所属技术领域的技术人员是法律拟制的人物，它懂得多、会查阅、能实验、懂逻辑，所以在专利申请时判断专利新颖性和创造性时都要派其出场。

四、技术交底书的组成

1. 名称

名称写在交底书首页正文上方居中位置，与请求书中的名称一致，不得超过25个字，最多40个字（如化学领域），采用所属技术领域通用的技术术语，清楚、简要、全面地反映要求保护的主题和类型。

如：一件申请要求保护拉链产品和该拉链制造方法，应写成名称：拉链及其制造方法。不得使用人名、地名、商标、型号、商品名称、商业性宣传用语。名称举例如下（"√"表示名称合适，"×"表示不合适，下同）。

人名：周林频谱治疗仪　×
　　　频谱匹配治疗装置　√
地名：针对贵州新发现氟源的降氟组合燃料　×
　　　贵州茅台的制作方法　×
商标：癣灵露配制方法　×
　　　小儿速效感冒灵的制作方法　×
型号、商业性宣传用语：GCQ型高效磁化除垢器　×
　　　便携式牙刷　√

2. 技术领域

写明要求保护的技术方案所属的技术领域，目的是便于分类，同时也应是要求保护的技术方案所属或者直接应用的具体技术领域。

如：一项关于挖掘机悬臂的发明，其改进之处是将已有技术中长方形截面的悬臂改为椭圆形截面的悬臂。

以下为技术领域的几种写法：
本发明涉及一种挖掘机，特别是涉及一种挖掘机悬臂。√
本发明涉及一种建筑机械（上位技术领域）。×
本发明涉及一种截面为椭圆形的挖掘机悬臂（发明本身）。×

3. 技术背景

通常可采用引证现有技术文件（注明其出处）或指出公知公用情况（时间、地点等信息），简要说明该现有技术的主要结构和原理，客观地指出存在的主要问题。主要问题是指与发明所解决问题相关的且发明所能解决的问题，切忌采用诽谤性语言。

一个好的技术背景应该能够回答以下 10 个问题。

（1）发明直接指向的技术范围是什么？

（2）对于一个普通技术领域的人员来说，实际的发明申请是什么？

（3）在本领域中，普通技术领域的技术人员应该具有怎样的技术水平？

（4）这个技术领域是如何发展的？

（5）这个技术领域的是开阔的还是狭小的？

（6）这个技术领域的什么问题或缺点将会被本发明所解决？

（7）在什么情况下，这个领域中的该问题变为已知的存在？

（8）以前的技术中，这个问题为什么没能成功解决？

（9）现有技术中有什么相似的缺点、不足，以及这些缺点不足如何被克服的？

（10）什么是使现有技术远离本发明所建立的结果？

4. 发明目的

专利文件通常在指明背景技术不足之处的基础上提出专利技术方案要解决的技术问题或要达到的技术效果，即专利的发明目的。虽然发明目的只有几个字或几十个字，但有很重要的意义。发明目的的写法有可能导致发明公开不充分或发明创造没有完成的严重后果。发明公开不充分或发明创造没有完成有可能导致专利无效。发明目的是根据背景技术推导出来的，起承上启下作用，如果发明目的有问题，技术方案就有可能跟着出错，并且影响发明效果和实施方式的描述。

初涉发明的人，尤其是初次申请专利的人容易在主观上拔高自己的发明，在这种主观意识的支配下，很容易给出一个膨胀或夸大的发明目的。发明目的是专利申请的主题，发明人应解决什么问题就写什么问题，尽可能缩小目的。

要注意的是，如果在发明目的中描述了结构简单、制造成本低，那么在技术方案里也要有相应的描述，并且还要在实施方式里要有支持性的描述，否则也有可能存在公开不充分或发明创造未完成的问题。

5. 发明内容

（1）要解决的技术问题。发明或实用新型所要解决的技术问题，是指发明或实用新型要解决的现有技术中存在的问题。通常针对最接近的现有技术中存在的问题并结合本发明或实用新型所取得的效果提出，也就是本发明或实用新型所要完成的任务。

技术问题实质上是对所讨论的发明创造是否具有产业实用性的讨论。

(2) 技术方案。技术方案是对要解决的技术问题所采取的利用了自然规律的技术手段的集合，应当能够解决在"要解决的技术问题"中描述的那些技术问题，要公开充分、清楚、完整，包括全部必要技术特征，即所有技术手段。如：

一个技术方案：一种汽车，包括四个座位、四个轮子、一个方向盘。其特征是所述方向盘是折叠型的。

其中，"四个座位""四个轮子""一个方向盘""方向盘是折叠型的"分别为它的四个必要技术特征。"方向盘是折叠型的"是必要技术特征当中与现有技术有区别的技术特征。

具体撰写要求：

1) 公开充分。《中华人民共和国专利法》第二十六条第三款规定："说明书应当对发明或者实用新型作出清楚、完整的说明，以所属技术领域的技术人员能够实现为准。"即本领域技术人员应能够依照现有的公知常识和常规技术手段直接且毫无疑义地推断出可以解决技术问题的技术方案。需要注意的是，如果一件申请中存在没有充分公开的技术特征，或者"本领域技术人员"也不能证明是领域中所公知的技术特征，这样的申请会被直接驳回。

2) 清楚。主题明确，交底书应当写明发明或者实用新型所要解决的技术问题以及解决其技术问题采用的技术方案，并对照现有技术写明发明或者实用新型的有益效果。例如：由于计算机程序属于"智力活动的规则和方法"，因此在设置主题时，不能将主题设置成"一种程序""一种补丁"等，可以根据计算机程序的流程撰写相应的方法和产品类权利要求，例如"一种……方法""一种……装置"。交底书应当使用发明或者实用新型所属技术领域的技术术语，不得含糊不清或者模棱两可，以致所属技术领域的技术人员不能清楚、正确地理解该发明或者实用新型的内容。

3) 完整。交底书应当对发明或者实用新型作出清楚、完整的说明，以所属技术领域的技术人员能够实现为准。

6. 技术效果

由技术方案直接带来的，或者由技术方案必然产生的技术效果，是确定发明是否具有"显著的进步"的重要依据。不得只断言具有有益的效果。

技术效果包括：产率、质量、精度和效率的提高；能耗、原材料、工序的节省；加工、操作、控制、使用的简便；环境污染的治理与根治；有用性能的出现。

7. 附图说明

（1）附图要求。交底书根据内容需要，可以有附图，也可以没有附图，但实用新型交底书必须有附图。附图和交底书中对附图的说明要图文相符。附图的形式可以是基本视图、剖视图，也可以是示意图或流程图。有附图的，应给出附图说明，附图不止一幅的，应当对所有附图作出书面说明。附图说明应写明各附图的图号和图名，对各附图作简略说明，必要时可将附图中标号所示零部件名称列出。例如：

图1是本实用新型的××图。

图2是××图横截面构造图。

图3是图2的 $1—1$ 剖视图。

图中，1外壳、2弹簧、3后盖、4隔离片、5圆柱体、6电极片、7隔离层、8挡片、9驱动装置、10转轴、11联轴器、12柱销、13定位孔、14传动杆。

（2）附图的形式。对于机械或结构领域的发明创造可以采用各种视图反映产品的形状和结构。对于电学领域的发明创造可以是电路图、框图、示意图；对于化学领域的发明创造可以用化学结构式、化学反应式作为附图；对于方法发明，附图可以是表示该方法各步骤的工艺流程图。如图6-6所示。

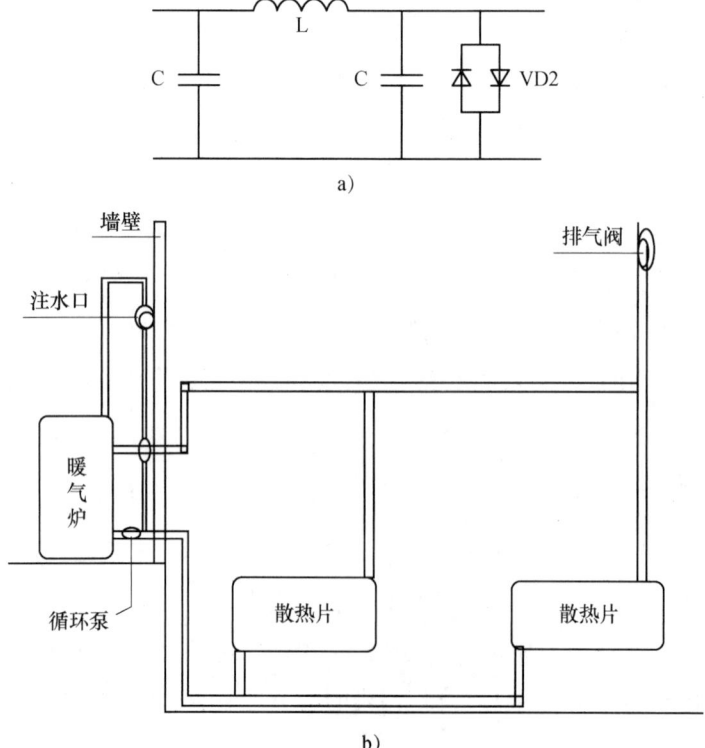

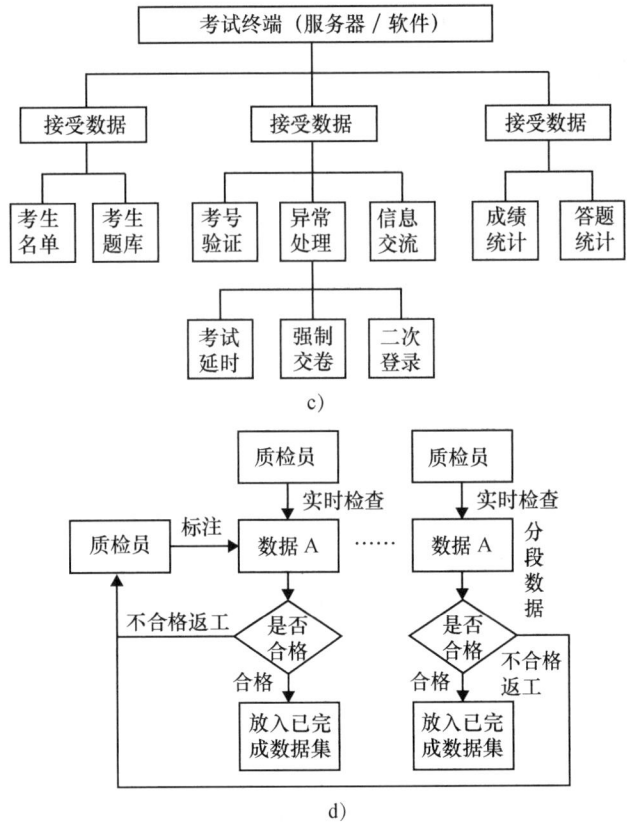

图 6-6 附图的形式

a) 电路图　b) 结构示意图　c) 框图　d) 工艺流程图

8. 实施方式

本部分详细描述申请人认为实现发明或者实用新型的优选的具体实施方式。在适当情况下，应当举例说明。有附图的，应当对照附图。附图标记或者符号应当与附图中所示的一致。

具体实施方式部分应详细记载技术方案的实施过程，展示实施案例的各个具体细节。它是判断交底书是否充分公开、说明书能否支持权利要求的保护范围的重要依据。

对于产品专利，应当描述产品的机械构成、电路构成或者化学成分，说明组成产品的各部分之间的相互关系。

对于方法专利，应当写明其步骤，包括可以用不同的参数或者参数范围表示的工艺条件。

当权利要求相对于背景技术的改进涉及数值范围时，通常应给出两端值附近的实施案例。当数值范围较宽时，还应当给出至少一个中间值的实施案例。

交底书的实施案例是为了支撑专利文件要求保护范围的完整性和饱满性而存在的，文件的技术方案是对交底书实施案例技术方案的高度概括。如果交底书实施案例多，要求保护的范围在撰写的时候可以有充分的支持来实现更上位的概括。举个最简单的例子，实施案例说了某个部件的制造材料可以为铁、铜、铝、金、银、锰等，那么申请人在撰写要求保护范围的时候可以概括为"该部件的制造材料为金属"，这里的"金属"就是"铁、铜、铝、金、银、锰"的属性概念，而如果实施案例只写了该制造材料为铁，那再写"该部件的制造材料为金属"，这样的属性概括显然就是不合理的，因为专利审查其实是一个相对死板的过程，没有在申请文件中写的，审查员都可以合理地质疑不能实施或不能实现。这样的属性概括对于数值范围同样适用。在提交审查的申请文件要求保护的范围被审查员以不具备新颖性或创造性驳回的时候，如果实施案例放得多，申请人可以有充足的修改余地，只要实施案例有内容，那就可以在不超范围的情况下进行修改；而如果实施案例放得少，内容少，那修改余地自然就很少，申请的案子就更容易被驳回。

有些情况下，精明的申请人会把最想要保护的技术方案不在权利要求中体现，而是隐藏在交底书实施案例中，在最后确定能够获得授权时，才利用答复通知书的修改机会或是利用分案的策略来达到迷惑竞争对手、实现最大化保护的目的。

第4节 申请文件的撰写

专利申请文件应当包括请求书、说明书（必要时应当有附图）及其摘要、权利要求书。专利申请文件是启动专利申请程序的必要条件、专利审查的基础和依据、专利行政部门向社会公布的技术和法律信息，以及阐明申请人要求保护的范围、申请被批准授权后判断侵权的法律文件。申请文件的撰写质量是极其重要的，决定能否获得授权以及授权后的保护范围大小。绝大多数的期限和费用的问题是可以通过恢复程序补救的，但文件的错误往往难以补救。

一、请求书

请求书是申请人向专利局表示请求授予专利权愿望的一个文件，通常是专利局印成固定的表格，申请人按照要求填写。请求书的内容主要是发明创造的情况，即发明或实用新型、外观设计的名称。外观设计专利请求书还应当写明使用该外观设计的产品名称以及这些产品所属的类别。

二、摘要

摘要是指说明书摘要,通过阅读摘要了解发明创造的概要。摘要仅是一种技术情报,不具有法律效力。摘要的内容不属于发明或者实用新型原始公开的内容,不能作为以后修改说明书或者权利要求书的根据,也不能用来解释专利权的保护范围。

说明书摘要应当写明发明或者实用新型专利申请所公开内容的概要,即写明发明或者实用新型的名称和所属技术领域,并清楚地反映所要解决的技术问题、解决该问题的技术方案的要点以及主要用途,不超过300字,不得使用商业性宣传用语。有附图的专利申请,还应当提供一幅最能说明该发明或者实用新型技术特征的附图作为摘要附图。

【示例】

本实用新型公开了一种人孔保护盖,其包括第一锥形盖、第二锥形盖、导向杆、弹簧和压紧杆。所述导向杆的一端与所述第一锥形盖固定连接,所述第二锥形盖安装在所述导向杆上,并可相对所述导向杆滑动;所述弹簧套在所述导向杆上,位于所述第一锥形盖和第二锥形盖之间;所述压紧杆与所述第一锥形盖固定连接,所述压紧杆的一端通过销轴与人孔本体连接,另一端通过人孔本体上的锁紧机构固定。本实用新型的人孔保护盖,可有效避免人孔发生泄漏现象,同时也大大提高了使用寿命。

三、说明书

说明书的撰写可以参照技术交底书的撰写方法,可以这样理解,如果聘请了代理人就写技术交底书,如果自己直接申请就写说明书。

说明书是发明和实用新型专利申请文件的重要部分,也是最长的部分,用以说明发明或实用新型最具体的内容。说明书具有以下两个重要作用。

第一,按照专利制度的规定,公开专利技术主要内容的作用。说明书是要向社会公开的,让社会大众都可以了解你的发明内容,也可以理解是一种未授权前的公众审查,同时,公众也可以在其技术基础上进行进一步的深化研究。只有在技术公开的前提下，专利法才能授予该项发明创造享有独占权。

第二，圈定专利权范围。说明书是专利发明人撰写权利要求书保护范围的根据基础，一旦专利授权以后，专利范围的权利即来自说明书。将来一切由于保护范围引发的专利质疑或专利诉讼都可以在说明书中找到。

基于说明书在专利制度中所起的重要作用，各国法律都无例外地要求说明书对发明创造的内容作出清楚、完整的说明，即"充分公开"。《与贸易有关的知识产权协定》第二十九条就有这样的规定："成员应要求专利申请人以足够清楚与完整的方式披露其发明，以使同一技术领域的技术人员能够实施该发明。"充分公开是对发明和实用新型专利申请的最基本要求，按照我国专利法第二十六条的规定，充分公开的客观标准为：说明书应当对发明或者实用新型作出清楚、完整的说明，以所属技术领域的技术人员能够实现为准。说明书未能达到充分公开的要求，可能导致专利申请被驳回。充分公开并非毫无保留的公开，从实践角度看，申请人可以将某些技术要点作为技术诀窍保留下来，免于公开。例如为实现发明目的并达到预期技术效果所设计的最佳实施方案。没有这些技术要求，该领域技术人员仍能够实施该发明或者实用新型，但其效果不如包含这些技术要点的产品或方法。

为了满足"充分公开"这一基本要求，申请人应当按照下列顺序和要求对技术方案作出说明。

1. 发明或者实用新型的名称。

2. 发明或者实用新型所属技术领域。

3. 就申请人所知，写明对发明或者实用新型的理解、检索、审查有用的背景技术，并且引证反映这些背景技术的文件。

4. 发明或者实用新型的目的。

5. 要求保护的发明或者实用新型的技术方案，使所属技术领域的技术人员能够理解，并且能够达到发明或者实用新型的目的。这一部分是说明书的核心，也是发明的真正公开。

6. 发明或者实用新型与背景技术相比所具有的有益效果。有益效果是由构成发明或者实用新型的技术特征带来的结果。

7. 如有附图，应当有图面说明。附图用来补充说明书中的文字部分，是说明书的组成部分。实用新型专利申请的说明书一般都有附图，发明专利申请说明书则不要求必须有附图。

8. 实现发明或者实用新型的最好方式。这部分内容要求申请人阐述最佳实施方案，如图6-7所示。如是一件产品，应说明如何制造；如是一种方法，应说明如何使用。

【示例】

在浮动机械底部圆形角钢的内侧垂直焊接3~6根滑杆,同时在同样为圆形角钢的上滑道内侧相应部位垂直焊接与滑杆配合的滑块,如图6-7所示。

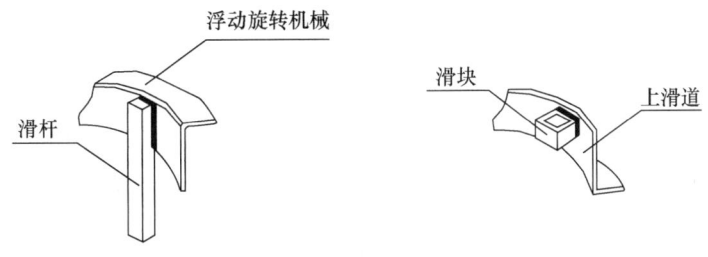

图6-7 公开充分示例

一份专利说明书包含有上述各项内容,即被认为是清楚、完整的,也就达到了充分公开技术内容的法律要求。

四、权利要求书

权利要求书是记载发明或者实用新型的技术特征,限定专利保护范围的法律文件。该文件中的权利要求是由发明或者实用新型的技术特征组成的。该发明或者实用新型被授予专利权后,专利权的保护范围以权利要求的内容为准。可见,权利要求书的第一个作用是把发明人的独占范围与公众有权使用的技术清楚地划分开来。权利要求书的第二个作用是告知受专利保护的发明创造的权利范围。在专利权保护期限内,专利权人对发明专利享有独占实施权,他有权阻止他人使用其发明,并对非法使用者追究侵权责任。

通常,一份权利要求书包括至少一项独立权利要求,还可以包括从属权利要求。所谓独立权利要求是指从整体上反映发明或者实用新型的技术方案,记载为达到发明或者实用新型目的必要技术特征的权利要求。所谓从属权利要求是对独立权利要求或引用的权利要求作进一步限定的权利要求。

1. 独立权利要求

独立权利要求由两部分内容组成。

(1)前序部分。写明发明或者实用新型要求保护的主题名称和发明或者实用新型主题与现有技术共有的必要技术特征。

（2）特征部分。使用"其特征是……"或者类似的简明用语，写明发明或者实用新型区别于现有技术的技术特征，这些特征是权利要求的核心内容，它与前序部分写明的特征合在一起，限定发明或者实用新型要求保护的范围，并构成完整要求保护的技术特征。

2. 从属权利要求

从属权利要求应当包括引用部分和限定部分。引用部分写明所引用的在前权利要求的编号及其主题名称；限定部分也叫特征部分，写明发明或者实用新型附加的技术特征。通过附加技术特征对独立权利要求中的必要技术特征作进一步限定，使之更加明确。从属权利要求不是必需的，其数量可以是一个也可以是多个。从属权利要求在审查中，可以作为修改的基础。当独立权利要求缺乏新颖性、创造性时，可以将从属权利要求的技术特征加入独立权利中，缩小保护范围，获得授权的可能。在无效宣告程序中，合并从属权利要求，缩小保护范围，是避免被宣告无效的常用手段（对实用新型而言尤其重要）。

【案例】一种涉及折叠式牙刷的独立权利和从属权力要求

1. 一种便携式牙刷，具有刷柄和刷头，其特征在于：刷柄和刷头通过活动连接装置连接。

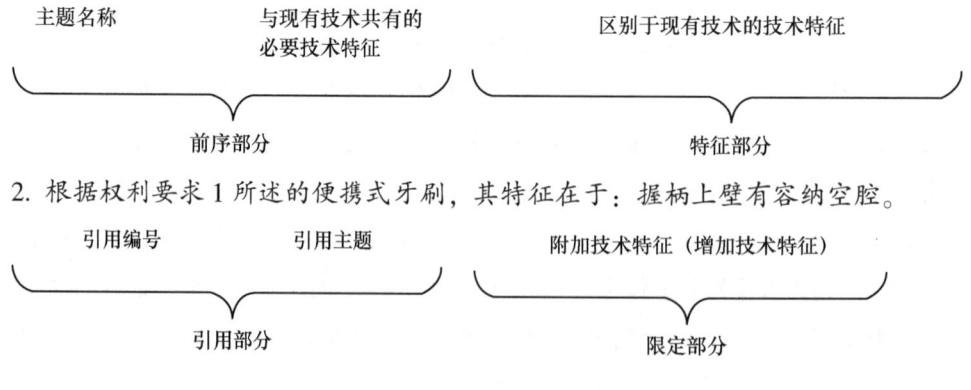

2. 根据权利要求1所述的便携式牙刷，其特征在于：握柄上壁有容纳空腔。

五、权利要求书、说明书和摘要的关系

权利要求书与说明书是专利申请文件中最为重要的两个部分，二者分别为独立的文件，但相互之间有着密切的关系。在专利法上体现为，权利要求书必须得到说明书

的支持。也就是说，每一项权利所要求保护的技术方案应当在说明书中充分公开，权利要求的范围不得超出说明书记载的内容。正如我国专利法第二十六条第四款的规定："权利要求书应当以说明书为依据，清楚、简要地限定要求专利保护的范围。"第六十四条规定："发明或者实用新型专利权的保护范围以其权利要求的内容为准，说明书及附图可以用于解释权利要求的内容。外观设计专利权的保护范围以表示在图片或者照片中的该产品的外观设计为准。"

综上所述：

1. 权利要求书是申请人想要得到保护的范围——专利的法律效力由权利要求决定。

2. 说明书用于解释和支持权利要求——不能直接产生法律效力，可以作为修改依据。

3. 摘要属于技术情报，不属于原始公开——无法律效力，也不可以作为修改依据，逾期不补交的视为撤回申请。

六、"单一性"概念

有些单位或者个人为了节省申请费用，将两项没有关联的发明作为一件发明合案申请，这是不被专利法所允许的。那么这里就引申出一个"单一性"的概念。

所谓"单一性"是指一件发明或实用新型专利申请应当仅限于一项发明或者实用新型，一件外观设计专利申请应当仅限于一种产品所使用的一项外观设计。这也是一般说的"一发明创造一申请的原则"。根据这一原则，不能把两项以上的发明创造放到一件专利申请提出，而应分别提出专利申请。但属于一个总的发明构思的两项以上的发明或者实用新型，可以作为一件申请提出。判断两项以上的发明或者实用新型是否属于一个总的发明构思应当看其在技术上是否相互关联，是否包含一个或者多个相同或者相应的特定技术特征，其中特定技术特征是指每一项发明或者实用新型作为整体考虑，对现有技术作出贡献的技术特征。

属于一个总的发明构思的两项以上发明申请的权利要求，可以是下列各项之一：

1. 不能包括在一项权利要求内的两项以上产品或者方法的同类独立权利要求。
2. 产品和专用于制造该产品的方法的独立权利要求。
3. 产品和该产品的用途的独立权利要求。
4. 产品、专用于制造该产品的方法和为实施该方法和该产品的用途的独立权利要求。
5. 产品、专用于制造该产品的方法和为实施该方法而专门设计的设备的独立权利要求。

6. 方法和为实施该方法而专门设计的设备的独立权利要求。

单一性判断示例：

一种拉链及其制造方法。	√
一种门锁和安装铁门。	×
一种衣架 A	√
一种防止衣架 A 滑动的晾衣竿	√

第 5 节　专利审查答复

在进入专利申请实质审查时，对于绝大多数发明专利申请，专利局国家审查员都要采用审查意见通知书的方式将审查意见告知申请人。如果申请人能针对审查意见通知书指出的缺陷撰写出令人信服的意见陈述书，并作出申请文件的修改，则申请就有可能缩短审查程序被授权。相反，提交的意见陈述书不理想，没有对通知书作出满意的答复，就要进入第二轮的审查流程，甚至有可能导致申请被驳回。因此，如何答复审查意见通知书非常关键。

一、审查意见中的总体倾向性意见

实质审查意见通知书分为第一次审查意见通知书和再次审查意见通知书。审查意见对申请的总体倾向性意见主要如下。

1. 肯定性

明显有授权前景，仅存在形式缺陷。通常只要按审查意见通知书对权利要求书和/或说明书进行修改就可授予专利权。

2. 否定性

存在不可克服的实质性缺陷，无授权前景，如果没有足够理由来改变审查员的观点，将被驳回。

3. 不定性

申请存在实质性缺陷，需要根据专利申请的修改来确定其是否已消除这些缺陷，或者审查员对该专利申请的内容尚无把握的情况。通常此时将根据申请人在意见陈述书中的观点再一次审核申请文件有无克服缺陷，并进一步判断可否授予发明专利权。

二、审查意见中的实质性缺陷

专利申请中存在实质性缺陷，专利申请会被驳回。

常见的驳回理由主要如下。

1. 缺乏新颖性和创造性。
2. 权利要求书未以说明书为依据。
3. 独立权利要求缺乏解决技术问题的必要技术特征。
4. 权利要求未清楚限定保护范围。
5. 说明书未充分公开发明。
6. 申请属于智力活动的规则和方法。
7. 修改超出原说明书和权利要求书的范围。
8. 缺乏单一性。

三、应对实质性缺陷的方法

当审查意见中存在实质性缺陷，可采用如下处理方法。

1. 审查意见正确，无授权前景

存在不可克服的实质性缺陷，如果意见陈述书没有足够理由来说服审查员，该专利申请将被驳回。一般是否定性结论意见。

2. 审查意见基本正确，但通过修改申请文件有可能克服此缺陷

仅存在形式缺陷的，收到审查意见之后，按照意见修改其形式为正确形式即可。授权前景高，基本没什么变数。一般是肯定性结论意见。

3. 审查意见明显不正确，实质性缺陷实际上并不存在

存在实质性缺陷，可以按照意见消除缺陷。若未消除该缺陷，那么无授权前景；若消除，那么可授权。一般是不定性结论意见。

4. 审查意见有商讨余地

具有"不确定"情况，可以进一步修改和说服审查员。

四、申请文件修改

1. 修改的目的

专利申请人可以通过对专利申请文件进行修改补正，去除专利申请文件中的撰写瑕疵，克服审查意见通知书中指出的缺陷，争取获得授权。

2. 修改的要求

首先，对发明和实用新型申请文件的修改不得超出原说明书和权利要求书的记载范围。之所以作出这样的规定，是为了鼓励专利申请人在申请时充分公开其发明创造的同时防止专利申请人将其在申请日未公开的发明创造通过修改纳入申请文件而非正当地获得申请利益。其次，《中华人民共和国专利法实施细则》规定："申请人在收到国务院专利行政部门发出的审查意见通知书后对专利申请文件进行修改的，应当针对通知书指出的缺陷进行修改。"因为对于错误的把握尺度不同，可能在权利要求书中的问题，到了说明书中就不是问题了。如果申请人贸然修改，还会增加审查员的工作负担，审查员还要去具体核对到底在什么地方有修改，说明书所进行的修改是否与权利要求的修改一致。

例如，某申请人主动将原权利要求中的技术特征"螺旋弹簧"修改为"弹性部件"，尽管原说明书中记载了"弹性部件"这一技术特征，但由于这种修改扩大了请求保护的范围，因而不能被接受。

第6节 专利无效宣告

自国家知识产权局公告授予专利权之日起，任何单位或个人认为该专利权的授予不符合专利法规定的，可以请求专利复审委员会宣告该专利权无效。我国专利权无效宣告制度的设置，是为了纠正国家知识产权局对不符合专利法规定条件的发明创造授予专利权的错误决定，维护专利权授予的公正性。

一、无效宣告的理由和举证

1. 无效宣告的理由

（1）新颖性、创造性、实用性。

(2）公开不充分导致不可实施。

(3）说明书不支持权利要求。

(4）修改超范围。

(5）不符合发明创造的定义。

(6）重复授权。

(7）权利要求不清楚。

(8）独立权利要求缺少必要技术特征。

(9）属于不能授予专利权的情况。

(10）先申请原则。

2. 无效宣告的举证

(1）举证原则。举证责任的分配也遵循"谁主张谁举证"的一般原则。当事人对自己主张的无效请求所依据的事实或者反驳对方无效宣告请求所依据的事实有责任提供证据加以证明。

没有证据或者证据不足以证明当事人的事实主张的，由负有举证责任的当事人承担不利的后果。

(2）证据能够形成完整的证据链条。例如，请求人提交了一产品的实物，用于证明该产品早已在实用新型专利申请日之前就已在市场上销售，用来破坏实用新型专利的新颖性。显然，该证据是孤证，请求人还必须做到以下两点。

1）要有销售发票、买卖合同或证人证言等其他形式的证据证明该实物产品的销售时间。

2）要证明销售发票、买卖合同中载明的买卖标的就是所提交的实物产品，比如发票或合同中载明的型号、规格与实物产品是一致的。如果中间的一个环节出现问题，则无法形成完整的证据链，不能达到证明目的。

二、无效宣告答复修权

1. 修改原则

仅限于权利要求书，不得改变原权利要求的主题名称，不得扩大原专利的保护范围，不得超出原说明书和权利要求书的范围，不得增加未包含在原权利要求中的技术特征。

2. 修改方式

在满足修改原则前提下，具体方式仅限于权利要求的删除、合并和技术方案的删除。

这里所称的权利要求的删除是指去掉某项或某些项权利要求；权利要求的合并是指两项或两项以上相互无从属关系但从属于同一独立权利要求的权利要求的合并。在此情况下，所合并的从属权利要求的技术特征组合在一起形成新的权利要求。该新的权利要求应当包含被合并的从属权利要求中的全部技术特征。在独立权利要求未作修改的情况下，不允许对其从属权利要求进行合并式修改。

技术方案删除是指从同一权利要求中并列的两种以上技术方案中删除一种或一种以上技术方案。

3. 修改的时机

在专利复审委员会作出审查决定之前，专利权人可以删除权利要求或者权利要求中包括的技术方案。

仅在下列三种情形的答复期限内，专利权人可以以合并的方式修改权利要求书。

（1）针对无效宣告请求书。

（2）针对请求人增加的无效宣告理由或者补充的证据。

（3）针对专利复审委员会引入的请求人未提及的无效宣告理由或者证据。

【案例】

请求人：

该专利的权利要求1~3不具备专利法第二十二条第二款、第三款规定的新颖性和创造性。因此，请求专利复审委员会宣告该实用新型专利全部无效。

专利权人：

具体答辩意见如下：专利权人对权利要求书进行了修改，将独立权利要求1删除并将从属权利要求2、3合并形成新的独立权利要求1。修改后的独立权利要求1没有超出原说明书和权利要求书记载的范围，也没有扩大原专利的保护范围，符合专利法及其实施细则和审查指南中关于无效期间对专利文件进行修改的各项规定。专利权人请求专利复审委员会在修改后的权利要求书的基础上进行审查。

第 7 章
企业教练技术与带徒传技

随着企业培训成熟度的提升,大家越来越认可师带徒模式所产生的在岗辅导价值。也有许多企业先行一步,引入教练技术,在企业中推行教练制模式。但"教会徒弟,饿死师傅"的理念还根深蒂固地影响着教练。带徒过程中缺少明确的目标和计划、指导过程随意性强、学习内容不完整、学习效果不可控,以及教练各有各的经验、对问题的区分能力不足,性格问题、能力问题、心态问题混为一谈等都对师带徒带来一些负面的影响。教练应深入研究教练技术,掌握提升倾听、提问、区分等能力并融入师带徒、授课指导等过程,用更贴近实际情景的引导,挖掘被教练者的潜力,成为育人赋能的高价值人才。

第 1 节 教练与教练应具备的能力

一、教练与企业教练

1. 教练的定义

"教练"一词的英文是"coach",原意指马车,带你到想去的地方。教练技术的概念起源于体育界,核心人物就是网球教练、美国人添·高威。添·高威发现有一名网球教练本身并不是网球领域的专家,却能培养出非常优秀的运动员。受此启发,添·高威总结出"真正的对手不是比赛中的对手,而是自己头脑中的对手",正是自己习惯的行为模式、思维模式以及内心的自我设限阻碍了自己获得更大的成功。AT&T公司最先邀请添·高威为企业高管讲授这种心理调适的方法，如何为运动员创造环境、打消内心顾虑、提升运动成绩。随后，像 IBM、通用电气等大公司纷纷邀请添·高威授课，学习这种模式，提升组织效率，添·高威也从体育教练转型为企业教练。

国际教练联合会（ICF）提出：教练作为一个长期伙伴，旨在帮助客户最大限度地激发个人天赋和职业潜能，实现个人价值，成为生活和事业上的赢家。

实质上，教练技术是指帮助他人发现自我潜能以达成目标的方法或技术。教练是指导、训练和督导他人，试图完成某种使命或任务的人。在教练与被教练者之间，通过保持一段时间的良好合作与伙伴关系，教练能令被教练者集中焦点于行动上，去实现他们的远景、目标和愿望。

2. 教练的作用

教练通过改变人的心智模式来促进改变人的行为方式。教练对人的改变通过三个层面进行：从认知和心智层面入手，改善策略与行动，在真实业务场景中激发被教练者或团队的潜能。教练通过提问来引导被教练者自己寻找答案，这是教练的引路作用；教练是一面镜子，让被教练者自己通过镜子看到现象；教练是被教练者的合作伙伴，可以让被教练者认识到自身独特的价值，激励其最大限度地发挥和创造价值。

近年来，教练技术被越来越广泛地应用于企业人才培养。带徒传技是师傅将自己积累的经验、技法、成果通过师带徒的方式传承并发扬光大，引用教练技术更有利于师傅带教，激发、引导、促进徒弟快速成长。

3. 企业教练与作用发挥

教练有多种多样，分类方式也不尽相同，如足球教练、健身教练、驾驶教练、职场教练、人生教练、情绪管理教练等。这里所说的企业教练是在企业内传授知识、传承技艺的一批素质好、技能精、善传承，应用教练技术帮助被教练者找到自身不足，并发挥个人长处，不断提升技能，创造更大价值的高素质人才。

企业教练服务于企业，通过使用教练技术为企业培养管理者、技术业务人员和技能人才。企业教练需要了解、理解企业的目标、团队和组织。无论是业务目标还是商业愿景，大到企业文化，小到项目目标，都应成为教练必备的知识。

在企业高技能人才数量短缺、新技术新工艺应用广泛、青年员工不愿学习传统操作技能、"高师带徒"与绝招绝技传承易断层等现实情况下，企业越来越需要教练，渴望通过应用教练技术，正确引导被教练者成长，激发被教练者潜能，激励被教练者不断地弥补短板，更好地发挥长处，在被教练者个体得到发展的同时发挥最大的才能、创造更多的价值。因此，企业教练是促进企业人力资源队伍建设的良好利器，是高技能人才带徒传技的有效手段。

二、教练应具备的能力

教练不是简单地教对方一种方法，而是要启发对方自己找方法的思路。如何真正有效地启发对方是教练技术的核心所在。一个优秀的企业教练应该具备良好的聆听能力、发问能力、区分能力和回应能力。聆听、发问、区分和回应是教练必备的四大武器。

1. 聆听能力

聆听能力是教练最基本、最重要的能力。

"听"和"聆听"略有不同。"听"是听全部的内容，没有什么方向，就像人与人之间的聊天，可能是很随意的。"聆听"是有方向性的，教练的聆听是代对方去"听"，帮助对方了解自己的位置。当然聆听也需要听对方说话的全部内容，听对方的音量、说话的节奏，以及说话的音调。对方的言外之意、感受和情绪等常常隐藏在这些因素中。

俗话说："言者无心，听者有意。"教练的聆听决定了沟通的焦点。教练要以忘我的心态去聆听，并且是专心、求知和开放的，否则听不到对方的出发点和假设，听不到真相和情绪。所以教练不是一般意义上的听，而是要对方说出来被一般人忽略的内容，有时对方在言语上没有表达出来，但是神态已经表现出来了。教练要听出对方说话背后的初心，也就是他说这句话的出发点是什么，有什么动机，想达到什么目的。在高技能人才带徒传技时，作为师傅、作为教练，就要认真聆听徒弟、被教练者对掌握的知识、技能和应用的表述，以便正确定位沟通的焦点。

2. 发问能力

发问能力是教练一个非常重要的素质。

通过发问可以了解对方对事情的理解、做事的方式、对工作任务的态度与处理方式。教练的发问是一种有针对性的发问，问的是和被教练者的目标有关系的、有帮助的问题。有人说："教练就是帮助被教练者如何去问他自己。"另外，通过教练的不同角度的发问，帮助被教练者发现自己的盲点，这也是教练的价值之一。美国著名的领导力专家隆纳·海非斯说过："好的领导是问正确的问题。"

发问是反映真相很好的手段，发问是探索的开始。发问通常有两个出发点：一个是批判性的，另一个是启发性的。启发性的发问能打开被教练者的心扉和思维，找到很好的解决之道，也会让被教练者感觉到一种支持。教练是"无我"的"镜子"，在发问过程中保持中立的心态，以启发性作为发问的出发点，并且多问开放性问题，这样才能帮助对方看到自己的盲点，发现潜力所在。

3. 区分能力

区分能力是体现教练价值的重要砝码。

区分的意思是分辨事物之间的异同点，辨别出不同的事物。对事物了解得越通透，越容易区分，人的区分能力就越强。教练区分的目的是反映真相，帮助被教练者清晰自己、迁善心态。教练的过程也是区分的过程。

教练的区分有两个方面：一是自己区分，这需要训练自己的教练能力；另一个帮助对方区分。帮助对方区分的形式有几种：以发问的形式、直接指出、通过回应及通过比喻。例如，有的父母为子女安排很多兴趣课，认为是为子女好，可是子女一点也不开心，父母也觉得很委屈，责怪子女不理解自己的苦心。教练可以发问：这些安排是你想要的，还是你的孩子想要的？通过发问，帮助对方区分"他要的"和"孩子要的"是不同的，另外可以直接指出，他不过是将自己想要的强加在孩子身上，从未认真考虑过孩子的需求，没有倾听过孩子的声音，孩子当然不开心。

4. 回应能力

回应能力是对教练的最大挑战。

回应可以是赞同对方，也可以是批判对方，分别为贡献性的回应和批判性的回应。贡献性的回应，是抱着真正关心对方的信念和心态，是为了对方更好地成长；而批判性的回应，则是将对方视为肇事者一类的角色，看不惯或者看不起对方的言行，回应的方式是否定、批判和打击。

教练的回应应该是支持和贡献性的，回应的心态是真诚负责、直接明确和即时的。

回应是一个很重要的工具。恰到好处的有效发问是一种回应，沉默无语地给予被教练者思考空间也是一种回应。教练的作用就在于引导被教练者聆听到各种回应的价值和意义。回应包含有回答和反应两层意思。一般来讲，回答是用说话来回答，反应是用非口头语言的方式，例如身体语言、情绪等。教练聆听和区分后，就要用回应来为被教练者"照镜子"。

第 2 节　教练带徒与带教方法

师徒制本是一个传统的传承方式，也是一种非常有效的方式，几百年来为各行各业所广泛运用。随着时代的进步，"师带徒""高师带徒""导师带徒"已成为企业高技能人才培养的重要手段之一，可统称为"带徒"，其能起到分享经验、传承技艺、培养人才的作用。在"带徒"过程中灵活应用教练技术，融合心智技能辅导，就是教练带徒。

一、教练带徒模型

教练带徒实际就是教练式"师带徒"，师傅应用教练技术带徒弟。教练带徒模型由内容和流程两部分组成，内容包括明确角色定位、收集分析数据、设定目标和跟踪进度、管理教练项目四项要求；流程包括构建教练基础、共创伙伴关系、反馈行为数据、举行教练对话四个步骤。

1. 明确角色定位

这是确定教练的工作方式和教练活动工作重点的第一步，即确定教练在组织内部的角色定位，包括教练对象是谁、可能的教练过程设计以及需要遵循的教练指导准则等。不同的组织有不同的教练指导准则，教练需要遵守并维护这些准则。一个关键点是，教练要用自己的道德感、方法、技巧和目标去测定组织教练结构的一致性。

2. 构建教练基础

为教练活动建立基础是教练过程的必要一步。教练需要与被教练者建立信任，鼓励被教练者对自己的改变负责，并致力于教练合作关系的其他方面。在教练的初始阶段，教练的主要任务是为建立与被教练者之间的有效合作关系打下基础。通过对教练关系中双方的角色和责任达成协议，可以使双方相互建立起信任，避免之后发生困惑和误解。

3. 共创伙伴关系

教练和被教练者之间的交流方式与一般的职场交流方式有很大不同。在教练与被教练者对话中，教练要同时用到聆听、表达（指导）、探询（有意义的询问）以及其他强有力的对话技巧，以增进理解、深化洞察，促进被教练者自我觉察。因此，教练需要在教练活动开始前对被教练者所处的环境、文化、制度等有比较熟悉的了解，和被教练者建立互信、融洽的共同体关系，即共创伙伴关系。

4. 收集分析数据

教练要收集被教练者的当前有效性的数据，通过分析数据，发现被教练者的优势在哪里，哪些方面阻碍了他们的提高。一般地，企业教练应该收集被教练者的能力素质和特长优势的信息与数据，以及可能会对被教练者能力提升产生隐形影响的工作环境信息，如企业文化、价值观、战略发展规划、人才队伍建设计划等。

5. 反馈行为数据

这是教练过程中很重要的一个步骤，可以帮助被教练者在采取何种行动方面做出明智的选择。教练的目标是帮助被教练者理解收集数据的意义，考虑行动（或不行动）的风险和成效，然后制定发展目标，继续前进。作为教练，有责任以一种好的方式向被教练者反馈数据，帮助他们理解这些信息，探讨不同的视角，考虑多种行动方案并做出选择。

6. 设定目标和跟踪进度

被教练者在接受教练的反馈结果后，会决定精力集中于哪个方面。在这一步骤中，教练需要帮助被教练者确定具体的目标，并制订推动他们不断前进的行动计划。在这一过程中，教练可以用定量与定性评估相结合的方法来跟踪进度。可以用360度调查方法来衡量教练之前和之后的行为，或者让被教练者自我评估教练之前、之中和之后在某些特定方面的有效性。

7. 举行教练对话

举行教练对话与共创伙伴关系一样，是一个流程步骤。教练应该使用一个模型或框架来组织每次的对话，对话的结构和流程由教练来确定，并在结束时帮助被教练者建立行动的承诺。同时，由于改变不可能一帆风顺，所以教练需要准备好应对在教练过程中遇到困难的情况，并尽力帮助被教练者实现教练目标。

8. 管理教练项目

管理教练项目是一个内容步骤，包括了整个教练模型中的所有方面。教练必须从头到尾定期地对教练项目进行管理和跟踪。一个教练项目的总体计划包括清晰的愿景、指导方针、步骤、条款、意外情况、协调关系以及协议等。

【案例】

有一位年轻的博士，只有 30 来岁。出人意料的是，他活得很痛苦。他对身边的女孩子没有感觉，可是家里人不断催他结婚。周围的人也对他期望很高、要求很高，所以他觉得很累。

于是他向教练求助。

教练："你的目标是什么？换句话说，你想要过什么样的生活？"

博士："读书的时候，父母希望我能考出好成绩，出国留学；出国留学时，老师希望我可以用心钻研，成为学术权威；现在工作了，朋友们都成家了，他们都催我结婚，让我早点过家庭生活。"

教练："你的人生好像一直都由别人替你安排。你自己到底想成为一个什么样的人呢？"

博士："我想成为大家期望我成为的人。"

教练："这不是你的目标，这是大家的目标。"

博士："其实我就是没搞清楚自己的目标。"

教练："这就是问题所在。当你没有自己的剧本时，你就只是在别人的剧情中跑龙套，永远成不了主角。"

博士："是的，教练，我就是这种感觉。"

教练："那么，是时候明晰你的人生目标了。"

没目标的人是为有目标的人服务的，目标小的人是为目标大的人服务的，有短期目标的人是为有长期目标的人服务的，目标模糊的人是为目标清晰的人服务的。只有清晰自己的目标，才能跳出"龙套"成为"龙"，成为生命这出戏里的主角。教练就是这种通常不告诉你固定的方法，而是启发你以结果为导向自己找方法——清晰目标、锁定目标，并且命中目标的人。

二、教练带教方法

教练带教的方法很多，从理论分析的角度可分为现身说法型、立足长远型、出谋划策型等。

1. 现身说法型

"现身说法"是以自己亲身经历为例说明道理，劝导别人。教练在带徒过程中以自己亲身经历为例来带教的方法和现象，可称为现身说法型带教。

现身说法型带教是帮助被教练者快速成长的一种方式。这种"一帮一"的过程有利于被教练者的进步，但也给教练提出了更高的要求。教练要有足够的知识储备和带教经验，与被教练者和谐相处、共同进步、共同提高。现身说法型带教的目标，教练要做到"三带"，即带师魂、带师德、带师能。

现身说法型带教的关键是教练一定要以身作则。如果教练对自己的专业技能多一份油然而生的痴迷，多一份纯粹忘我的投入，身上自然就会流淌着一种精神之美、文化之美、人性之美、激情之美，如此执着的工匠精神才能征服带教徒弟。

2. 立足长远型

立足长远型带教是指着眼于被教练者中长期能力和技能优势的构建，致力于被教练者全方位知识和技能的体系构建。立足长远型带教的目标是实现被教练者未来5~10年长期的、持续的、高质量的职业技能发展。

立足长远型带教能够让被教练者认识到自身独特的特质，激励并引导其找到最大限度地发挥价值的方法与途径，能为被教练者提供挖掘和使用潜力的机会，激发并潜移默化地提升被教练者的潜能和解决问题的能力。

3. 出谋划策型

出谋划策型带教是在教练和被教练者之间进行有效的对话，通过询问及内在发掘，建立被教练者自省和负责任的能力，实现引导动力作用，激发被教练者不断挑战自己，提高业绩，力争创造非凡的表现，同时在这过程中为被教练者提供支持、响应及整合，使被教练者发现问题、发现疏漏并最终解决问题的带教方式。

教练带教能比其他任何方法更快、更有效及更轻易地帮助被教练者达到设定的目标。教练带教也是一项复杂、系统的工程，除了要和企业人才的成长序列相结合外，还要和人才培养目标、企业发展相结合，需要积极创新教练带教方式，科学制定带教内容，从而推动教练带教活动的开展，巩固带教效果，更好地服务于企业竞争力的提升。

第3节 教练技术的四个关键

作为一名教练，要避免告诉被教练者去做什么，而是要鼓励被教练者说出他们所思考的，帮助他们选择达成目标的最佳路线，用教练技术使他们以积极的态度去感悟、学习、操练、实践等。

在教练过程中，教练与被教练者之间如何恰如其分地沟通，对教练效果起到决定性的作用。教练与被教练者之间的沟通应把握厘清目标、反映真相、迁善心态、制订计划等四个关键。

【案例】

一个被教练者（基层管理者）对其下属（员工）极不满意，甚至想开除这个员工。就这件事情，教练与被教练者（简称为客户）进行沟通。

教练：现在的心情怎样？

客户：当然很生气，恨不得把他大骂一顿。

教练：在这件事上面，你想要的结果是什么？（厘清目标）

客户：我想快些解决问题。

教练：解决问题一定要愤怒吗？（反映真相）

客户：不一定。

教练：我理解你现在的心情，那你在这种情绪下做决定，能解决问题吗？（反映真相）

客户：可能会很冲动，不够冷静去处理。

教练：那你想抱着怎样的心情去解决问题？（迁善心态）

客户：也许我该理智地去看待这件事情。

教练：是什么导致你想把员工辞退？（反映真相）

客户：他在工作上不负责任。他最近经常迟到，还出现了几次订货失误，没有如期向客户交货的情况，不但没做成生意，同时也影响公司形象。

教练：大概什么原因导致他会这样？（反映真相）

客户：我当然没时间去问他啦，这么多东西要处理。最初大家说好了，我负责对外，他负责对内，谁知他现在自己负责的都做不好。

教练：他知不知道这个情况以及后果？（反映真相）

客户：他应该是知道的，不过他的为人像一条牛一样，只会盲做，不会看大局。

教练：那么他是知道这个影响还是不知道？

客户：他知道他做错了事，但我想我没有跟他说清楚影响的东西。很多时候我也没有耐性跟他谈，他老像听不明白我的意思。他经常迟到，我心里窝火，每次骂过他都不改，我真的没耐性跟不上进的人沟通。

教练：听出来你似乎对他有一些不满。既然你这样不满意他，那么当初为什么你会聘用他？（反映真相）

客户：当然这家伙也有优秀的一面，他为人可靠，很拼，对人也挺好的，处理钱财方面可以信任，令我很放心，与客人的相处也是不错的。

教练：听你这样一说，他也有好的方面，那这几次是什么原因导致订单失误呢？（反映真相）

客户：详细情况我也不太清楚，我老是在外面跑，不过好像有一次是供应商的供货延误，还有两次是数量及折扣上的问题，耽误了交货期。

教练：这件事是不是全部是他的责任？（反映真相）

客户：也不全是，不过交货失误真的是让我火起来了。

教练：好啦，如果现在你把他开除了，会有什么问题？（反映真相）

客户：现在把他开除了，他的工作便要由我兼任，并且他跟供应商的关系也很好，可能我要花一些时间去弄好关系，减少了我在外接单的时间。

教练：这是你想要的结果吗？（反映真相）

客户：不是啊，留他下来也是好的，起码我不用从头开始再去训练一个新人。

教练：那你把他留下，他没有改变，你又没耐心跟他谈话，下一次再有这个事物情况出现又怎么办呢？（迁善心态）

客户：我会耐心去跟他谈的，包括跟他谈他经常迟到的问题，其实我也没怎么关心过他，就是把店内所有的工作全部交给他，也不知道他做得开不开心。

教练：所以，你觉得你跟员工之间哪些地方还可以做得更好？（反映真相）

客户：就是相互了解和沟通。我没什么时间在店里面，不知道他们的情况怎么样，他们也不了解我的心情、我的烦恼。

教练：距离上一次你跟他们沟通有多久？（反映真相）

客户：差不多两个月了，其实也应该跟他们聚一聚，吃一顿饭，大家多沟通了解。

教练：好了，你现在看到公司的情况啦，下一步应该怎样做？（制订计划）

客户：明天下午跟他沟通，然后在周末大家吃一顿晚饭。

教练：你想和他沟通什么内容？（制订计划）

客户：对他的工作情况了解多一点，知道公司面对的问题是什么，可能他会有一些意见给我，也可以跟他共同去解决问题，让以后的货期不会延误。

教练：好的，你现在心情怎么样？

客户：好多了，问题应该可以解决啦。

从上述案例可知，通过教练正确应用聆听、发问、区分、回应的能力与技巧，反映真相、迁善心态，让被教练者厘清目标、制订计划。

一、厘清目标

教练要让被教练者清楚做事的真正目的。比如你想去北京，要是你不清楚自己的目标，你很可能买了飞南京的机票；就算到了南京再转飞北京，时间、金钱、精力，全浪费了。教练起到一个指南针的作用，帮助被教练者理解并清晰自身目标。

不同的教练任务、工作场景，目标千差万别，但教练、被教练者都应了解目标的内涵：

——成功等于目标，一切都是这句话的注解。
——计划为目标而制订。
——每个人都要为自己的目标负责任。
——当你选择了一个目标，也就差不多选择了相应的结果。
——当你有一个目标，全世界都会为你让路。
——为什么有这个目标，比如何实现这个目标更加重要（选择比努力更重要）。
——问题就是你的目标和你的现状之间的差距所在。
——障碍来自你的注意力在目标之外。

教练可以通过发问来帮助被教练者厘清目标。如教练可以问这些问题：

——你真正想要的是什么？
——你想有什么成就？
——你想要成为一个什么样的人？
——你的目标够明确吗？
——你将用什么标准来衡量你的目标？
——这件事情上你想要的结果是什么？
——你做某事的好处是什么？
——如不坚持某事，你付出的代价将是什么？
——你只是想要，还是一定要这个目标？一定要的话，现在会怎么做？
——为了这个目标，你想做哪些改变？
——你这么做是为了谁或是为了什么？
——你能想到什么其他的可能性吗？

二、反映真相

这就是教练的"镜子"作用。镜子不会教你怎样穿衣打扮，但会让你看到自己打扮成什么样了。

反映真相，就是努力让被教练者认识到自己目前所处位置和目标之间的差距，并让他知道这个差距不是问题，正是解决问题的开始。

所以，教练的反映真相有两个方面：一是帮助被教练者认识自己的目标，二是帮助被教练者认识到自己现在所处的位置。

世界管理大师彼得·杜拉克常用四个问句协助企业找到真正的问题：

——你最想要做的是什么呢？

——你为什么要去做呢？

——你现在正在做什么事呢？

——你为什么这样做呢？

彼得·杜拉克不替客户"解决问题"，而是"界定问题"，帮助客户认清问题、找出问题，然后让客户自己动手去解决最需要处理的事。因此只要界定问题，把问题简单化、明确化、重要化，那问题就解决一半了。

教练他人的过程中，也是同样的原理，因为问题就是认清目标和现在所处位置的差距。

1. **收集信息方面的发问**

——现在情况怎样？

——有什么事情发生？

——什么原因导致这样？

——有哪些是人的因素？哪些是环境因素？

——有什么数据？

2. **厘清问题方面的提问**

——这是你想要的结果吗？

——让我们一起来看看，问题的重点在哪里？

——你的话语的背后是什么意思？

——你的焦点在哪里？

三、迁善心态

迁善心态是一种意愿和能力，同时又是一种力量，是优秀教练的一技之长。

教练不直接指导被教练者的具体工作内容，而是帮助被教练者调整心态，挖掘被教练者潜能，让其自我完善。教练就像催化剂，帮助被教练者调整心态，去实现目标。

教练不会为被教练者做任何决定，是要帮助被教练者把内在的潜力发挥出来，把阻碍减到最低。

教练可通过发问、引导的方式使被教练者迁善心态，发掘可能性，激励被教练者。

1. 迁善心态方面的提问

——你怎样看这件事/这个人？

——有什么在困扰你？

——你有否留意你在这件事情的反应是怎样的？

——你需要调整些什么能令你更有效地达到目标？

2. 发掘可能性方面的提问

——你认为在人与事方面的调整会带来什么效益？

——如不改善此情况，会导致什么结果？

——你可以做些什么去改善目前的情况？

——这是不是关键所在？

——你还需要什么其他资源？

3. 激励方面的提问

——做得好的地方在哪里？

——是不是就是这么多？

——可以更快做到吗？

——是否已经做到最好？

——在哪方面还有保留？

四、制订计划

教练技术的一大特点是重视结果，教练要督促被教练者达成其目标。所以，当被教练者目标得以厘清，真相得以反映，心态获得迁善，如何检验教练的成功？那就是要被教练者制订切实可行的计划。

计划是目标的具体和细化。

那么，如何督促被教练者制订计划，保证它的实现？教练可通过聆听、发问，引导被教练者制订行动计划。行动计划方面的提问有：

——你会采取什么行动？

——你下一步要达到什么成果？

——最快能什么时候做到？
——具体成果是什么？

【案例】

有一位公司经理，生意上遇到了困难。为了摆脱困境，他想找另一位老板合作。不过，以前他和那位老板打交道时，人家好像对他的生意不怎么感兴趣，也没怎么把他放在眼里。"找他不找他"这个"生存还是毁灭"的问题让这个经理茶不思、饭不香。

教练听完这位经理的叙述后对他说："对方还不知道你有这个想法，根本不知道你要和他合作呢——你都已经替他决定好了，那还谈什么后面的事。"

经理："可是过去我找过他，他似乎对我的生意不太感兴趣。"

教练："我理解你的担心，你要的是尽管担心但是得到成果，还是没有任何担心但是得不到成果呢？"

经理："当然是得到成果。"

教练："既然如此，担心有助于你达成想要的成果吗？"

经理："不会。"

教练："你去找他，你认为谈成生意的概率有多大呢？"

经理："我想只有大约30%吧。"

教练："你去，仍有30%的希望谈成，但如果不去找他谈，那还有希望吗？你在多大程度上想挽救你自己的公司于困境呢？"

在教练的鼓励下，这位经理终于去找老板谈了，而且谈得很好。

显然，在很多时候，我们是"自己被自己吓住"了。大家常常会给自己做些假设：我做不好怎么办？做不成功太没面子了吧？看样子这桩事情要"黄"了吧？这种内在的恐惧，阻碍了人的潜力发挥，阻碍了人们获得成功。

第4节　七步教练法

采用教练技术传授知识、传承技艺、激发潜能、培养人才的适用场景很多。不仅可采取"一对一"的教练方式,也可采取"一对多"的教练方式,甚至可以在班级制培训中采用教练技术。一方面,使用教练理念和教练技术制订科学可行的培训计划、方案和程序化的培训模式(也可称为教练式培训),有利于保证培训的标准化和客观化程度;另一方面,它可以同时培训多名被教练者,节省时间、提高效率。而七步教练法则是更好地发挥教练技术,提高被教练者群体绩效的方法。它既适用于对操作工人的技能培训,也适用于对基层管理者的绩效改善培训;不仅能提高被教练者的能力、绩效,而且可提升组织的生产力。

七步教练法就是将教练式培训过程分为甄选、预热、训练、应用、纠偏、习惯、创新七个步骤。

一、甄选

一个好的教练式培训首先要有科学严谨的选择,选"材"而教。这个"材"包含三方面的内容:培训对象、培训内容和培训师资。

1. 选好培训对象,得其人而训之。要选对人,严格把关并对其分级,对不同水平的被教练者设计不同的课程内容。

2. 把握培训需求,把组织需求和被教练者的个人发展需求有机结合,根据不同的人实施不同的教育,这样所提供的培训内容,无疑会受到被教练者从内心深处的欢迎。

3. 培训师资(教练)要同时具备专业知识、教学技能和工作热情。专业知识的丰富与否直接影响培训内容,教学技能则决定了培训效果,而工作热情对教练同样重要,它将转变成教学态度。同时,培训没有外脑不行,全靠外脑也不好。选择教练,一种是选择公司内部的中高层管理人员及相关技术专家,一种则是外聘。前者的好处是具有较强的针对性,缺点是可能缺乏培训技巧,不能进行生动讲解,对此则可先安排其参加培训师课程培训(TTT培训);对于外聘的培训教练,则要关注培训机构和教练的专长范围,必须把握好评估关,可以向他们的用户进行咨询也可以进行试听,尤其要考量其机构的咨询研发能力,是否独家拥有在培训行业中的钻石级专家,这样才可能得到长期、高品质的培训指导服务。

二、预热

一个好的教练式培训还要有良好的准备和预热,要共识共振,即在正式培训开始前就要达到管、教、学三方的共识。为此,要精心设计一系列行动方案。

首先必须争取来自高层管理者的支持和重视,其次则是要取得教练和被教练者之间的培训意向共识,以保证能有效统一各方的态度。为了有效管理这种变化,公司需要制定一套明确的绩效评估方法和激励计划，其中要能够反映出先进技能的重要性。对于出于组织需求的培训课程，最可能引起培训效果降低的原因就是课程不能引起学员的兴趣。所以，应规范和完善各岗位说明书，在岗位说明书中列明该岗位所需要的知识、技能和态度，将其作为培训内容，向被教练者表明培训对他们职业发展的重要性。

三、训练

一个好的教练式培训要有各种科学精准的教练手段。有效的训练基于深刻的"理解"，教练需要理解被教练者、理解各种教学方法的基本原则，灵活应用，针对不同的培训对象，采用适当的主题、深度及培训形式。一刀切式的培训不会收到预期效果。教练有责任激发学习兴趣、启发思考、建立新知识体系。一般的教练能训练技能，优秀的教练会培养习惯，卓越的教练是促成创新。当然，教练式培训并非摈弃被教练者互相学习和培训，往往在教练教导中，被教练者会不自然地交流探讨，而培训在适当阶段也应该对主题、内容、方式及培训人群进行适当安排。教练要亲自教导，并且以此去激活被教练者互相学习。这是一个首先是教，然后是学，最后才是互学的过程。

四、应用

一个好的教练式培训要有及时的应用环节。培训的目的不仅在于知识的传递，更在于知识的应用和创新。学习的最终目的是达到"知行合一"的境界，关键就是需要不断地"习"和"行"。尤其是针对围绕现任岗位胜任能力所开展的培训与学习，就更需要员工边学边用，边用边考核，学以致用，用学相长，环环相扣，这样才能大大提升学习效果及员工绩效。

五、纠偏

一个好的教练式培训还要有及时的校正与纠偏，这是与应用环节密不可分的。在进入培训应用的执行阶段，教练和被教练者的上级主管均应关注过程中的关键环节并及时点评，使被教练者明确自己哪些行为是获得肯定的，应继续发扬；哪些举措还有待进一步完善。被教练者在实践的过程中不断得到教练的反馈及激励，可以及时修正考虑问题的思维方式，采取更为有效的工作方法，最终增强培训效果。

六、习惯

一个好的教练式培训能改变被教练者的习惯，推动企业形成良好的组织习惯。从管理的角度讲，教练式培训不仅要提高每个人的管理知识、管理技能，更重要的是要保证全体管理者和整个组织按照统一的方法去应用，从而最大限度地提高组织效率。

七、创新

一个好的教练式培训的最高境界就是促进被教练者技能和素质的提升以及管理的创新。众所周知，现代企业的竞争是人才的竞争、知识的竞争，而培训正是培养人才、传播知识、实现知识共享的有效途径。因此，企业员工培训的有效管理与创新在知识经济时代正日益凸现其重要性，加强员工培训的管理与创新更成为企业培育核心竞争力、取得不断成功的关键所在。

当然，在实施培训过程中有很多问题需要面对，也有可能产生错误，这都对教练提出很高的要求。如针对不同资质的被教练者，教练的重点和方法也不同。对新入职的被教练者要进行职业意识和工作基本方面知识的培训；对资深被教练者要更多培养其与所负责职务有关的专业知识以及广博的相关知识，给予更多压力和建议；对于中高年龄的年长被教练者确实需要在做法上讲究技巧，要承认、赞美其优点，把他们当做人生的前辈，并且要扩大其工作内容以增加工作乐趣，使他们个个身怀绝技，以己为荣。

作为企业教练必须自己要做好准备，使自己完全进入教练模式，把注意力放在被教练者身上，收集必要的信息，要与被教练者做好沟通，建立紧密工作关系，了解他们的期望，商定要达到的具体目标，要有个具体实施的步骤和时间表，在教练过程中收集被教练者的表现数据和证据，及时提供反馈意见，并在结束后总结经验。

【案例】

有一次，教练李斌激励业务员做到更高的目标。

李斌问他："你现在管两个商场，你的目标是什么？"

业务员说："我的目标是每月做到60万元。"

李斌继续问他："做到60万元，对于你来说意味着什么？"

"意味着我每个月的收入就这么多。"业务员也很坦率。

李斌问道："那你是否想这样？"

"不。我想收入更多。"业务员说。

李斌再发问："那你可以怎么样？"

"我可以把目标定高一点。"业务员开始挑战自己。

李斌说:"你是可以定得更高的,可是你不愿意啊。"

业务员说:"我愿意。"

李斌说:"好啦,你以为光愿意就可以啦。你还可以做什么?"

对方立刻就想到:"我还可以去开拓市场,我还可以去发现新的商场。"

这正是李斌想要的,他立刻说:"好,我支持你。"

这个过程就是教练通过不断地发问挖掘目标对于被教练者的价值,启动他的内在驱动力去开阔思路并采取相应行为,为实现目标而全身心地努力。这与领导者直接对他说"你应该去开拓新市场"相比,效果不可同日而语。教练的作用就是引发对方的理想和主动性,将心态从"要我做"转变为"我要做",然后支持对方做到。

当然,要真正取得成果,并不是那么容易的。业务员去了新的商场,但新商场的人不理他,让他坐冷板凳,一坐就是三四个小时。业务员回来跟李斌诉苦:"哎,看我多难。"

李斌再次发挥教练的作用:"这个是不是你想要的。"

"不是。"

"你想要什么?"李斌帮他厘清目标。

"我想把商场拿下来。"

"那你现在这个状态能不能支持你拿下这个商场?"

业务员说:"我要坚持,要有毅力,坚信自己能做到。"

李斌说:"好哇,你可以的。"

于是业务员又去了,但还是被别人打发了回来。第二次回来的时候,业务员跟李斌讲:"经理啊,这次我感觉不一样了。尽管我还是回来了,但是我更清晰了。"1个星期以后,新商场的人同意跟他见面谈。1个月以后,新商场被这个业务员"打"进去了。

但是李斌没有让他满足于现有的成果,所以,新一轮的挑战开始了:"你现在是进去了对不对?但是你觉得这是你要的吗?"

对方想了想:"还不是。"

李斌问:"你还要怎么样?"

"我原来要的是把这个商场的销售量做大,而不是仅仅把商品摆进去。"业务员说。

"那你可以怎么样?"李斌继续发问。

"我会把这个商场的量做大。"业务员说。

"怎么做?"

"出样的品种再多一点，原来出 5 个，现在出 10 个。原来没有展柜的，我们做展柜。其实有很多很多的方法。"业务员的思路一步一步开阔起来。

但李斌没有止步，他继续挖掘到底："你现在想怎么样？"

"我现在有很强烈的意愿要去做。"业务员回答。

"当你很强烈地想去做的时候，你发现你的变化没有？"李斌引导对方去学习。

"我的方法变多了，有那么多方法可以支持我。"

李斌还没完："对啊，当你没有这个信念的时候你在干什么？"

"找理由。"业务员看清了自己的状态。

上述过程体现出教练的很多特点：教练相信被教练者是金牌选手，就不会满足于对方只拿铜牌、银牌，所以对被教练者有高要求；同时不断为对方厘清目标，用目标激励对方不断向前。另外，教练是通过发问不断激发对方去找到方法，而不直接给方法。这里也看得到李斌的坚持——对成果、对被教练者的坚持。因为教练的信念永远是：你可以做得更好。

这次调整后，这个业务员半个月就做到了 120 万元。李斌接受访问时说之前给那个业务员打了一个电话——

"我问他：'你对你自己有没有一个很清晰的长远打算？'因为他现在只是做单一产品，我想引发他再多做一个产品。出乎我意料，他已经在做了。他说：'我在一个月前已经开始去跟商场谈第二个产品了。'我问：'为什么你能够这样去做？'他说：'我知道只要我坚持，只要我想，我就可以做到。因为之前的例子就是这样做到的。'"

第 5 节　教练培训授课六要诀

企业教练常常会被邀请担任企业内训师，要进入课堂、站上讲台、授教课程。为此，教练应掌握必要的培训授课技巧，并将教练技术融入培训授课，将个性指导和群体授课有机结合。

企业教练应掌握培训授课过程中如何开场、控场、收场，以及课程资源设计、开发、编写等技能技巧。

一、"开"——好的开场是成功的一半

"好的开场是成功的一半。"开场的目的有三个：打破对立的僵局、建立平等的关

系、营造快乐的氛围。

常用的培训开场方式有以下几种。

1. 开门见山

开门见山就是有啥说啥，直截了当地表明主题。

2. 团队破冰

团队破冰是常用的开场方式之一。通过破冰活动开场，让大家互相认识，从一盘散沙变成一个坚实的整体，非常有利于培训工作的开展。

3. 自我介绍

自我介绍也是很好的开场方式，能起到很好的作用，既可以让大家记住你，又可导引到学习中。

4. 问题引导

通过有逻辑性的开场设问，引导被教练者进入角色。这样的问题方式是要进行设计和引导才能实现的，也是教练功力的体现。

5. 故事/案例开场

故事/案例开场的要点是要选择有意义的、与现场状况匹配的故事或案例，调动被教练者的积极性，引发兴趣，激发思考。

6. 游戏开场

游戏是很容易让培训现场"热"起来的方式。教练如果积累了很多游戏，在现场培训的时候就可以信手拈来、随心所欲进行开场互动。

7. 数据开场

利用与主题相关的数据进行开场导入，有时候能产生超出预期的效果。

8. 时事开场

时事开场要求教练有很强的悟性和整合能力，能够根据身边随机发生的事情进行举一反三的讲解，要能够有理有据有实地展开，让被教练者从中受益。

二、"控"——好的控场能有效输出成果

1. 增加课堂互动性

课堂互动性就是通过团队活动的方式调动被教练者的积极性，从而实现控场，如

团队竞争法、问题研讨法、角色扮演法、案例分析法、活动体验法、头脑风暴法等。

（1）团队竞争法。通过团队对决的形式激发被教练者的学习积极性，让整个课堂气氛活跃起来，形成全员学习、团队参与的好习惯。

（2）问题研讨法。问题研讨法的参与性很强，被誉为"互动法之王"，它可以和很多方法结合使用，如讲解法、案例法、角色扮演法、游戏法等，会有很好的效果。

（3）角色扮演法。角色扮演法可以充分调动被教练者的参与积极性。为了获得较高的评价，被教练者一定会充分表现自我，施展自己的才华。

（4）案例分析法。案例分析法就是在介绍案例背景后，将被教练者分成几组，各组进行研讨，找出问题的症结，再进行交流分享后找出最理想、最恰当的策略。案例分析法可提高被教练者参与度，使其印象深刻，教练也能获得及时反馈。

（5）活动体验法。活动体验法是借用游戏提高被教练者认知度与学习兴趣的教学法，是现在很多教练最喜欢运用的一种课堂互动方法。

（6）头脑风暴法。头脑风暴法是产生更多好方法的源泉。很多教练都喜欢运用头脑风暴法进行讲授，自己也能同时提升很多。

2. 增加授课生动性

成人学习注意力不集中，他们最高的忍耐限度就是15分钟左右。如果教练在这一时段内还没有调动他们的兴趣，基本上就很难再引起他们的注意。因此，在课程讲授过程中要设置各种元素，调动被教练者的积极性，让他们愿意听、爱听。

（1）新闻。对当前的新闻事件进行一些评论和嫁接，是很容易调动被教练者兴趣，引起共鸣，让课堂的活跃性和趣味性倍增的方法。

（2）故事。通过讲故事增加讲课的生动性。

（3）视频。运用视频能增加讲课的生动性，但不是简简单单地播放视频，需要将视频加工制作成符合自己授课方式的视频。

（4）图片。可以用图片解决的事情就不要用语言去解决。图片会起到抓住被教练者眼球的作用，多使用图片能起到很好的互动效果。

（5）测试。测试是很好的互动方式，可以用在各个环节当中。可以在开课前就考考大家，看看大家的基础怎么样，也可以起到震慑被教练者中"刺头"的作用。

（6）格言。格言警句有发人深省的效果，如果在课堂中能够脱口而出地应用，会让人感觉教练很有底蕴，而且令人耳目一新。

（7）诗词。诗词可以在讲课中的任何时候穿插使用，不但可以提升教练的内涵，还可以提升课堂的互动性。

（8）名著。根据名著中的人物结合自己的观点去演绎，就能很好地增加授课生动性。

（9）流行语。"流行语"暗示了人们思想的解放。在课堂中应用当下的流行语能更加贴近被教练者，收到很好的课堂效果。

3. 通过提问控制课堂的技巧

提问是控制课堂的常用方法，但提问也有技巧，不是随随便便提问题，而应从提问中引出思考。通常可按四个步骤进行提问。

（1）厘清目标。明确自己的目标是什么，想通过什么方式达到目标。

（2）反映事实。通过问题反映出事实情况如何。

（3）检讨改进。让被教练者检讨自己的行为，自问自答找到问题所在。

（4）采取行动。知道什么样的行动能改善现在的状况，如何才能达到自己的目标。

4. 控制被教练者状态的技巧

在培训现场，被教练者可能出现多种状态，如睡觉、走神、打电话等，而针对这些状态，教练必须具备一定的处理能力，不然整个课堂就会陷入混乱。

（1）如何应对被教练者睡觉。被教练者睡觉是可以预见的，如下午上课，尤其在1点到3点之间是睡觉现象高发期。既然可以预见，就应该做好准备，例如在课程设计时多设置游戏、图片、视频、音乐等调动被教练者积极性；也可以用提问的方法，尤其是通过提问他旁边没有睡觉的人，把他惊醒；或是运用讨论的方式让大家全部参与到其中来；甚至可以在他要睡还没有睡的时候做眼神交流，表示我在注意你，我已经看到你有睡觉的倾向了，我已经发现你的不妥行为，让他自己警醒等。

（2）如何应对被教练者玩手机。在课堂上经常会遇到这样的情况，但也要分类区别对待和处理，尤其是对管理者的培训，不能硬性要求如何如何。为避免被教练者玩手机，可在开始上课前建议或要求所有人把手机放在固定的位置；也可使用游戏规则，谁的手机响了就让整个团队表演节目。当然，正常的业务电话可离开教室接听并及时处理。

（3）如何应对闲聊。通常可采用直接应对，例如"请问有什么我没有说清楚的吗？如果没有，我就继续说"，也可采用异声提醒，如提高自己说话的声音，给闲聊者以警示；或暗示走近，即边讲课边走近聊天者，这样可以自然化解。

（4）如何应对被教练者故意刁难、有意抬杠、恶意挑衅。这种情况偶尔也会发生，要做好提前预防，例如开场谦虚一点；或说出一些自己的真实经历，把自己塑造成为这个领域的权威，让人不敢造次；也可以把刁难看成一个玩笑，通过幽默的方式进行化解等。

（5）如何应对"遭遇高手"。如果课堂遭遇高手，首先要摒弃自轻自贱的思想，然后再应用技巧来处理遭遇高手的问题，如请教利用、诚挚感谢、给予责任等，也可预先把课题框定在自己的优势范围内，这样高手就不易发挥出实力。

（6）如何应对不会的问题。教练不是万事通，不能回答也是正常的。可采用征询哪位被教练者能回答这个问题，或引导被教练者回答这个问题，也可采用讨论法等来寻找问题答案等方法。当然，也可坦诚地告知自己暂时无法回答，下课后会把整理的相关资料和结论发给他。

（7）如何应对课堂冷场。通常在上课前要做好充分准备，了解被教练者背景，根据被教练者的认知去应用自己的所学，也可通过互动分享的形式调动课堂气氛打破僵局，也可通过自己的激情来调动和燃烧全场。

5. 控制自己状态的技巧

教练的课堂状态会影响教学质量。

（1）如何应对疲劳。疲劳产生的原因有物理的也有精神的，要用不同的方法来解决，如锻炼法、物理法、精神法、休息法等，让自己处于良好的身体和精神状态。

（2）如何应对忘词。忘词没有什么大不了，重要的是不要被忘词吓到。应对忘词，最好的方法是授课前把一切都忘掉，只记得课程前5分钟说点什么就可以了。讲完5分钟后人的状态都平稳了，思路自然就理顺了，原来准备的东西就都想起来了。此外，也可不动声色地去看看PPT（用PowerPoint软件制作的幻灯片）或备注讲义，也可采用转换话题方法，或直接坦白"忘词了"，被教练者反而会佩服教练的霸气。

（3）如何应对跑题。跑题的原因多种多样，如初上讲台经验不足、被七嘴八舌带跑等。可采取以下方法：把重点写成提纲放在讲台上；把课程设置成只安排三个大点，以便容易记忆；在授课前多演练几遍，记住关键内容；采用主动回避法，当发现跑题时就主动与被教练者说明，另找时间探讨跑题的内容。

三、"收"——收场漂亮课程才能圆满

好的课程收场应起到画龙点睛的作用。

1. 意犹未尽式结尾

通过意犹未尽的绕梁之音来结束课程，如"非常高兴有这样的机会和大家探讨交流××课程，非常期待我们能再次相聚，共同学习，共同成长"。

2. 期待成功式结尾

通过"行者常至,为者常成"的道理,鼓励被教练者"知行合一",一定能到达理想的彼岸。

3. 鼓励升华式结尾

教育培训无定法,要鼓励被教练者去思考、去总结,掌握真正属于自己拥有的方法,才能走得更远。

4. 展望未来式结尾

让大家相信,只要按照你说的去做,一定会有一个美好的未来。

5. 总结提炼式结尾

讲课结束时,简单明了地把课程重点一二三提炼出来,但不能从头到尾再复述一遍。

6. 首尾呼应式结尾

结合课程开始前提出问题,对通过本课程学习问题能否迎刃而解进行"点题",使被教练者产生收获感。

四、"编"——巧妇也要有米才能"炊"

每一堂课都需要精心设计,才能开发出好的课程产品。作为教练,在课程设计与开发时应围绕三个方面的问题进行思考:此次被教练者想学什么?此次培训我想教被教练者什么?我教给被教练者的能帮助他解决什么?这就是课程设计与开发的宗旨与目的所在。

1. 明确开发目的

培训课程的目的一定是为了解决问题、弥补需求缺口及缩短表现差距。这在课程大纲中必须说明清楚,通常包括认知、学习、掌握和运用四个层面。

2. 遵循开发原则

开发课程是有原则的,要贴近被教练者的岗位需求,一般要遵循适用性、再创作、前瞻性、结构性原则。

3. 设计课程内容

课程内容、教练讲稿一般按照四个步骤设计和准备。

（1）搭结构。罗列问题，并进行排列组合。

（2）拟大纲。由粗到细，层层推进。

（3）填内容。注意补充案例与故事。

（4）做预案。预案要方便携带与参考。

4. 搭建逻辑框架

搭建课程逻辑框架就是将课程知识内容进行有机组合，形成便于被教练者掌握和使用的知识与技能。

（1）最常见的逻辑框架。是什么，为什么，怎么做。

（2）最方便的逻辑框架。把没有前后上下关系的内容，并列在一起，形成课程的整体架构，方便实用，简称并列结构。

（3）最明晰的逻辑框架。把同一类别的内容放在一起，然后排序，简称空间结构。

（4）最有价值的框架。就是利用心理逻辑构建起来的心智框架。这种框架让人无法跳出他的圈子，拥有极强的说服力。

5. 收集整理素材

教练要养成随时、随地、随情、随景收集资料的习惯，从书籍、被教练者、专家、互联网、电视节目等渠道进行收集。

6. 做好链接演绎

素材收集后，需要进行整理，根据需求链接到自己的课程当中，然后通过课堂的演绎让被教练者有所触动。

五、"做"——做不同类型课程的思路与方法

1. 企业类课程

企业文化与企业介绍类课程，除了要注意课程的目标和作用以外，还要讲究策略和方法。企业类课程是企业的基础课程之一，授课对象主要为新员工，课程主要内容是介绍企业，目的是宣传企业，让员工认同企业的文化。企业类课程框架一般应用时间顺序或是模块结构，授课素材可通过与高层访谈收集，也可通过文件查询、网络新闻素材整理收集。授课的 PPT 排版要精美、图片要清晰。

2. 知识类课程

知识类课程是最容易开发的，但知识类课程大多枯燥乏味，教练面临的问题就是

如何让课程生动活泼起来，这就需要运用一些方法：如利用实物，一边演示一边讲解的方式是最好的，同时可结合理论知识进行升华；也可设置一些问答环节，让团队进行竞赛，这样可以使被教练者不觉得枯燥乏味，人人都兴奋起来，更易学习、记忆课程内容。

3. 业务类课程

业务类课程主要是指销售员、业务员学习的销售技巧类课程。这类课程是基础的销售课程，通过正常的课程开发步骤后，需要以顾客服务为导向，然后把销售流程分解。

4. 制度类课程

开发制度类课程必须让上级领导确认，以便把握尺度。制度类课程最好用案例分析的形式讲授，这样不会显得枯燥。

5. 服务类课程

服务类课程主要是商务礼仪、服务礼仪、操作规范类课程，这些课程是顾客服务导向，但是更多的是强调内心修炼、自我成长、服务规范和行为的长期训练。抓这些环节进行课程开发，就能把握住重点、要点和难点。

6. 技术技能类课程

技术技能类课程是最难开发的课程，既要讲清必要的理论知识，还要突出这些知识的实际应用，以及在应用过程中遇到问题的处理方法，更要将知识转化为被教练者的实际能力。通常采用任务导向型方式开发课程，能较好地将知识、技能有机结合起来。

六、"用"——课程开发工具的有效使用

1. PPT 演示要素及基本要求

PPT 要根据被教练者的特性采取不同的形式，最好在制作 PPT 前对被教练者进行一些调查，通过调查精准锁定其学习诉求。

一般来说，被教练者都要求教练的 PPT 要有逻辑、主题和观点；要有清晰而贴切的图文效果；要简洁明了，这样才能调动被教练者的学习积极性，也有利于教练运用 PPT 把握自己的节奏。

（1）逻辑。PPT 的逻辑架构跟课程的架构是一致的。要在标题上就体现观点，这

样才能让被教练者一目了然。

（2）主题。主题一定要明确，课程的唯一目的是让被教练者明晰地得到结论。

（3）图文。PPT 要图文并茂，有了图文才能吸引被教练者的眼球，使人眼睛一亮，印象深刻。

（4）制作 PPT 的注意事项。能用短语绝不用句子，多多推敲，多多锤炼；能用图形就绝不用文字；巧妙运用图像、声音、影片，案例取自身边则更生动。

2. 培训行为设计与设置

培训行为设计是提升课程有效性的关键，配置不同的培训行为能取到事半功倍的作用。培训行为设计包括时间、内容、方法、演示、情绪、辅助等方面。

（1）时间。即讲这一话题要用多少分钟。

（2）内容。即内容是什么，主要讲什么话题。

（3）方法。即讲授、游戏、视频、演练、讨论、分组竞赛等。

（4）演示。即 PPT 的放映。

（5）情绪。理念需要理性地讲解，励志的时候一定要有激情。

（6）辅助。即道具、表格等教学工具的应用。

3. 思维导图的使用

思维导图是一个很好的工具，应用领域很广。

（1）用思维导图看书。用思维导图看书能快速、便捷地吸收其中的营养，而且如果有兴趣可以把书做成思维导图，能加深记忆，并在今后的教练工作中发挥它的作用。

（2）用思维导图做框架。在做课程结构搭建、逻辑梳理时，可以把自己的零星想法用思维导图的方式做不同的排列组合，从中选择最适合自己的架构。

（3）用思维导图头脑风暴。就是用思维导图记录头脑风暴的灵感，最后把其中的观点合并分化，主要观点就出来了。

（4）用思维导图做规划。用一张思维导图可以把自己的核心目标一目了然地呈现，让自己清楚自己的方向、自己的计划、自己要走向何处，以及什么是该做的和什么是不该做的。

第6节　企业教练的自身修炼

一、教练应具备的素质

1. 道德品质

教练应有较高的思想境界和道德情操。教练不仅传授知识、传承技艺，更要造就被教练者的灵魂。教练的一言一行、一举一动都会给被教练者以潜移默化的影响。一个品行不端的教练，其所培养的被教练者会在工作中使这种不良品行进一步扩散。

2. 专业知识

教练应精通与专业相关的理论与知识，如操作规格、操作方法、质量标准、安全操作知识等。作为一名称职的教练要有宽深适度的专业知识，方能使被教练者在有限的训练时间内获得尽可能多的专业知识，为进一步拓宽工作能力奠定知识基础。

3. 操作技能

具备较高的操作技能是对教练的基本要求之一。"打铁尚需自身硬"，自己没有"一杯水"，肯定灌不满被教练者这"一杯水"，这是最基本的道理。

4. 教学能力

作为企业教练，除运用教练技术开展"一对一"教练指导外，还需在更大范围内开展"一对多"的教练指导或班级培训授课。企业教练需作为企业内训师担负起培训授课的任务，应具备良好的教学能力。

（1）语言表达能力。实践表明，教学效果在很大程度上取决于教练的语言表达能力。教练的讲解应当简单明了、生动活泼有感染力，善于贴近被教练者的思想实际和理解水平来说明要讲解的问题。

（2）观察被教练者个性和训练情况的能力。教练应当根据被教练者的表现，了解被教练者的个性和他们的心理状态。既能找出被教练者共同具有的特点，又能发现每个被教练者的个性特点，从而采取有效的培训措施。

（3）善于全面掌握、理解、运用教学文件的能力。教练应当首先钻研教学文件及相关教材，认真备课，厘清内容主次，选择恰当训练方法等。教练应具有相应的分析、概括能力，能化繁为简、深入浅出，善于用标准的动作、精辟的语言让被教练者接受整套操作技能。

5. 组织能力

教练是能力训练的直接组织者和指导者。组织能力的好坏直接影响训练计划、训练进度的执行以及训练效果的优劣。教练的组织能力主要表现在以下几方面。

（1）要善于发现团体中威信高、责任心强、操作技能较好并具有一定组织能力的被教练者，安排其担任组长，以便成为自己的助手，协助分担任务。

（2）要根据训练计划、目的、要求组织被教练者学习与讨论。

（3）掌握被教练者的个性心理特征。尊重被教练者的人格，特别是一些年龄偏大的被教练者或女性被教练者。既要尊重被教练者的自尊心，又要敢于负责任地批评。了解各个被教练者的个性特点，全面组织被教练者向有利于训练的方向发展，充分利用教练自身的文化优势和专业优势，开展丰富多彩、形象生动的活动，增强团体凝聚力，这对提高教练的组织能力具有重要的意义。

二、教练的素养修炼

教练的素养修炼是指教练自身综合素质的不断提升与改善。教练是灵魂工程师，应具有高尚的思想品质和崇高的精神境界；应具备一定的心理学知识和良好的心理承受力；应具有广博精深的文化专业知识和运用现代教育技术的能力；应具有较强的创新实践和科研技改的能力；能熟练运用教练技术因人而异、因地制宜地启迪、激发被教练者的内在动力。

三、教练的专业修炼

教练的专业修炼是指对教练技术运用能力的修炼，就是要通过理论学习和实践凝练，不断克服传统名师带徒的局限性，如缺乏高阶认知技能培养、缺乏对后续发展的融合与支持、缺乏系统性的培养与指导等。

有些教练自认为了解了教练作用、知悉教练技术，甚至会运用教练技术就是一名好教练了，但是不少人在进行教练时仍会感到力不从心。因此，单纯进行教练的人，成功的不多。一名优秀的教练，必须在厘清目标、反映真相、心态迁善、制订计划等方面做不断地探索与实践、总结与提高。

【案例】

2020年初,由新型冠状病毒引发的肺炎疫情肆虐蔓延,对于2020届毕业生来说,不能到企业进行实习,不能回学校完成毕业论文和相关学业,不能正常求职就业,在家上网课之余,时间大多荒废。随着毕业临近,不少毕业生出现求职焦虑、就业目标感缺乏、就业信心降低等一系列的负面心理。

以下是运用教练技术解决毕业生缺乏就业目标感的案例。

一、初步掌握问题信息

2020届毕业生李同学已经决定毕业后工作,想要从事影视后期类工作,偏技术实践型的。由于疫情管控,李同学无法到年前实习单位继续实习,加上临近毕业,一方面需要完成毕业相关学业任务,一方面对求职越来越迷茫,不确定自己还能找到什么样的工作,不知道每天在家还能做些什么,大多时候玩玩手机一天就度过了。

二、案例分析和措施

李同学的问题在应届毕业生就业中是普遍存在的,根据和他的几次交谈,综合考虑后,采用教练技术对他进行教练。由于李同学压力大,有明显焦虑,于是,采用发问的方式,利用教练的"信任"和"正向",让李同学自己平复心情,聚焦正向和积极,同时锁定具体的目标。而在这个过程中,教练相信李同学能自己确定目标,找到资源改变现状,从而实现自己的目标。教练支持其成长,激发他发挥自己的潜能,找到资源,引发行动,实现目标。

三、案例操作步骤及关键对话

1. 关系建立

教练与李同学事先约定好形式,在规定时间,利用语音通话进行正式教练。为了更好地建立教练关系,他们再次约定以下几点:教练保证对李同学的一切信息严格保密;教练期间,教练与李同学的关系只能是教练和被教练者;教练过程中,李同学的所有回答都出于自己的内心真实想法。

2. 启发本人愿景,进行逻辑问话,寻找目标

这里主要采用了奇迹式问题,用假设的方法来解决问题是一种极其重要的思维方法,假设可以把未知看做已知,可以把复杂的关系简单化,可以帮助被教练者建立正向的思考系统。

关键对话(教练用"教"表示,李同学用"李"表示):

教:假设疫情没有发生,现在的你如往届毕业生,一面在学校完成毕业相关事项,

一面在之前的单位继续实习,你觉得你的一天是怎么度过的?

李:早上坐地铁去上班,想着剪辑的视频能否获得通过上线;下班回学校,加班剪辑或者继续写毕业设计。忙着实习,忙着找工作,忙着毕业吧。

教:嗯?忙着找工作?实习的单位,不是毕业后的就业单位吗?

李:嗯,本来是,但是我实际上想做的不是新媒体,只是无奈现在的招工需求基本上都是以短视频为主,其实我这方面的经验相对不足,传统的影视制作经验相对比较多一些,例如短剧、微电影这种,但是在这个单位,我可能主要还是做一些短视频,我感觉不是太适合。

......

(谈话过程中,采用逻辑层次,一步步帮助李同学厘清问题,澄清事实。)

教:嗯,所以,我可以这样理解吗,你想从事影视后期制作的职位,并且想一步到位,不想浪费太多时间在类似抖音短视频的后期剪辑这种岗位上。

李:是的,这是我的目标。

3. 寻找资源,落实计划,促进行动

根据积极心理学的研究,教练的工作中80%是倾听,15%是引导,5%是反馈。所以,教练的目的是技术性地推动被教练者调整自身状态、调动自身潜力、优化自我管理能力,最终实现自己解决问题。在谈话过程中不要直接针对目标和问题,否则学生会感觉到说教,将实现目标的能力具体化为可累计凸显的能力提升,来引导其对自己的目标进行计划行动。

关键对话如下:

教:那你现在觉得什么人、什么途径会较好地帮助你实现你目前这样的目标呢?

李:之前有个师兄,毕业后在××单位做影视后期,我想我可以去问问他吧。

......

(接下来,李同学开始主动联系了在相关职位的同学、朋友,交流了一下关于该职位求职时必需的相关准备。在几次交流中,教练和李同学都阶段性地完成一些行动,每次都由李同学来决定进程和时间。)

教:你说你已经收集到了4个单位的招聘信息,正在准备简历,不知你打算什么时候完成?

李:最晚下周吧,我已经做了一些(他很肯定)。

教:太好了,能不能让我也分享一下你的成果,在搜集信息和完成简历后发我一份?

李:好啊。

教：那我们说定了，下周五我等你的邮件。

李：说定了。

4. 监督辅导，教练结束

再一次对话时，整个对话已经非常流畅了，教练重新回顾了整个过程，对这次教练活动进行了评估，圆满结束此次教练。

四、在学生辅导工作中应用教练技术的启发

立德树人是教育的核心任务，学生辅导员是高校践行立德树人的重要力量，不但要学习专业知识和技能去帮助学生，更重要的，要做好学生的陪伴者和引导者的角色，重点在于激发行动、引发学习、发挥潜能，使其拥有更为圆满、平衡、自我实现的生活。

在辅导员日常工作中应用"教练技术"，通过持续跟进、督促，一方面可以更好地对学生正向思考、澄清目标、改变思维、制订计划的积极行动给予不断的支持；另一方面可以中立者的身份，通过引导性的交流，让学生向内挖掘潜能，向外发现可能性，不断地完善自己，并对自己的学习和行动负责，满足学生个性化、差异化需求，提供个性化就业指导。

第 8 章
职业技能竞赛简介

近年来,国家高度重视技能人才队伍建设,以举办各类技能竞赛为契机,构建全方位、高层次、多途径的技能人才培养体系,打造高素质、高水平技能人才队伍,以人才为引领推动产业结构的转型升级。

在中共中央办公厅、国务院办公厅印发的《关于加强新时代高技能人才队伍建设的意见》中明确提出,要"广泛深入开展职业技能竞赛,完善以世界技能大赛为引领、全国职业技能大赛为龙头、全国行业和地方各级职业技能竞赛以及专项赛为主体、企业和院校职业技能比赛为基础的中国特色职业技能竞赛体系"。

职业技能竞赛不仅助力职业教育、职业培训整体向前发展,更促进弘扬劳模精神、劳动精神、工匠精神,激励更多劳动者特别是青少年一代走技能成才、技能报国之路。

第 1 节 职业技能竞赛分类

职业技能竞赛是培养和选拔优秀技术技能人才的重要手段,是提高劳动者就业能力、稳定和扩大就业的重要途径,一直以来得到世界各国的普遍重视。2022 年 4 月新修订的《中华人民共和国职业教育法》规定:"国家通过组织开展职业技能竞赛等活动,为技术技能人才提供展示技能、切磋技艺的平台,持续培养更多高素质技术技能人才、能工巧匠和大国工匠。"

人力资源社会保障部提出"健全完善职业技能竞赛管理制度,广泛深入开展职业技能竞赛",要求不断健全完善管理制度,加强专家队伍建设、社会赞助、竞赛成果转化等工作，推动职业技能竞赛科学化、规范化、专业化发展。全力做好世界技能大赛筹办举办、集训参赛等工作，定期举办中华人民共和国职业技能大赛。围绕重大战略、重大工程、重大项目、重点产业，创新开展全国行业职业技能竞赛，推动各地、各行业企业广泛深入开展职业技能竞赛，为技能人才脱颖而出搭建平台。

一、国内职业技能竞赛分类

职业技能竞赛是依据国家职业技能标准，结合生产和经营工作实际开展的以突出操作技能和解决实际问题能力为重点的、有组织的群众性竞赛活动。职业技能竞赛应坚持社会效益为主和公开、公平、公正的原则，并与职业技能培训、技能人才评价、技能等级认定、业绩考核、技术革新和生产工作紧密结合。职业技能竞赛应严格执行国家有关法律、法规。各行业、企业都可组织职业技能竞赛。

我国职业技能竞赛实行分级分类管理。

1. 中华人民共和国职业技能大赛

中华人民共和国职业技能大赛（简称全国技能大赛）是经国务院批准，由人力资源社会保障部主办的职业技能竞赛，原则上每两年举办一届。全国技能大赛原则上设置世赛选拔赛项目和国赛精选项目，承担世界技能大赛全国选拔赛任务。

第一届全国技能大赛于 2020 年 12 月在广东省广州市举办。第二届全国技能大赛于 2023 年 9 月在天津市举办。

2. 全国职业院校技能大赛、行业职业技能竞赛和职业技能专项赛

全国职业院校技能大赛是教育部发起并牵头，联合国务院有关部门以及有关行业、人民团体、学术团体和地方共同举办的一项公益性、全国性职业院校学生综合技能竞赛活动，每年举办一届。

全国行业职业技能竞赛由有关行业部委、行业协会、中央企业主办，竞赛项目设置体现行业特色，是行业内最高水平的赛事。全国行业职业技能竞赛分为一类职业技能大赛和二类职业技能竞赛。一类职业技能大赛为跨行业（系统）、跨地区的职业技能竞赛；二类职业技能竞赛为单一行业（系统）的职业技能竞赛。全国行业职业技能竞赛着眼于促进技能人才的培养选拔，为促进行业技能人才队伍建设、服务行业企业发展、备战世界技能大赛提供坚实基础并营造良好社会氛围。

全国性职业技能专项赛是立足党中央、国务院决策部署，适应新时期经济社会发展需要，由人力资源社会保障部会同有关部门举办的专项职业技能赛事，如全国乡村振兴技能大赛等。

3. 地方职业技能竞赛

为进一步发挥职业技能竞赛在加表强技能人才培养选拔方面的引领作用，2020年第一届全国技能大赛成功举办后，人力资源社会保障部全面推动省、市、县三级综合性职业技能竞赛活动。目前，全国绝大多数省份都已经举办或正在筹划举办省级综合性职业技能大赛，带动各省（区、市）行业职业技能竞赛和企业、院校技能比赛蓬勃开展。

4. 企业和院校职业技能比赛

企业和院校职业技能比赛分别是由院校、企业发起并组织实施的内部职业技能竞赛。

二、世界技能大赛

1. 世界技能大赛概述

世界技能大赛由世界技能组织举办，代表了职业技能发展的世界先进水平，是当今世界地位最高、规模最大、影响力最大的职业技能赛事，被誉为"世界技能奥林匹克"，是世界技能组织成员展示和交流职业技能的重要平台。世界技能大赛每两年举办一届。

世界技能大赛涵盖运输与物流、结构与建筑技术、制造与工程技术、创意艺术与时尚、信息与通信技术、社会与个人服务六大领域（详见附录资料），共60多个比赛项目。大部分比赛项目对参赛选手的年龄限制为22周岁，个别有工作经验要求的项目选手年龄限制为25岁。

2. 我国参加世界技能大赛情况

我国于2010年加入世界技能组织，成为该组织的第53个成员。

2011年，我国首次参加在英国伦敦举办的第41届世界技能大赛，实现了奖牌零的突破。

2015年，在巴西圣保罗举办的第43届世界技能大赛上，我国代表团以精湛的技艺和出色的发挥实现了金牌零的突破，获得5金6银4铜和11个优胜奖的优异成绩。

2017年，在阿联酋阿布扎比举办的第44届世界技能大赛上，我国获得15金7银8铜和12个优胜奖，位列金牌榜、奖牌榜、团体总分第一，实现历史性重大突破。同年，中国上海还获得2021年第46届世界技能大赛举办权。

2019年，在俄罗斯喀山举办的第45届世界技能大赛上，我国取得了16金14银5

铜和 17 个优胜奖的历史最好成绩，蝉联金牌榜、奖牌榜、团体总分第一。

受新型冠状病毒肺炎疫情影响，世界技能组织决定取消原定延期至 2022 年在上海举办的第 46 届世界技能大赛，改为 2022 年世界技能大赛特别赛，在欧洲、亚洲、美洲等 15 个国家分别举办。我国选手参加全部 62 个项目中的 34 个项目比赛，共获得 21 枚金牌、3 枚银牌、4 枚铜牌和 5 个优胜奖的优异成绩，金牌榜和团体总分再次位居世界第一。

2022 年 9 月 26 日世界技能组织召开全体成员大会。经投票表决，世界技能组织决定，2026 年第 48 届世界技能大赛在中国上海举办。

第 2 节　职业技能竞赛技术准备

职业技能竞赛是一项综合性、系统性工程，各类职业技能竞赛有明确的实施办法，规定了竞赛规则、管理准则、实施细则等，而竞赛技术文件是职业技能竞赛规则中的基础，是组织技能竞赛的核心内容。每个竞赛项目都需要根据项目的特点、竞赛目标和参赛对象等要素，科学合理制定竞赛考核内容，同时会根据竞赛内容对竞赛场地、设备设施等提出要求。竞赛技术文件一般包括竞赛技术描述、参赛对象及能力要求、竞赛任务及模块设置、竞赛设施设备、竞赛评分规则等内容。

一、竞赛技术描述

竞赛技术描述主要是对竞赛项目基本情况的简要说明，侧重竞赛项目的最主要内容、含义、技术特点及目标要求等。竞赛技术描述一般由项目描述和相关文件组成，主要是对整个竞赛项目做概要性介绍。

1. 项目描述

项目描述主要介绍竞赛项目所涉及的技术内容、范围和特点，参赛人员应具备的技能和素质等。如世界技能大赛"机电一体化"的项目描述为：机电一体化项目涉及机械、气动技术、液压技术、电工学、电子学等领域，其中计算机技术主要涉及 PLC（可编程逻辑控制器）编程和机器设备之间的通信技术等。机电一体化技术人员能够设计、组装、安装、调试、维护、修理和调校自动化工业设备，编写设备控制系统和人机界面应用程序等。

在项目描述中也可对竞赛目标作简要概述,描述通过职业技能竞赛期望达到的目的、目标,体现职业技能竞赛在"以赛促学""以赛促训""以赛促评""以赛促建"等方面的引导作用。

2. 相关文件

相关文件是指竞赛项目技术工作文件,但只侧重于本项目技术工作的相关信息。参加本项目的人员除阅读该文件外还需配合其他文件一同使用,如竞赛样题、图样、配套素材、设备工具使用说明等。

二、参赛对象及能力要求

职业技能竞赛项目都有明确的指向,包括但不限于需明确参赛对象的类别、年龄、层次、能力要求等,其中能力要求一般需详尽描述。

1. 能力范围描述

指参赛选手应具备的能力范围,包括应具备的理论知识和操作技能。不同竞赛项目对选手能力要求各不相同,一般对选手能力要求主要有竞赛项目管理能力和专业技术能力。以世界技能大赛"机电一体化"项目为例,选手能力要求就包括工作的组织与管理、交流与人际沟通、机电一体化系统开发、工业控制器使用、软件编程、电路设计、设备系统分析、系统运行及维修能力等内容。

2. 能力要求描述

指对每个技能模块所对应的具体能力的描述,主要包括应知和应会两部分内容。应知一般描述成"知道和理解",应会一般描述成"会做……"。一般以表格化方式描述各项能力要求,见表8-1。

表 8-1　　　　　　　　　　能力要求描述

能力模块	能力描述
1	(模块名)
	个人需要知道和理解: ● (知道和理解1)。 ● (知道和理解2)。
	个人应会、应能做: ● (应会做1)。 ● (应能做2)。
2	……

三、竞赛任务及模块设置

竞赛任务往往由多个竞赛模块组成，每个竞赛模块侧重于不同的能力要求。要根据竞赛目标和参赛对象能力水平等要素，科学合理制定竞赛模块内容，以便能够客观反映出参赛选手的实际水平和能力。

1. 竞赛模块设置

竞赛模块与竞赛试题密切相关，竞赛模块应包含各模块的编号及名称，并对竞赛时间、配分进行说明，见表8-2。竞赛模块还应写明总分和各模块评价分和测量分的配分，应尽量减小评价分的比例，一般控制在30%以下（特殊项目除外）。

表8-2　　　　　　　　　　竞赛模块设置

模块编号	模块名称	竞赛时间（min）	分数		
			评价分	测量分	合计
A					
B					
C					
D					
总计					

若竞赛分复赛和决赛两个阶段，则应明确说明哪些模块用于复赛，哪些模块用于决赛。如模块A、模块B为复赛比赛内容，所有选手均须参加复赛，复赛名次排名前××%的选手可进入决赛；模块C、模块D为决赛比赛内容。

2. 竞赛模块描述

分别对竞赛项目的各模块做概要性描述。描述方法可以根据不同项目的特点确定，但需注意以下两点。

（1）模块的内容应与"项目描述""能力范围描述"和"能力要求描述"等相匹配。

（2）提炼模块特征，叙述简明扼要，不能写成试题描述。

四、竞赛设施设备

竞赛设施设备是竞赛的关键要素，在竞赛技术文件中必须对竞赛项目使用的相关主体设施设备、仪器、工具及数量、技术参数、品牌要求等进行说明。若允许选手自带设备和工具，则应对允许范围进行说明。

1. 场地设备与工具

由竞赛承办单位按比赛工位配备。场地设备与工具配备总数应大于或等于比赛工位数。

2. 材料与耗材

由竞赛承办单位按比赛工位配备。材料与耗材配备总数应大于或等于比赛工位数。

3. 选手自备设备

根据竞赛文件要求,选手应自备的、符合要求的比赛设备。

4. 选手自备工器具

根据竞赛文件要求,选手应自备的工器具。

5. 场地禁止自带使用的设备和材料

根据竞赛文件要求,不允许选手带入赛场的设备、工器具和材料。

【案例】世界技能大赛"机电一体化"项目竞赛设施设备

1. 场地设备与工具

由竞赛承办单位按比赛工位配备。场地设备配备总数应大于或等于比赛工位数。每个比赛工位设备与工具配置清单见表8-3。

表8-3　　　　　　　　　　比赛工位设备与工具

序号	主体设备名称	型号	单位	数量
1	比赛工位	3 m×4 m	个	1
2	工作台	150 cm×80 cm×78 cm	个	2
3	软垫座椅	43 cm×50 cm×84 cm	把	2
4	配电箱	220 V/10 A	个	1
5	接线板	4个3P	个	2
6	……			

2. 材料与耗材

由竞赛承办单位按比赛工位配备。材料与耗材配备总数应大于或等于比赛工位数。每个比赛工位材料与耗材配备清单见表8-4。

表 8-4　　　　　　　　　　　　　比赛工位材料与耗材

序号	设备名称	型号	单位	数量
1	LAPP 电缆	H05V-K 1×0.75 DBU	m	5
2	气管（蓝色）	Pun-H-6×1_BL	m	5
3	气管（蓝色）	Pun-H-4×0.75_BL	m	5
4	……			

3. 选手自备设备（见表 8-5）

表 8-5　　　　　　　　　　　　　选手自备设备

序号	设备名称	数量	备注	图片
1	提取安装单元	1	完整工作单元	
2	MPS（模块化生产系统）小车	2	340 mm×690 mm×750 mm	
3	操作面板	1	带控制钥匙	
4	……			

4. 选手自备工器具（见表8-6）

表8-6 选手自备工器具

序号	名称	型号/规格	数量	单位
1	工具箱	—	1	个
2	内六角扳手	1.5~10 mm	1	套
3	活扳手	19.3 mm	1	把
4	气管钳	80 mm×25 mm×28 mm	1	把
5	尖嘴钳	160 mm	1	把
6	……			

5. 场地禁止自带使用的设备和材料（见表8-7）

表8-7 场地禁止自带使用的设备和材料

序号	设备和材料名称
1	电动工具
2	尖锐或开口超过8 cm刀具
3	……

注：比赛前一天裁判组将对选手自带工具进行检查，不符合竞赛安全规定的工器具将被要求带离比赛现场。

五、竞赛评分规则

以世界技能大赛评分规则为例，评分方式有评价和测量两类。凡需要采用主观描述进行的评判称为评价，凡可采用客观数据表述的评判称为测量。

1. 评价分（主观）评分规则

3名裁判为一组，各自单独评分，计算出平均权重分，除以3后再乘以该子项的分值计算出实际得分。裁判相互间分差必须小于或等于1分，否则需要给出确切理由并在评分组长或裁判长的监督下进行调分。

评价分（主观）评分规则见表8-8。

表8-8 评价分（主观）评分规则

权重分值	要求描述
0分	各方面均低于行业标准，包括"未做尝试"
1分	达到行业标准
2分	达到行业标准，且某些方面超过标准
3分	达到行业期待的优秀水平

【案例】世界技能大赛"花艺"项目评价分评分规则

从形状、形态、比例、视觉平衡等方面评价花艺项目竞赛成果的构成、色彩、创意等方面的整体印象（见表 8-9）。

表 8-9　　　　　　世界技能大赛"花艺"项目评价分评分规则

权重分值	要求描述
0 分	没有明确的线条构成，视觉不平衡
1 分	明确的线条，视觉平衡
2 分	明确的线条，复杂的使用形式，正确比例的关系达到
3 分	明确和整洁的线条造型，不同形式的复杂使用，正确并好看的比例关系达到，较多设计元素和完美的视觉平衡体现

2. 测量分（客观）评分规则

按模块设置若干个评分组，每组由 2 名及以上裁判构成。每个组所有裁判一起商议，在对该选手在该项中的实际得分达成一致后最终只给出一个分值。若裁判数量较多，也可以另定分组模式。

【案例】世界技能大赛"工业 4.0"项目测量分评分规则（见表 8-10）

表 8-10　　　　　世界技能大赛"工业 4.0"项目测量分评分规则

类型	示例	最高分值	正确分值	不正确分值
满分或零分	网站地图动态链接至菜单	0.50	0.50	0
从满分中扣除	CSS 代码能通过验证（每种错误扣 0.50 分）	2.00	2.00	0～1.50
从零分开始加	CSS 代码有注释（0.50 分） XHTML 代码有注释（0.50 分）	1.00	1.00	0～0.50

3. 评分流程说明

明确竞赛项目是"过程评分"还是"事后结果评分"，有无时间分以及计算时间分的条件，对穿插在项目比赛过程中进行评分的要求等必须叙述明确。另外，对分数的复核、录入，以及责任人等进行说明和描述。

【案例】世界技能大赛"机电一体化"项目评分流程描述

本项目为事后结果评分，评分过程分以下五步。
第一步：PLC 功能评分（评判 PLC 程序编写准确性）。
第二步：触摸屏功能评分［评判 HMI（人机交互）组态准确性］。
第三步：仿真盒功能评分［评判 IO（输入输出）接线准确性］。
第四步：专业技术规范评分（评判安装工艺）。
第五步：时间评分（评判工作效率）。

第3节 职业技能竞赛命题

职业技能竞赛一般由应知理论考试和应会技能考核两部分组成。但也有只进行应会技能考核，不单独进行应知理论考试的竞赛。世界技能大赛一般都是应会技能考核，不单独设立应知理论考试，应会技能考核包含了对应能力模块的应知理论知识要求，这种考核或竞赛方式有时也可称作为"一体化考试""一体化比赛"，即理论考试和技能考核融合在一起的考核方式。

一、题型分类

1. 应知理论考试

应知理论考试的内容是竞赛项目参赛选手应该了解、熟悉、掌握的基础理论和专业知识。应知理论考试试题一般以客观题为主，可采用判断题、单选题、多选题、简答题、计算题、综合分析题等题型。

应知理论试题应对应相应能力模块知识点，一般需编制理论知识考核要素细目表，每个知识点都配有相应的试题。各题型的分值可根据题量的多少来确定，一般多项选择题每题的分值高一些。应知理论考试可以是纸质书面考试，也可进行计算机无纸化考试。

2. 应会技能考核

应会技能考核的内容是竞赛项目参赛选手应该掌握的技能和应用知识与技能解决

实际问题的能力。应会技能考核试题一般有操作题、笔试题、口试题等。

（1）操作题。有过程操作、仿真和计算机操作、故障排除、检测维修、样品制作等，其命题应注重对象的操作和设备设施的使用。

（2）笔试题。其实质仍然是操作，只不过用书写的方式回答操作步骤、过程、方法等，如：编制工艺、计算库存、设计广告、编制××单证、制订规划方案、分析案例等。通常情况下，应会技能考核题库中不能出现如填空题、选择题、简答题等属于应知理论考试范畴的试题。

（3）口试题。有情景模拟、角色扮演、小组讨论、技术小结与答辩等，一般都有准备时间，若属当场准备，要配备背景资料等；若属综合性解决问题的能力考核，即"综合能力测试"，则要预留给选手比较充足的准备时间。

二、命题规则

职业技能竞赛试题应紧紧围绕竞赛任务模块和能力要求，因此组织竞赛命题和编制试题不能超越范围。命题时，应先根据竞赛任务模块、能力要求编制要素细目表，包括理论知识考核要素细目表、技能考核要素细目表，从而可以明确界定试题的内容、范围和难度等。对有些职业技能竞赛项目设置综合评审环节的，需编制综合评审的具体要求。

1. 应知理论考试命题

（1）理论知识考核要素细目表。理论知识考核要素细目表是以竞赛任务模块和能力要求为依据，对理论知识考核要素进行逐级（层）细分形成的具有可操作性和相应特征的结构化表格。理论知识考核要素细目表是应知理论考试命题的框架性文件，可以看作应知理论考试大纲。

理论知识考核要素细目表参考格式见表 8-11。

表 8-11　　　　　　　　　　理论知识考核要素细目表

序号	知识点代码			名称·内容	备注
	章	节	点		

(2) 理论知识考核要素细目表的编制要求

1) 章。章是应知理论考试的总体要素，一般与"竞赛模块"对理论知识的要求相对应。

2) 节。节是对"章"的逐级分解，一般与"竞赛模块"对应的相关知识要求相对应。

3) 点。点是对"节"进一步细化后确定的考核点，即最小不可分割且独立可考核的知识点。"点"的名称应准确完整表达考核点内涵，文字表述必须清楚明确、完整简练，不重复出现内容相同或相近的点。表述时多用××的概念、性质、特点、分类、方法、规则、原理等语句，避免使用疑问句。

【示例】理论知识考核要素细目表（见表8-12）

表 8-12　　　　　　　　　　理论知识考核要素细目表

序号	知识点代码			名称·内容	备注
	章	节	点		
	1			**电液（气）系统安装与调试**	
		1.1		流体传动基础知识	
1			1.1.1	压力的概念及计算方法	
2			1.1.2	流量的概念	
3			1.1.3	流量连续性原理	
4			1.1.4	液压（气动）系统组成及工作原理	
		1.2		液压泵结构与工作原理	
5			1.2.1	齿轮泵及其特点	
6			1.2.2	……	

(3) 应知理论考试命题要求

1) 根据"能力范围描述"和"能力要求描述"中列出的知识要求编制理论知识考核要素细目表。

2) 在细目表的每一个"点"（命题的最小知识点）下，命制规定题型和题量的应知理论考试试题，即应知理论考试试题须挂在"点"下。

3)应知理论考试试题应从解决技能的需求出发,不能脱离企业生产实际,不能游离于技能需求出题。

【示例】应知理论考试试题(见表 8-13)

表 8-13　　　　　　　　　　应知理论考试试题

知识点代码	理论知识试题	分数
1.1.1	压力的概念及计算方法	
1)	判断题	
	液压系统的工作压力取决于负载。(√)	1
2)	单选题	
	液压系统的工作压力取决于(A)。	1
	(A) 负载　(B) 溢流阀调定压力　(C) 泵额定压力　(D) 泵最高压力	
	……	

2. 应会技能考核命题

应会技能考核命题是根据考核方案的要求,通过量化指标对选手完成任务的"质"和"量"进行考核测评,以测量选手对技能的掌握程度。试题的设计一是要如实反映技能需求,二是通过考核评价真实反映选手对技能的掌握程度。

应会技能考核试题可分为两大组成部分:第一部分是"试题单",主要描述考核内容和操作要求;第二部分是"评分表",主要描述根据选手的操作,如何按照技能考核要素细目的要求进行"真实、客观、公正"的评价。

(1) 应会技能考核试题编制一般规则

1) 严格按"技能考核要素细目表"中所列模块、细目内容命制试题,所命试题不得超出技能考核要素细目表的内容范畴。

2) 应会技能考核试题的命制要充分考虑竞赛的可操作性,在了解、熟悉竞赛设备设施情况下编制与之相适应的试题。可根据竞赛的需要,提出设备设施的改制、改进、添置的意见和建议。同时,涉及的设备、工具、刀具、量具、耗材、计算机软件等,应为业界主流使用的,其名称、牌号、型号、版本号等的标注应符合规范要求。

3）应会技能考核试题一般由任务框架（题干）和操作对象（素材）构成。题干由竞赛考核方案确定，素材则根据不同类型的技能要求进行适当变化，如编写试题要求或参数表、建立素材库等，以提高考核的有效性。应会技能考核试题结构一般有以下类型：①题干+试题要求；②题干+参数表；③素材库+样例+命题规则。

一般情况下，纯手工技能考核类试题（如烹调、美发、钳工锉削等）采用"题干+试题要求"的试题结构；设备操作类试题（如数控机床加工、工艺编制等）可考虑"题干+参数表"的命题方式；笔试类试题可考虑"素材库+样例+命题规则"的命题方式，命题规则是试题素材（包括背景资料、预设问题、参考答案等）的编制规则。

（2）应会技能考核命题要求

1）根据"能力范围描述"和"能力要求描述"中列出的技能要求编制技能考核要素细目表。

2）根据技能考核要素细目设计考题具体的试题单及评分表。

3）应会技能考核试题的命制还需考虑怎么考的问题，即设备工具、考核时间、考核方式、考试安排、评价方式等。要通过反复权衡、推敲，才能最终形成竞赛试题。

（3）技能考核要素细目表编制。技能考核要素细目表是技能竞赛的整体技能要求的结构化列表，是用于确定应会技能考核试题的考核类型、考核内容、考核要求和评分标准等的框架性文件。

技能考核要素细目表是按层次结构编排的技能考核细目点，即将技能考核要素按竞赛任务逐级细化后，组成具有多层次结构的考核要素表格，包括"模块""细目"两个部分，见表8-14。

表8-14　　　　　　　　　　技能考核要素细目表

序号	考核点代码		名称·内容	备注
	模块	细目		

技能考核要素细目表编制时应注意：

1）模块。模块即为应会技能考核试题的命题单位，即应会技能考核试题在"模块"下命制。一个模块可由 3~10 个细目组成。

2）细目。根据模块内容进一步分解成可测量的考核点。因为应会技能考核试题以模块为命题单位，所以细目即描述了应会技能考核试题中的技能要求，也就是命题的内容要求和评分标准要求。

细目代码从左至右依次表示模块、细目。例如：第 1 个模块、第 3 个细目的代码可表示为 1.3。

（4）应会技能考核试题单的编制

1）应会技能考核试题单的组成结构。应会技能考核试题单由标题、竞赛场地与设备要求、竞赛任务、技能要求、质量指标五个部分组成。

2）应会技能考核试题单的编制要求

①标题。主要包括试题名称、考核时间等基本信息。

应会技能考核试题的本质是考核选手完成某项任务情况，所以试题名称应该符合"动宾结构"，如：加工××零件、完成××设计、利用××工具制作××等。

考核时间是完成此试题的最终时间，原则上不允许有延迟。

②竞赛场地与设备要求。这部分内容是竞赛场地必须具备的前置操作条件。如场地、环境条件（如有露天操作的还需说明天气要求），以及需赛场提供的主要设备设施、工具量具、耗材、防护用品等，必要时还需注明规格、型号、数量，如需选手自带也需另行注明。

③竞赛任务。即竞赛要完成的工作任务。具体地说，就是要选手完成哪几项工作任务。竞赛任务应与细目表相关联。必要时可用图样、表格、素材、参数表或其他背景资料加以说明。描述竞赛任务时应简明扼要、准确无误，如果竞赛任务比较复杂可做适当的分解，但不可将竞赛任务写成操作步骤。

④技能要求。竞赛任务只是技能考核的一个载体，重要的是完成工作任务所必须掌握的技能。通过竞赛任务完成的"质"与"量"，来检验选手对技能的掌握程度。

⑤质量指标。即达到技能要求的量化指标或可供参考的标称值，以及相应的法规、条例、政策、技术标准中的规定。质量指标是评分项目、评分细则描述的判分依据。

（5）应会技能考核试题评分表的编制

1）测量分评分表的编制。测量分评分表可参照表 8-15 编制。

表 8-15　　　　　　　　　　　　　测量分评分表

项目名称＿＿＿＿＿＿＿＿＿＿＿＿　　项目编号＿＿＿＿＿＿＿＿　　竞赛日＿＿＿＿＿＿
子配分说明＿＿＿＿＿＿＿＿＿＿＿＿＿＿＿＿＿＿＿＿＿＿＿＿　　选手号＿＿＿＿＿＿
　　　　　　＿＿＿＿＿＿＿＿＿＿＿＿＿＿＿＿＿＿＿＿＿＿＿＿　　子模块号＿＿＿＿＿

评分细则编号	最大分值	评分细则描述	规定或标称值	结果或实际值	实际得分
M1					
M2					
…			—	—	
		子模块分值		实际得分	

2）评价分评分表的编制。评价分评分表可参照表 8-16 编制。

表 8-16　　　　　　　　　　　　　评价分评分表

项目名称＿＿＿＿＿＿＿＿＿＿＿＿＿＿＿＿＿＿＿＿＿＿＿＿＿＿　　竞赛日＿＿＿＿＿＿
子配分说明＿＿＿＿＿＿＿＿＿＿＿＿＿＿＿＿＿＿＿＿＿＿＿＿＿＿　　选手号＿＿＿＿＿＿
　　　　　　＿＿＿＿＿＿＿＿＿＿＿＿＿＿＿＿＿＿＿＿＿＿＿＿＿＿　　子模块号＿＿＿＿＿

| 评分细则编号 | 最大分值 | 权重分值 | 评分细则描述 | 裁判评分（0~3） | | | 实际得分 |
				1	2	3	
J1							
		0		—	—	—	—
		1		—	—	—	—
		2		—	—	—	—
		3		—	—	—	—
J2							
…							
		子模块分值			实际得分		

【案例】

当上海选手刘福焕代表中国队摘得 2017 年"中国国际技能大赛糖艺/西点制作项目"铜牌时，一路指导、陪伴着的教练干文华看着学生登上领奖台，流下了欣慰的泪水，"这是当时我国在该项目国际比赛中取得的最好成绩。"

作为上海市现代食品职业技能培训中心校长兼技术总监、西式面点师高级技师，干文华坚持"一辈子做好一件事"，潜心钻研海派西点技艺，在屡获大奖的同时，致力于传承培育西点人才，助力中国烘焙走向世界舞台。"匠人之心，寄乎于手。"她将热情和心血糅进了对西点的执着追求中，同时也点亮了许多烘焙新人的人生。

多年前，为了生计，她从一名纺织女工转型进入面包公司，从零开始跟随师傅学习烘焙知识和技法。没想到，与西点的初次相遇便让她喜欢上了从面粉到作品成型的奇妙过程，之后一路潜心钻研，并一直坚守到现在。

2006年，干文华参加第七届全国焙烤技术比赛。现场，当其他选手使用奶油操作时，她别出心裁地选择了巧克力面团，手法娴熟地制作出当时少见的翻糖蛋糕，还通过捏塑技艺呈现出南瓜、香蕉、玉米等造型，以蔬果丰收展现创意主题。"我记得担任评委的凯司令技术总监看着我的蛋糕高兴得直点头，他说：'终于有一款洋气的蛋糕了！'"回忆起比赛细节，干文华依然历历在目，这一创新也让她获得了"全国技术能手"的称号。

创新之路从未停止，针对传统鲜奶油裱花稳定性差、易变形、不美观等问题，干文华大胆改良工艺配方，通过增加适量奶粉提升鲜奶油裱花技艺的稳定性，填补了技能空白。此外，她还多次前往法国、日本学习先进烘焙知识，融会贯通中练就了西点烘焙绝技绝活，并担任国家竞赛裁判员，深受行业认可。

2016年，干文华受命组建糖艺/西点制作项目和烘焙项目两支上海队参加世界技能大赛全国选拔赛，并担任教练组组长。面对世赛项目从未涉足、时间紧、任务重等困难，干文华沉着冷静，阅读了大量世赛技术文件，并制订详细的训练计划。整整4天，她把全部精力都扑在集训队员身上，连自己母亲生病期间都未能前往陪伴。天道酬勤，经过激烈比拼，最终，5位上海队选手都进入了国家集训队。

2018年春节前夕，为了备战1个月后的第45届世界技能大赛糖艺/西点制作项目和烘焙项目上海选拔赛，干文华放弃休息时间，为19位"97后"小将开展高强度集训，每天从早上8点忙碌到晚上8点，临战模拟时甚至凌晨以后才能结束一天的工作。"看着学生们走向领奖台的那一刻，是我最有成就感的时候，一切付出都是值得的。"

多年来，志在传艺育人的她，为全国烘焙行业培养了千余位西点烘焙专业人才，其中有11位学生获得"全国技术能手"称号。

在各类技能大赛中，干文华作为国家职业技能竞赛裁判员经常受邀担任现场西点烘焙展示和指导老师，看到越来越多的市民参与到技能学习中来，体验技能的魅力，她的内心充满了喜悦。"未来，我希望在传承创新的基础上，把自己对于西点烘焙的热情和专业知识传递给更多人，同时，将中国烘焙推向更广阔的舞台，向世界展现中国西点师的技能风范。"对于西点烘焙的未来发展，干文华充满了信心。

附录一

国家级技能大师工作室建设项目实施管理办法（试行）

第一章 总 则

第一条 为加强和规范国家级技能大师工作室（以下简称"技能大师工作室"）建设项目管理，确保技能大师工作室建设项目顺利实施，提高资金使用效益，推动高技能人才队伍建设，特制定本办法。

第二条 本办法所指技能大师是指某一行业（领域）技能拔尖、技艺精湛并具有较强创新创造能力和社会影响力的高技能人才。

本办法所指技能大师工作室建设项目是依据申报条件要求，经各省（区、市）人力资源社会保障部门、财政部门评审推荐，人力资源社会保障部、财政部复审确定的技能大师工作室建设项目。

本办法所指项目资金包括中央财政支持技能大师工作室建设项目的补助资金、地方政府安排的配套资金及行业企业支持资金、自筹资金等。

第三条 技能大师工作室建设项目要与区域经济发展密切结合，主要围绕十大振兴产业、战略性新兴产业、先进制造业和经济社会发展急需、紧缺行业（领域）组织实施。

第四条 技能大师工作室主要依托中华技能大奖获得者，部分在技能含量较高的行业和大中型企业工作的高技能人才，以及部分掌握传统技能、民间绝技的技能大师建设。可建在企业或公共职业技能实训基地。

第五条 技能大师工作室的主要功能是发挥高技能领军人才在带徒传技、技能攻关、技艺传承、技能推广等方面的重要作用，面向企业、行业职工及相关人员开展培训、研修、攻关、交流等活动，将技术技能革新成果和绝技绝活加以推广。

第二章 项目申报与评审

第六条 技能大师工作室建设项目申报单位应符合以下条件：

（一）技能大师的条件。技能大师应当是某一行业（领域）技能拔尖、技艺精湛并具有较强创新创造能力和社会影响力的高技能人才,在带徒传技方面经验丰富,身体健康,能够承担工作室日常工作。同时,应具备以下条件之一:

1. 获得中华技能大奖称号;

2. 获得全国技术能手称号或具有技师以上技能水平,积极开展技术技能革新,取得有一定影响的发明创造,并产生较大的经济效益;

3. 具有一定的绝技绝活,并在积极挖掘和传承传统工艺上作出较大贡献。

(二)依托企业建立工作室,企业应当具备的条件:

有符合条件的技能大师;技能人才比较密集;高度重视技能人才队伍建设工作,建立了较为完善的技能人才培养、评价、选拔、使用和激励政策制度;企业职工教育经费用于高技能人才培养、交流等方面的费用不低于50%,能够为技能大师工作室提供相应的资金支持以及包括场所、设备在内的必要工作条件。

(三)依托公共职业技能实训基地建立技能大师工作室,公共职业技能实训基地应当具备的条件:

有符合条件的技能大师;高度重视技能人才队伍建设,制定了一系列加快高技能人才队伍建设的政策措施;能够为技能大师工作室提供相应的资金支持以及包括场所、设备在内的必要的工作条件。

第七条 技能大师工作室建设项目评审按照以下程序进行:

(一)人力资源社会保障部和财政部下发工作通知,明确申报条件、名额及有关要求。

(二)地方评审推荐。各省(区、市)人力资源社会保障部门和财政部门按照公平公正公开原则,严格审核把关,按照名额、条件要求评审确定项目候选单位,并向人力资源社会保障部和财政部报送有关材料,包括:

1. 省(区、市)人力资源社会保障部门和财政部门关于技能大师工作室项目评审结果报告。

2. 项目候选单位提交的相关材料:

(1)技能大师工作室申报表。

(2)申报报告。申报技能大师工作室职业(工种)、技能大师工作室成立的必要性和现有优势、技能大师简介、技能大师工作室计划目标等。

(3)技能大师工作室所依托的企业或公共职业技能实训基地有关情况说明。包括加快高技能人才队伍建设的政策措施,企业职工教育经费用于高技能人才培养、交流等方面的费用不低于50%的证明材料,能够为技能大师工作室提供资金支持以及场所、设备等工作条件的情况说明。

（4）企业法人营业执照或主管部门批准成立的文件以及组织机构代码证的复印件。

（5）技能大师候选人的身份证、中华技能大奖或全国技术能手获奖证书及技师以上职业资格证书复印件。

（三）部门组织复审。人力资源社会保障部、财政部对技能大师工作室建设项目候选单位进行复审，确定技能大师工作室项目单位。

第三章　项目资金使用范围

第八条　中央财政补助资金主要用于培训用品购置、技能交流推广等费用。地方政府要安排专项资金用于对技能大师工作室技术技能创新研发等活动给予补助，所需资金从地方政府安排的就业专项资金中列支。行业、企业或公共职业技能实训基地为工作室提供办公场所、实训设备等必要的工作条件，并安排技能大师带徒津贴、研究（攻关）项目补贴以及日常工作经费等。

第九条　技能大师工作室建设项目单位要做好以下项目资金管理工作：

（一）严格实行项目管理，完善项目经费管理制度，做到资金到项目、管理到项目、核算到项目；

（二）技能大师工作室项目单位要专款专用，确保资金安全和效益。

第四章　项目产出与评估

第十条　技能大师工作室应形成以下项目产出：

（一）技能大师工作室具备固定的场所和必要的工作条件，定期开展活动；

（二）建立完善的技能大师工作室制度、办法，规范运作；

（三）通过传、帮、带，使技艺技能得到传承，年均为企业或社会培养8个以上青年技术技能骨干；

（四）将创新成果、绝技绝活、具有特色的生产操作法及时总结推广；

（五）积极开展技术革新并产生一定的经济效益。

第十一条　各省（区、市）人力资源社会保障部门、财政部门要加强对技能大师工作室建设项目单位的日常指导和管理，健全考核、检查和监督制度，定期对技能大师工作室的建设情况和任务完成情况进行考核和评估，对项目运行存在的问题要限期整改，并将有关情况及时报送人力资源社会保障部、财政部。

第十二条　人力资源社会保障部将会同财政部，定期对技能大师工作室运行情况进行检查，并按照项目产出要求，对技能大师工作室建设项目实施情况进行分阶段评估。

第五章　附　　则

第十三条　各省（区、市）人力资源社会保障部门和财政部门可根据本办法，结合本地的实际情况，制定具体的项目实施管理办法及细则。

第十四条　技能大师工作室建设项目资金的拨付、使用、管理和监督等，要严格按照财政部项目资金管理办法执行。

第十五条　本办法自下发之日起执行。

第十六条　本办法由人力资源社会保障部负责解释。

附录二

技师工作室管理样表

技师工作室申报审批表

单位：_____

工作室名称				成立日期 （二级单位级）	
成员总数		操作维护人员数		工作室面积	m²
		技术业务人员数			
工作室领衔人情况					
姓名		性别	出生年月	政治面貌	学历
单位岗位		技术职称/技能等级		手机号码	
获荣誉情况					
工作室成员情况						

姓名	性别	出生年月	政治面貌	单位及岗位	技术职称/技能等级	获荣誉情况	主要分工
研究领域 主攻方向							
工作场所情况							

续表

设施设备情况	
经费投入情况	
管理制度建设情况	
工作台账建立情况	
工作计划（目标、项目、期限等）	
主要工作业绩	
基层单位工会意见	负责人签名：　　　　　　　　　　　　（盖章） 　　　　　　　　　　　　　　年　　月　　日
基层单位党政意见	负责人签名：　　　　　　　　　　　　（盖章） 　　　　　　　　　　　　　　年　　月　　日
公司工会意见	负责人签名：　　　　　　　　　　　　（盖章） 　　　　　　　　　　　　　　年　　月　　日

技师工作室工作任务书

工作室名称：　　　　　　　　　　　　　　××××—××××年度

工作室领衔人：　　　　　　　　　　　　　所在单位：

日期：　　　　　　　　　　　　　　　　　日期：

序号	内容	具体目标及实施计划	计划完成时间	负责人
1	课题攻关	1.		
		2.		
		3.		
		4.		
		……		
2	创新创效	1.		
		2.		
		3.		
		4.		
		……		
3	人才培养	1.		
		2.		
		3.		
		4.		
		……		
4	学习交流	1.		
		2.		
		3.		
		4.		
		……		

技师工作室评价表
(适用于自评)

工作室名称：　　　　　领衔人：　　　　　　　　　××××—××××年度

第一部分　工作任务完成情况

目标维度	目标	实绩
课题攻关		
创新创效		
人才培养		
学习交流		

第二部分　业绩评分

评价维度	评价内容	分值	自评	单位评价
规范运作情况（20分）	领衔人充分发挥领头带动作用，有影响力、号召力，团队分工合理、协作融洽、凝聚力强	4		
	工作室场所、设施、设备维护较好，保持创建标准，满足实际工作需要	4		
	有明确的工作目标、攻关项目及实施方案，并按要求报备公司工会，推进过程做到闭环管理	4		
	各类管理制度健全完善	4		
	各类台账完备规范	4		

续表

评价维度	评价内容	分值	自评	单位评价
课题攻关成效（30分）	参加公司级以上课题攻关，为完成科研生产任务、解决疑难瓶颈问题作出较大贡献，产生较大经济效益，每项得5分	15		
	参加厂部级攻关项目，为完成科研生产任务、解决疑难瓶颈问题作出较大贡献，产生较大经济效益，每项得3分	10		
	参加分厂级攻关项目，为完成科研生产任务、解决疑难瓶颈问题作出较大贡献，产生一定的经济效益，每项得2分	5		
创新创效成果（25分）	发明专利：个人排名第一位每项得0.2分、参与者每项得0.15分 实用新型专利：个人排名第一位每项得0.15分、参与者每项得0.1分 （同一专利只计算排名最高者得分）	5		
	技术秘密：个人排名第一位每项得0.1分、参与者每项得0.05分（同一技术秘密只计算排名最高者得分）	5		
	工作室成果实现跨区域应用，跨分厂每项得1分、跨厂部每项2分、跨基地以上每项3分	5		
	经济效益：累计创造经济效益1亿元以上得10分；累计创造经济效益5 000万元以上、1亿元以下的得8分；累计创造经济效益1 000万元以上、5 000万元以下的得6分；累计创造经济效益500万元以上、1 000万元以下得4分；累计创造经济效益500万元以下得2分	10		
人才培养情况（15分）	开展师徒结对，签订师徒带教协议，每对得1分	5		
	团队成员晋升高级工，每人得0.5分；晋升技师，每人得1分；晋升高级技师或岗位晋升，每人得1.5分	5		
	对内开展人才培训，有计划、有讲义、有效果，每次得1分	5		
学习交流情况（10分）	与其他创新工作室开展结对共建活动，签订共建协议，有目标、有计划、有措施、有效果	5		
	开展内外部技术交流研讨，每次得1分	3		
	参与校企合作项目	2		
加分项（30分）	创新工作室获得省部级以上创新工作室荣誉称号得5分；获得集团公司级创新工作室荣誉称号得3分	5		
	成果获国家级科技奖，每项得5分；获省部级科技奖项，每项得4分；获集团公司级科技奖，每项得3分；在国际、国内发明展获金奖每项得1分、银奖每项得0.5分、铜奖每项得0.2分	5		
	成员获省部级以上荣誉得5分；获集团公司级荣誉，每项得3分；获公司级荣誉，每项得1分	5		

续表

评价维度	评价内容	分值	自评	单位评价
加分项 （30分）	创新工作室孵化出部门级以上创新工作室	5		
	创新工作室被公司内外部媒体宣传报道，每次得2分	5		
	创新工作室在本单位职工中反响较好、认可度高	5		
总分		130		

第三部分　工作总结

一、主要工作业绩

　　结合工作任务完成情况，总结评价期内创新工作室的主要工作业绩，主要包括规范运作情况、课题攻关成效、创新创效成果、人才培养情况、学习交流情况等方面的内容，篇幅不超过2 000字。

二、存在的不足及改进设想

三、意见和建议

附录三

世界技能大赛项目简介

类别	项目名称	项目简介
运输与物流	飞机维修	飞机维修项目是指按照标准和程序要求对飞机/直升机进行维护检查，发现并排除故障，使飞机/直升机达到安全服役状态的竞赛项目。比赛中对选手的技能要求主要包括：熟悉飞机/直升机的机身结构、动力、液压、操纵、电气等系统的原理和组成，具备钣金成形、铆接、机务维护、复合材料修理、机械和电气结构拆装和排故等基本知识和技能；掌握简单的飞机结构图、电气系统原理图、技术手册等，能够正确使用各种工具和检测设备，对各种类型的飞机/直升机进行技术故障排除、修理和维护；具备飞机/直升机故障查找和准确描述、飞机结构修理（有色金属）、复合材料结构检修、外场可更换单元（LRU）机械和电气排故、确认并放飞程序各模块的理论知识和操作技能
	车身修理	车身修理项目是指通过车身校正平台和相关的测量设备，检测车身损伤程度并修复结构件与非结构件损伤至原厂技术参数的竞赛项目。比赛中对选手的技能要求主要包括：诊断与校正；更换需要焊接的面板和部件；拆卸、重装或更换以及重组内外部件和面板；正确选择、组装和使用工具或设备；修复车身相关件，如车身电气诊断、塑料件修复和玻璃更换等
	汽车技术	汽车技术项目是指模拟技师在汽修车间进行汽车检测、故障诊断、维护修理，零部件选配，以及对汽车各系统拆解装配的竞赛项目。比赛中对选手的技能要求主要包括：对各模块作业任务组织安排与科学管理；良好的书面表达与口头交流能力；掌握与应用汽车机械、电气、电子、电控、网络，以及系统集成的知识，对各种车辆车型的各个系统拆解、检查、测量、诊断、维修、验证的技能，并且有良好的体能与心理素质
	汽车喷漆	汽车喷漆项目是指运用合适的技术和流程，对汽车工件上的损伤进行喷漆修复的竞赛项目。比赛中对选手的技能要求主要包括：打磨原子灰至平整；喷涂底漆、水性底色漆、清漆至恢复原厂漆膜质量；使用正确用量的色母调配色漆，喷涂试色板检验所调颜色是否准确，然后微调颜色直到与目标颜色一致；贴护、先后喷涂几种色漆的多色喷涂技能；通过打磨、抛光，去除面漆表面空点、细微划痕等缺陷
	重型车辆维修	重型车辆维修项目是指技术人员负责工程机械、农业机械、矿山机械、林业机械、重型卡车和工业设备维修保养的竞赛项目。比赛中对选手的技能要求主要包括：涉及柴油发动机、液压系统、整车电气、传动系统、转向和制动系统以及新车交付等六大模块，在比赛中具备组织和执行车辆保养和维护，应用最合适的方法完成任务的能力；按照要求进行相应的精密测量、故障检查、相关组件和系统的保养维修工作；正确使用相关工具，在保养、维修过程中以书面形式清晰、准确地记录每项任务的技术资料

续表

类别	项目名称	项目简介
运输与物流	货运代理	货运代理项目要求选手熟练掌握货运代理业务流程，并在规定的期限和压力下完成客户获取、报价计算、运输管理、费用计算、海运操作、投诉处理和索赔处理等竞赛任务。比赛中对选手的技能要求主要包括：掌握货运代理业务流程，运用公路、铁路、航空、海（水）运、多式联运等多种交通手段，满足货物及物品在世界范围内移动，以用于销售和制造生产；在规定的期限和压力下完成客户获取、路径设计、客户沟通、业务与合同、报价计算、运输管理、索赔、投诉处理等多方面内容；应用国际通用语言——英文对业务情况进行交涉与沟通；具有全面的、专业的物流知识，具备精准、快速的反应能力，有效运用问题处理技能满足客户的要求
	轨道车辆技术	轨道车辆技术项目是指在交通的运营维护中进行车辆检查、保养、拆卸、安装、修理、调试和故障排除等一系列工作的竞赛项目。比赛中对选手的技能要求主要包括：沟通和人际交往能力、解决问题能力、创新力及计划能力；车辆机械部件检修、保养与调试；车辆电气系统维护、保养与测试；车辆故障诊断与处理
结构与建筑技术	砌筑	砌筑项目指通过进行砌铺、垒石料、装玻璃或抹陶土等工作，建造内墙和外墙、隔断、壁炉、烟窗和其他建筑物的竞赛项目。比赛中对选手的技能要求主要包括：识图、放样和测量；按照图样进行项目施工；对不同材料采用手工切割或机械切割技术，将砖块定位并铺设到正确位置；按试题要求对接缝进行处理
	家具制作	家具制作项目指综合运用家具制作各类专业知识、机械加工与手工制作技能，依据图样、材料与配件等，利用手工工具、设备和实施完成图样要求的零部件加工、组装、表面装饰等要求，在规定时间内独立完成一件优质产品的竞赛项目。比赛中对选手的技能要求主要包括：手工制作燕尾榫，设备制作各种结构、制作和安装活动部件和箱体、木皮装饰和表面处理等
	木工	木工项目是对商业和民用等建筑项目进行准确测量、制图、放样、精准切割、安装，包括制作楼梯、外墙、屋顶以及定制橱柜等。比赛中对选手的技能要求主要包括：测量、放样、熟练使用手动工具或电动工具进行切割、制作结合处、组装、安装等
	混凝土建筑	混凝土建筑项目是指运用混凝土进行商业或住宅建筑的建造，可在室内外进行工作的竞赛项目。比赛中对选手的技能要求主要包括：简单进行现场测量，准备相关原材料，计算模板、钢筋等材料的需求；解读与分析图样，规划并制订模板、钢筋、混凝土等的施工方案；完成放样放线、模板搭建、钢筋绑扎、混凝土浇筑、模板拆除等相关任务
	电气装置	电气装置项目是指运用传统和先进技术，对各类商业、民用以及工业项目的电气设备及系统进行设计、安装、调试、运行的竞赛项目。比赛中对选手的技能要求主要包括：使用电气图样和文档，进行快速、准确和安全可靠的设计安装；不同场合电气线路的精准安装及布线；配电设备、电机控制的安装接线及编程调试；智能建筑控制系统的安装接线及编程调试；查找电气装置故障及维修
	精细木工	精细木工项目是指通过手工工具和木工机器设备，使用多种榫卯形式连接两个或以上的木构件，形成结构用于门、窗、楼梯和其他建筑构建的竞赛项目。比赛中对选手的技能要求主要包括：识图、绘图、材料挑选、榫卯制作、铣形修边、构件组装、表面处理、安全操作等

续表

类别	项目名称	项目简介
结构与建筑技术	园艺	园艺项目是指在规定的时间和空间里，按设计好的赛题及设计理念，使用工具对指定造景材料进行制作、安装、布置和维护的竞赛项目。比赛中对选手的技能要求主要包括：根据给定的图样和材料做好砌筑、铺装、木作、水电安装等硬质景观的施工；植物与置石造景等由选手根据给定的材料和设计主题自由发挥；合理安排工作流程和工时；注意团体之间的配合及个人防护，施工动作符合人体工学
	油漆与装饰	油漆与装饰项目是指培养具有创造性思维、有设计意识、掌握绘画技能、油漆涂装技术等技能操作人才的竞赛项目。比赛中对选手的技能要求主要包括：阅读和理解技术文件、图样及工具设备、材料的说明书，依据图样做出整体的施工方案；按图样的技术要求对网格、坐标、比例、尺度能精确测量，运用手绘或通过计算机进行辅助设计；根据不同类型的物体的基层情况和施工材料采用正确的施工方案，有步骤按程序地施工，正确地使用工具和设备，按标准检查整体施工质量；具有综合的绘画表达能力，能把握造型、色彩的准确，装饰区域色彩涂装准确，覆盖度均匀；按网格坐标能准确张贴模板且掌握刷漆、滚涂、喷漆的技术；注重环境保护和施工区域的整洁，包括粘贴胶带、遮蔽膜保护的基本技能和清洁维护施工设备；竞赛前进行健康、环保、劳动安全教育，施工必须佩戴安全防护装备
	抹灰与隔墙系统	抹灰与隔墙系统项目是指通过金属框架建造和石膏板安装技术的运用，以及隔音、隔热、防火、抹灰、装饰线条制作与安装和艺术创意等技术的运用，对房屋建筑进行修建、改善和整修的竞赛项目。比赛中对选手的技能要求主要包括：识图和放样；金属框架建造、石膏板安装、隔热、隔音、防火处理；装饰与预制件的处理；判断室内涂料是否褪色、光滑、有纹理；进行隔墙、天花板的表面处理，石膏板的修整和抹灰，艺术创意与装饰等
	管道与制暖	管道与制暖项目是指为民用及工业建筑安装给水、排水、供暖、卫浴设施等系统的设备和管道的竞赛项目，主要包括系统管路设计，供热、供暖、卫浴等设备安装，不锈钢管、铜管、钢管、铝塑复合管、非金属等管道连接，系统功能调试及问题处理。比赛中对选手的技能要求主要包括：管线轴侧图绘制、管道煨弯、铜管钎焊连接、铝塑复合管滑紧连接、金属管卡压连接、钢管套丝连接、HDPE（高密度聚乙烯）管热熔连接、PP（聚丙烯）管承插连接、专用配件连接及系统调试等
	制冷与空调	制冷与空调项目是指在住宅、商业或公共建筑内，建设和生产期间和之后，与所有规格和类型的制冷空调设备相关的工作的竞赛项目。比赛中对选手的技能要求主要包括：按高标准对制冷空调设备进行设计、安装、测试、调试、通报、维护、故障查排和维修
	瓷砖贴面	瓷砖贴面项目是指在多种建（构）筑物的墙面、地面和楼梯上铺设陶瓷、马赛克或天然大理石等材料以起到保护和装饰作用，以及用砖或块材组砌小型墙体和台阶的竞赛项目。比赛中对选手的技能要求主要包括：根据图样和说明丈量贴砖的面积，并计算所需最少砖量；移除覆盖物，找平表面，按图组砌小型墙体或台阶，根据设计图案切割面砖，在面砖背面涂抹灰浆或胶结剂，把面砖铺贴在建（构）筑物表面上；按要求进行嵌缝，做到勾缝均匀一致

续表

类别	项目名称	项目简介
结构与建筑技术	数字建造	数字建造项目是在整个建筑生命周期中创建和管理建筑信息模型，运用计算机设备辅助创建、修改、分析、优化和模拟建筑信息，并通过云平台进行共享和协作，实现建筑项目的高效率建设和管理。比赛中对选手的技能要求主要包括：阅读并理解 BIM（建筑信息模型）执行计划、任务书和图样，理解客户需求；了解并应用建设领域相关的 BIM 标准和行业规范，使用 BIM 软件进行三维建模、模型分析、协调纠正、添加资产信息、出图和可视化，使用公共数据环境进行项目管理、共享协作、资产管理和数据展示
制造与工程技术	数控铣	数控铣项目是指利用数控铣床（加工中心）对工件进行金属铣削加工的竞赛项目。比赛中对选手的技能要求主要包括：ISO（国际标准化组织）工程图样的识图能力，具备计算机及 CAM（计算机辅助制造）软件编程（包括手工编程）的能力，熟练掌握三轴立式数控铣床（可含有刀库）操作技术，金属切削知识及相关刀具使用技术，运用机用平口钳进行工件定位夹紧的能力，使用相关工具完成刀具参数设定及工件坐标系设定，能够使用常用量具进行测量，具备基本铣削、钻孔、铰孔、镗孔、攻螺纹等工艺能力
制造与工程技术	数控车	数控车项目是指依据零件的技术图样，利用车削中心，选择合理的工装夹具，使用正确的切削刀具，设置机床和切削参数，编制数控程序，加工以回转体为主、部分铣削和钻削为辅的复杂零件的竞赛项目。比赛中对选手的技能要求主要包括：了解机械制造的质量标准和机械加工工艺；熟练掌握读图绘图以及基本数学计算；熟练掌握车削中心的操作技能；能够利用 CAD/CAM（计算机辅助设计/计算机辅助制造）软件建模和自动编程；正确选择和使用切削刀具，并能够根据切削条件选择合理的切削参数；能够正确应用工装夹具及相关工具；能够根据被测要素合理选用测量工具并对产品进行准确测量
制造与工程技术	建筑金属构造	建筑金属构造项目是指按照图样要求的结构形式、材料类型、尺寸精度和相应的标准，进行金属构件加工制作的竞赛项目。比赛中对选手的技能要求主要包括：识图、放样、切割下料、成形、装配、焊接、调整、检查、标注等
制造与工程技术	电子技术	电子技术项目是指运用电子元器件设计和制造某种特定功能的电路或编制某种功能要求的程序代码以解决实际问题的竞赛项目。比赛中对选手的技能要求主要包括：电路原理设计、PCB（印制电路板）设计、线路板安装与调试、嵌入式系统程序设计、电路故障查找与维修等；了解模拟、数字、高频、嵌入式系统等电路相关的工作原理和参数；熟练掌握 EDA（电子设计自动化）软件操作、C 语言程序代码编制、各类电子仪器仪表及工具使用、电路板装调及 ESD（静电释放）、过程数据记录及分析等技能
制造与工程技术	工业控制	工业控制项目是指根据一个（或部分）工业流程做出的模拟解决方案，进行电气设备和工业自动化元件的安装以及程序设计与调试的竞赛项目。比赛中对选手的技能要求主要包括：进行电气及自动化设备的安装与测试，搭建工业控制中心；编写控制程序，配置人机界面并完成系统调试；为电气及自动化设备设计控制原理图并设置参数；利用工具和仪表诊断电气与自动化设备中出现的故障并进行定位和分类

续表

类别	项目名称	项目简介
制造与工程技术	工业机械	工业机械项目是指对设备中的零部件进行加工和制造,并对工业机械、机械设备、自行化系统和机器人系统进行改进、维护和检修的竞赛项目。比赛中对选手的技能要求主要包括:设计工业机械系统,按照图样要求完成零部件的加工和结构件的焊接;能够进行设备的安装、调试、检测,机械驱动的设计、装配、调试、检测,气动自动控制系统的设计、安装、调试及故障检测和排除
	制造团队挑战赛	制造团队挑战赛项目是指进行设备组件的设计与制造的竞赛项目。比赛中对选手的技能要求主要包括:具备设计知识,了解建模技术,掌握制图技术;具备机加工能力,根据图样,操作机床完成机械加工;具有钣金技术,完成金属板的加工;了解电子工程知识,设计控制电路,完成电子设备活动;具备焊接技术并能进行设备及工件装配
	CAD机械设计	CAD机械设计项目是指使用计算机辅助设计CAD软件、三维打印机、三维扫描仪及手工测量工具,完成产品的建模设计、工程制图、工艺方案设计、逆向建模与手工测绘成图、三维动画设计与产品渲染等工作任务的竞赛项目。比赛中对选手的技能要求主要包括:应用三维软件进行产品设计表达的技巧和能力;熟悉机械产品的设计规范、国际最新ISO制图标准,以及产品的数字化定义标准;能够熟练操作三维打印机和三维扫描仪;具备工程材料及其加工工艺知识
	机电一体化	机电一体化项目是指2个选手在15~20小时内设计、组装、编程、调试及优化一条自动化生产线的竞赛项目。比赛中对选手的技能要求主要包括:工作的组织与管理;电路、气路设计及选型;机电一体化系统机构组装、调整、测试,电气系统组装、电路连接及测试;气路系统安装及连接;可编程控制系统设置、组网、编程、监控、仿真、调试运行;机电一体化系统故障查找及快速处理,以及系统指标优化等
	移动机器人	移动机器人项目是指运用相关的理论知识和操作实践经验,围绕机器人的机械和控制系统进行工作的竞赛项目。比赛中对选手的技能要求主要包括:具备设计、生产、装配、组建、编程、管理和保养机器人内部的机械、电路、控制系统的能力;安装、操作机器人的控制系统;测试机器人每个部件和整体性能,确保符合行业标准
	塑料模具工程	塑料模具工程项目是指依据塑料产品的2D工程图或3D模型,以及技术要求,设计和制造注塑模具,并生产出该塑料产品的竞赛项目。比赛中对选手的技能要求主要包括:掌握机械设计和机械制造的知识和技术,完成产品建模、模具设计、编制数控加工程序;使用加工中心对模具毛坯进行加工形成模具零件;使用手工或电动工具对模具零件进行抛光打磨;完成模具的装配与调试;在注塑机上实现塑料零件的生产
	原型制作	原型制作项目是指根据给定的原型设计图样,运用三维CAD软件进行原型三维建模与局部自由设计,并生成工程图,选手根据自己设计的图样,使用指定的材料,运用普通车削、普通铣削、数控铣削、3D打印、手工等工艺方法制作模型,并对模型进行表面处理以及喷涂装饰的竞赛项目。比赛中对选手的技能要求主要包括:工作的组织及管理能力、制图能力、原型设计能力、原型制作能力、原型喷漆和装饰能力

续表

类别	项目名称	项目简介
制造与工程技术	焊接	焊接项目是指按照图样要求进行组装,并按照规定的方法和标准进行焊接操作的竞赛项目。比赛中对选手的技能要求主要包括：使用焊条电弧焊（111）、实心焊丝混合气体（Ar+CO_2）保护焊（135）和钨极氩弧焊（141）三种焊接方法对低合金钢根部焊缝进行单面焊双面成型及无缺陷起弧、停弧和填充、盖面焊接的能力；使用药芯焊丝混合气体（Ar+CO_2）保护焊（136）进行无缺陷起弧、停弧和填充、盖面焊接的能力；使用钨极氩弧焊（141）采用填丝焊对铝合金、不锈钢复杂结构进行焊接的能力；理解并掌握各类焊接材料的机械和化学性能，并能够按标准对焊接质量进行检验
	水处理技术	水处理技术项目是指对城市或工业供水和废水处理系统进行管理、监控和维护的竞赛项目。比赛中对选手的技能要求主要包括：观察、识别、维护、控制和修理供水及废水处理系统的设备，并拟定相应的计划和报告；具备力学、化学、生物、电气、自动化和环境保护方面的知识和专长；能够根据技术文件和竞赛规则，以及法律要求独立开展工作，在遵守安全、健康和环境保护规则的前提下，采取措施确保工作质量
	化学实验室技术	化学实验室技术项目是指对在企业质量控制部门、研究部门、环境保护部门进行产品质量检验、一般性化学物质的合成与处置、实验室组织与管理的竞赛项目。比赛中对选手的技能要求主要包括：具备无机化学、有机化学、分析化学及物理与物理化学的基础理论知识，在化学类实验室工作中根据工作任务独立制订实验方案，利用化学分析、仪器分析技术对产品进行分析测试并形成质量报告，合成有机化合物并处置与表征，对实验室进行有效组织与管理，运用健康、安全与环保的专业素养在化学实验室开展工作
	增材制造	增材制造技术是融合了三维数据采集、计算机辅助设计、三维数字模型处理和材料加工与成型技术，通过软件与控制系统将专用的金属材料、非金属材料等，按照挤压、烧结、熔融、光固化、喷射等方式逐层堆积，制造出实体物品的制造技术。比赛中对选手的技能要求主要包括：结构优化设计及SLM（激光选区熔化）制造能力、工装设计及FDM（熔丝沉积成形）制造能力、模具设计及DLP（数字化光照加工技术）制造能力、三维数据采集处理能力、三维模型重构设计能力
	工业设计技术	工业设计技术项目是指针对生活中遇到的问题，通过艺术与技术相结合的手段完成产品创新设计，系统解决用户需求，即创建具有现代外观和良好用户体验的产品的竞赛项目。比赛中对选手的技能要求主要包括：安全健康、沟通能力、用户研究技能、艺术技能、可视化程序建模技能、原型制作技能
	工业4.0	工业4.0是考核智能制造的竞赛项目。比赛中对选手的技能要求主要包括：工作组织与管理、人际沟通和交流、设计组装和调试、软件设计与实现、网络和网络安全、测试维护和故障查找、系统能力增强和系统优化
	光电技术	光电技术项目是指按照客户需求，利用自身专业技能满足人们对城市景观、楼宇建筑、市政交通等各类光照及户内外LED（发光二极管）显示屏显示效果要求，进行产品开发、系统应用及维护的竞赛项目。比赛中对选手的技能要求主要包括：工作组织和管理、人际沟通、光电产品的设计与生产、光电产品的安装与实施以及相关的维修、优化等

续表

类别	项目名称	项目简介
制造与工程技术	可再生能源	可再生能源项目是指为了综合利用多种能源,如风能、太阳能、水能、生物质能和地热能等,进行可再生能源的收集、生产、电力分配以及相关设备的可靠运行与维护的竞赛项目。比赛中对选手的技能要求主要包括:沟通和人际关系技巧,解决问题、创新和创造力,规划设计,安装,测试和报告,故障查找和维护维修
制造与工程技术	机器人系统集成	机器人系统集成项目需要选手根据工作任务的要求:如取放、装卸、堆垛、焊接等,思考和决定怎样选用机器人、如何组织生产工艺流程、如何为机器人做最好的编程、如何使机器人工作单元更安全,从而制订相应的技术解决方案并实现。比赛中对选手的技能要求主要包括:人际沟通和交流、布局和设计、安装和连接、自动化与编程、运行维护和故障排除、文档简报和报告等
信息与通信技术	信息网络布线	信息网络布线项目是指利用以太网技术、局域网技术和办公室及家庭网络技术进行综合布线的竞赛项目。比赛中对选手的技能要求主要包括:根据布线和端接等技术标准,完成光缆、铜缆、19寸电缆架和信息点,以及终端设备的安装;测试光缆和铜缆的性能;排除光缆和铜缆的故障;安装调试无线网络、智能家居和网络应用等
信息与通信技术	网络系统管理	网络系统管理项目指为大中小型商业组织及政府部门设计和搭建复杂、安全的网络系统与服务平台,并提供广泛的IT(信息技术)服务,有效保证系统连续稳定运行,完成对服务器和客户端管理、运维的竞赛项目。比赛中对选手的技能要求主要包括:进行新网络系统的设计、安装、配置和升级,保证服务器系统和业务平台的连续稳定运行;处理IT系统、网络设备的故障和崩溃问题,并进行有效定位和故障排除
信息与通信技术	商务软件解决方案	商务软件解决方案项目是指采用软件开发工具,开发软件解决方案,支持商业营运及管理的竞赛项目。比赛中对选手的技能要求主要包括:工作组织和管理、交流和人际技能、问题解决、创新和创造性、分析和设计软件解决方案、开发软件解决方案、测试软件解决方案等
信息与通信技术	印刷媒体技术	印刷媒体技术项目是指使用胶印机、数字印刷机和相关设备、软件、仪器来生产满足客户需求的商业或包装印刷品的竞赛项目。比赛中对选手的技能要求主要包括:根据产品特点进行工艺流程设计,制备纸张、专色油墨、印版等印刷材料;使用印刷机、质量检测仪器等,印刷满足质量、数量要求的产品,对印刷品进行折页、装订、裁切等印后加工处理;对印刷设备进行常规维护保养、故障排除等
信息与通信技术	网站设计与开发	网站设计与开发项目要求选手熟练掌握网站设计和开发技能,是主要包括前端脚本模块、后端应用模块、内容管理系统模块、竞速模块在内的web全栈开发竞赛项目。比赛中对选手的技能要求主要包括:进行网页设计,制作前端交互动画,通过限定框架进行前端交互以及后端功能的开发,纯手工代码开发,遵守易用性和可访问性标准,注重最终产品与主流浏览器和软硬件的兼容性等
信息与通信技术	云计算	云计算项目是指在公有云环境中实现完整的、面向实际工作场景的信息化系统的竞赛项目。比赛中对选手的技能要求主要包括:根据比赛任务描述,依据行业规范和标准,创建、配置适合的公有云服务,部署相应的信息化系统,并对其进行实时或自动化维护;综合运用网络架构搭建、操作系统部署、脚本程序编写等手段,实现信息化系统的高性能、高可用、安全、弹性和低成本

续表

类别	项目名称	项目简介
信息与通信技术	网络安全	网络安全项目是指按照相关标准和规范要求对信息系统安全进行检查、分析和评估，发现系统存在的安全隐患，并采取措施降低系统面临的安全风险，保障系统安全、稳定运行的竞赛项目。比赛中对选手的技能要求主要包括：各类软硬件设备的安全部署和配置，系统安全漏洞的检测、监控和修复，网络安全事件的应急响应、调查取证和系统恢复，新安全技术的跟踪、学习和应用
	移动应用开发	移动应用开发项目是指开发用于移动通信终端的应用程序的竞赛项目。比赛中对选手的技能要求主要包括：客户的业务、沟通和人际关系技巧和项目执行，初步计划、设计和测试框架，系统架构规划，实施和产品开发，最终产品测试、故障排除和优化
创意艺术与时尚	时装技术	时装技术项目是指运用时装设计、制版、制作、材料、色彩和装饰等方面的专业知识，根据要求完成时装的设计、制版、裁剪、缝制和装饰等工作的竞赛项目。比赛中对选手的技能要求主要包括：根据服装面料、特定市场和流行趋势进行设计；完成系列款式设计图；依据技术图进行制版，依据图片完成立体裁剪；依据抽取内容完成时装的设计、制版、制作及熨烫；熟悉各种服饰材料的性能，熟练运用手工缝制和装饰技术完成服装制作；熟练使用专业设备
	花艺	花艺项目指根据花艺设计的构图、色彩理论、设计理念和技艺，合理选择运用植物以及植物器官（花、叶、果、枝等）和装饰材料，正确使用工具对植物进行再加工和养护，设计制作花艺作品的竞赛项目。比赛中对选手的技能要求主要包括：正确理解客户的需求并在规定时间完成最出色的作品，空间构成、色彩运用、创新创意等设计能力，熟练选择和运用植物、其他辅助材料以及容器的能力，对植物以及花艺作品的养护、保养能力，正确熟练使用各种花艺工具
	平面设计技术	平面设计技术项目是指在规定时间内完成广告和展示设计、编辑设计和新媒体、企业和信息设计、包装设计四个竞赛模块的创意艺术与时尚类竞赛项目。比赛中对选手的技能要求主要包括：了解客户的需求并为客户提供解决问题的独特设计方案，熟练操作平面设计相关软件，掌握设计文件输出制作规范和在线出版生产技术，能应用广告创意技巧进行图形设计、字体设计、出版物编辑、企业形象设计、包装设计、交互信息设计等技能
	珠宝加工	珠宝加工项目是指使用贵金属为不同的客户制造独一无二、美丽和持久的珠宝的竞赛项目。比赛中对选手的技能要求主要包括：完成珠宝3组件的加工和1组件的设计，组装成品珠宝；解读组件或珠宝首饰图样；按照指定要求创作部分组件；了解贵金属型材的制作，了解其含量及性质；懂得常见的设计特征；根据要求切、锯和塑形金属型材；制作珠宝部件，会用焊接技术连接珠宝小件
	商品展示技术	商品展示技术项目是指在规定的时间内，根据商家特殊要求或指定的客户、产品概要信息，做好时间管理计划，利用所提供的产品、材料和工具，基于WSOC（世界技能职业标准）和行业标准，通过市场调研、方案设计、道具制作等一系列特定的设计实施和技能展示，自行完成一个完整的产品橱窗设计和陈列，并创造性使用照明和空间原理，运用视觉手段将产品的特性融合橱窗创意直接与目标客户进行营销传达、沟通，以提高产品吸引力和客户满意度，实现商品销售最大化的竞赛项目。比赛中对选手的技能要求主要包括：工作程序组织和自我管理，沟通和人际关系的技巧，解决问题、创新和创造力，元素概念的理解能力，目标市场和客户群体的定位，时尚潮流与趋势的探索，娴熟的设计技能和实施能力，以及对空间、细节、完美度的把控等

续表

类别	项目名称	项目简介
创意艺术与时尚	3D数字游戏艺术	3D数字游戏艺术项目考核参赛选手将所掌握的美学方面的色彩、比例、结构、造型等设计知识，结合视觉化的呈现制作，并融合职业素养中的注重细节、把握整体，熟练运用3D设计软件技术，在规定的时间期限中，完成具有特色鲜明、表达准确、技术指标符合规范的创意设计作品，包含了概念设计、3D建模、拆分UV（3D模型的平面表达）与绘制贴图、绑定动画与引擎输出四个竞赛模块。比赛中对选手的技能要求主要包括：根据题目给出的设计概要，确定艺术风格，使用竞赛要求的图形软件，完成概念设计方案，并同时撰写一份含设计思路、多边形预算表分配的设计说明文档；根据完成的概念设计图制作三维模型，并运用雕刻工具雕琢模型细节；为低多边形模型拆分UV并制作PBR（基于物理的渲染）属性的材质和贴图；为角色模型绑定骨骼、调好动画，并把相关数据导入引擎渲染展示最终效果
社会与个人服务	烘焙	烘焙项目是指制作各种烘焙产品并将其投入市场以备商用，制作精致的装饰面包以供展示的竞赛项目。比赛中对选手的技能要求主要包括：制作各种各样的烘焙产品；利用自身技能制作精致的装饰面包；根据原料质量、食品卫生及安全等因素制作产品；调整配方并适应环境变化；工作效率高，用料节俭；有艺术天赋
社会与个人服务	美容	美容项目是模拟美容院实际工作情景而设置竞赛模块，包括面部护理、身体护理、脱毛、化妆、美甲、美睫等服务项目，并根据世界技能职业标准测试作为一个优秀美容师应具备的职业素养，必须掌握的专业知识和操作技能水平，以及工作组织能力和服务能力等综合能力。比赛中对选手的技能要求主要包括：保持专业的职业形象，工作组织井然有序，遵循可持续发展原则；按照制造商要求使用仪器和产品；为顾客提供热情、安全、周到的服务；操作过程遵照消毒卫生规范；正确分析顾客皮肤和身体状况并制订正确的护理计划；按照世界技能职业标准及规范进行操作；为顾客推荐合适的家居护理产品等
社会与个人服务	糖艺/西点制作	糖艺/西点制作项目指运用艺术才能和美食禀赋，在规定的时间和预算内，为不同场合制作精美绝伦、口味出众的高质量糖艺作品、糕点与甜品的竞赛项目。比赛中对选手的技能要求主要包括：环保节约、有序计划、卫生安全；理解不同原材料的特性并通过正确的生产技能加工原材料；理解食材的色彩搭配、口味组合和质地协调；用不同材料制作糖果、巧克力和糕点，运用巧思对其进行装饰
社会与个人服务	烹饪（西餐）	烹饪项目要求选手在16个小时内准备4道16份高质量菜品，包括汤、主菜、甜点。赛前最后时刻揭晓主要神秘食材和举办国食材成为项目的最大难点和亮点。比赛中对选手的技能要求主要包括：比赛时依据商业厨房规则，考核选手订购、储存、准备、加工食材和展示菜品的能力
社会与个人服务	美发	美发项目是指对男士和女士头发进行剪发、烫发、染发、接发、造型、胡须设计等处理和养护，以表现客人外形和个性的竞赛项目。比赛中对选手的技能要求主要包括：具有丰富的美发相关理论知识，在工作组织管理、健康安全及客户沟通等方面体现良好的职业素养，运用娴熟的专业技术完成要求很高的剪发、染色、造型等操作；正确选择和使用化学品，根据要求进行特殊头发护理；具备较好的摄影能力和审美能力

269

续表

类别	项目名称	项目简介
社会与个人服务	健康和社会照护	健康和社会照护项目是指为客户提供符合健康需要的身体和心理照护及家庭和社会的支持，促进个人的疾病康复、加强自我健康管理能力的提升和发展，获得高质量生活的技术竞赛项目。比赛中对选手的技能要求主要包括：具备评估和发现问题及需求、做好照护计划的能力，掌握多种疾病和健康相关知识及诊疗照护技术及方法；与客户良好而有效地沟通，提供健康教育、改变生活方式、加强自我管理，以及传递人文关怀、合理利用资源、促进康复和健康生活的能力
	餐厅服务	餐厅服务项目是考核选手对客礼仪、推销技巧、社交能力及葡萄酒和烈酒知识、桌前菜肴制作、酒水及咖啡制作，以及各种西餐形式服务的竞赛项目。比赛中对选手的技能要求主要包括：具备广泛的国际餐饮知识；掌握一套完整的服务总规则；沉着、机智、良好的仪容仪表及行为举止，能与客人进行良好互动；灵活服务，根据不同场合提供适宜的服务；遵循职业健康与安全规范、最低浪费及环保操作的有关规范
	酒店接待	酒店接待项目是旅游服务业的一项竞赛项目，它是酒店关键的形象窗口，更是一门高情商的对客接待服务艺术。比赛中对选手的技能要求主要包括：职业形象、礼仪修养、沟通表达艺术、社交技巧、宾客公共关系、人文关怀、销售技巧、良好的书面英语和口语表达、旅游文化知识、当地情况信息、解决突发事件、计算机互联网应用、收银知识、预定程序、接待问询、入住退房等综合业务知识和技能的熟练应用